그때
그 영화처럼

그때 그 영화처럼

초판 펴낸 날 2020년 3월 10일
개정판 펴낸 날 2022년 3월 20일

지은이 | 이동기
펴낸이 | 김삼수
펴낸곳 | 아모르문디
편 집 | 김소라
등 록 | 제313-2005-00087호
주 소 | 서울시 마포구 월드컵북로5길 56 401호
전 화 | 0505-306-3336 팩 스 | 0505-303-3334
이메일 | amormundi1@daum.net

ⓒ 이동기 2022

ISBN 979-11-91040-20-3 03680

이 도서의 국립중앙도서관 출판예정도서목록(CIP)은 서지정보유통지원시스템 홈페이지
(http://seoji.nl.go.kr)와 국가자료공동목록시스템(http://www.nl.go.kr/kolisnet)에
서 이용하실 수 있습니다.

이동기 영화 에세이

그때
그 영화처럼

이동기 지음

아모르문디

차가운 기운을 살짝 느낄 무렵 가벼운 차림으로 집 밖을 나섰다. 언제나 그렇듯 카페라테 한 잔에 책 한 권을 손에 들었다. 지난번 지인으로부터 건네받은 책은 몇 년 전 다녀온 뉴욕을 배경으로 하고 있다는 이유만으로도 나의 눈길을 사로잡기에 충분했다. 하지만 사실 이 책은 내게 너무 벅찬 글이었다. 책을 들여다볼 때마다 작가의 비범한 어휘와 화려한 문장력에 혀를 내두른다. 페이지를 쉽게 넘기기 어려웠던 이유가 여기에 있다. 커피 한 모금을 목에 넘기기가 무섭게 하늘이 노랗게 변한다. 오늘도 머릿속을 뜨겁게 채우고 쓰디쓴 커피만 홀짝거리기에 정신이 없다. 늘 그렇듯 애꿎은 종이컵만 만지작거린다. 하루를 마감하는 이 순간도 습관처럼 여전히 반복된다.

습관이라는 건 참 무섭다. 젊은 시절 담배를 끊는 데도 꽤 오랜 시간이 걸렸는데 커피는 여전히 입에 달고 산다. 그나마 믹스커피에 중독됐던 입맛을 시럽을 뺀 아메리카노나 카페라테로 돌리기까지도 오랜 시간이 걸렸다. 그럼에도 하루 두세 잔씩 꼭 마시는 걸 보면 나도 대한민국의 직장인이 맞는 듯싶다. 퇴직 후 나만의 작은 커피숍을 차리는 것에 대한 소소한 꿈도 있고, 커피와 관련한 물건을 보면 그냥 지나치지 못하는 습관도 생겼다. 무엇보다 커피숍에 앉아 커피를 마시고 있으면 마음이 편안해진다. 내게 있어 커피를 마시는 건 시간을 마시는 것과 같다. 생각을 정리하고 마음을 다스릴 수 있는 나만의 정리법이다.

커피를 마실 때 쓴 맛을 느끼는 건 당연하다. 커피의 쓴 맛을 즐기지 못한다면 아직 인생을 제대로 경험하지 못한 것이리라. 씁쓸한 커피 맛에는 삶의 희로애락이 모두 담겨 있다. 달콤하면서도 씁쓸하고 향기로우면서도 퀴퀴한 냄새를 풍긴다. 그래서 필자는 영화를 볼 때면 커피를 마시곤 한다. 영화도 이와 비슷하다. 〈세상의 끝에서 커피 한 잔〉(2014)이라는 작품은 커피 한 잔이 주는 따뜻한 향기를 그렸다. 계륜미가 출연한 〈타이페이 카페스토리〉(2010)는 커피를 통해 바라본 세상을 아름다운 영상에 담았다. 이현하 감독의 〈커피메이트〉(2016)는 커피를 매개로 두 남녀가 서로 마음을 나누는 과정을 독특한 색감으로 만들어나간다.

김지운 감독이 연출한 〈달콤한 인생〉(2005)의 영문 제목은 'A Bitter-sweet Life'이다. 씁쓸하면서도 달콤한, 괴로우면서도 즐거운, 뭐 이런 뜻인데, 이해가 쉽지 않아 영화를 몇 번이고 다시 본 경험이 있다. 아마도 영화가 표현하려 한 달콤 쌉싸름한 인생의 의미를 당시엔 잘 이해하지 못했기 때문일 것이다. 필자에겐 커피가 그 답이었다. 항상 좋아하는 카페라테를 한 잔 하노라면 우유에서 느껴지는 풍미와 달콤함이 입가에 묻어나오다가도 이내 커피의 쌉싸름함이 입안을 적신다. 커피를 마시며 시간을 보내고 인생을 느끼는 찰나의 순간이 온몸을 감싼다.

미국의 작가 리처드 브로티건은 '때때로 인생이란 커피 한 잔이 가져다주는 따스함에 관한 문제'라고 얘기했다. 차가운 겨울바람을 맞으며 벤치에 앉아 커피 한 잔을 하는 시간은 내게 있어 가장 중요한 순간 중 하나이다. 또 하루를 정리하고 내가 나아갈 방향을 다시 돌아보는 시간이기도 하다. 때로는 만족을, 때로는 후회를 하면서 말이다. 차가운 바람이 귓가와 옷깃을 스쳐지나가는 순간에도 인생을 생각한다. 지나간 어제를 어떻게 정리하고 오늘을 어떻게 보내며 내일을 또 어떻게 맞이

할 것인가. 순간이 모여 하루가 되고, 하루가 모여 작은 역사가 된다. 달콤 쌉싸름한 하루, 인생이란 그런 것 아닐까.

영화 속에는 커피가 안겨주는 달콤 쌉싸름한 인생이 담겨 있다. 삶의 희로애락을 느낄 수 있는 개개인의 가정사도 엿볼 수 있고, 남녀가 울고 웃으며 알콩달콩 재미나게 키워나가는 사랑의 깊이도 살펴볼 수 있다. 재빠르게 위기에서 탈출하는 주인공의 신나는 액션은 현실에선 경험하기 힘든 영화만이 주는 매력이다. 때로는 우리가 가보지 못한 먼 우주의 신비를 화면 가득 안겨주기도 하고, 때때로 미지의 세계에 대한 상상과 꿈을 눈앞에 펼쳐주기도 한다. 이 모든 것들이 영화만이 줄 수 있는 선물이자 축복이다. 영화는 그렇게 우리가 보고 듣고 경험하고 꿈꾸는 모든 것들을 눈앞에 활짝 펼쳐 보인다. 영화가 만드는 세상은 우리가 상상하는 그대로, 우리가 살아가는 그대로이다.

이런 영화의 세계에 필자는 마흔이 넘어서야 푹 빠져들었다. 김대연 작가는 『핀다』라는 책에서 '서른'에 대한 자신만의 이야기를 펼친 바 있다. 스무 살이 되면 어른이 되는 줄 알았지만 그냥 단순히 성인이 되는 것밖에는 할 수 없음에 실망했고, 서른이 되어 진짜 어른이 될 줄 알았더니 여전히 서툴기만 한 자신을 발견했다는 것이다. 하지만 청춘의 한가운데에 선 '서른'은 좀 더 어른스러워져야 할 것 같은 책임감과 자부심, 그리고 뭔가를 시작해봐야겠다는 용기와 자신감이 생겼다고 한다. 실패에 대한 두려움이 약해져 한번 넘어져 봐도 괜찮지 않을까 하는 무모함까지 생겼다고 했다.

필자 또한 그랬다. 어릴 적엔 어서 빨리 자라서 어른이 되고 싶었다. 10대엔 20대가 되길 원했고, 20대엔 30대가 되길 원했다. 30대엔 40대가 되길 바랐는데 막상 40대가 되고 나니 다시 30대로 돌아가고 싶어졌다. 평소 좋아하는 가수인 고(故) 김광석 씨의 노래 중 '서른 즈음에'라는 곡의 가사가 와 닿을 때마다 왜 '마흔 즈음에'라는 곡이 없느냐고 한탄하면서 말이다. 김대연 작가는 서른이 되어 청춘의 꽃이 피길 희망했는데, 이 시기의 필자도 다시 청춘의 꽃을 피울 수 있을지 모르겠다. 그저 지쳐버린 마음을 달랠 영화 한 편이면 충분하지 않을까? 필자에겐 영화가 그런 존재가 되었다.

영화는 쉬워야 한다. 영화는 삶을 대변하는 문화 그 자체이다. 문화는 쉽게 읽히고 받아들여져야 한다. 대중은 삶의 근원 속에 문화를 집어넣기를 바라기 때문이다. 영화는 결코 어렵지 않다. 우리가 흔히 듣는 미장센, 메타포, 클리셰 등은 영화에 더 많은 의미를 부여하기 위한 장치일 뿐이다. 그 틀에 얽매여 영화를 어렵게만 본다면 영화의 대중적인 가치에 등을 돌리고 자폐적 공간에 스스로를 가두는 일이다. 그래서 영화를 쉽게 얘기하고 싶었다. 좋아하는 영화를 실컷 보고 이야기하고 의견을 나누는 것, 이 얼마나 행복한 일인가. 세상은 원하는 삶과 원치 않는 삶, 두 가지로 구분된다. 그 선택의 경계, 바로 그 선택과 한숨의 경계가 생각을 흔들고 사람을 움직이게 한다. 인생은 힘들지만 이런 재미가 있다. 달콤 쌉싸름한, '영화'가 바로 그렇듯이.

2020년 2월

한창때 영화를 참 많이 봤습니다. 그땐 비디오테이프 대여점이 제 단골 가게였습니다. 참 많이도 빌려봤고 그때 봤던 영화들에 대한 기억과 애착이 지금도 여전합니다. 뒤늦게 영화에 뛰어들어 영화를 보고 글을 쓰고 사람들과 소통하면서 이제는 영화를 새롭게 이해하고 있습니다. 평소 도움을 많이 주시는 지인께서 오래전 제게 뼈있는 조언을 남겨주셨습니다. 내가 하고 싶은 말이 아니라, 남이 듣고 싶은 말을 하라는 것. 사람들을 자극하는 수많은 매체의 홍수 속에서 영화와 사람들 사이의 거리를 어떻게 하면 가까이 만들 수 있을지, 아무것도 아닌 저에게조차 이는 커다란 숙제로 남게 됐습니다.

항상 '영화는 쉬워야 한다.'를 모토로 살아가는데, 영화가 쉽다는 건 결국 관객과의 소통이 원활하다는 걸 의미합니다. 누군가 제게 인생 영화가 뭐냐고 물었을 때, 저는 아무렇지 않게 〈포레스트 검프〉를 얘기했는데, 질문하신 분의 표정이 어떤 의미였는지 아직도 알지 못합니다. 제게 있어 〈포레스트 검프〉는 참 쉬운 영화입니다. 그만큼 관객과 소통하기 쉽습니다. 이야기에 대한 공감과는 별개로 표현조차 주인공처럼 솔직하기 때문입니다. 이에 비해 〈팅커 테일러 솔저 스파이〉같은 작품도 있습니다. 논하기에 상당히 두려운 작품이기도 합니다. 가려진 부분에 대한 이야기는 언제나 다양한 해석을 낳게 되니까요.

저는 사람들과 영화에 대해 많은 대화를 하기를 원합니다. 최근 생각은 그게 내게 어떤 목적과 의미가 있는지, 자신과 영화를 어떤 관계로 이어야 할지를 여전히 되묻는 중입니다. 어떤 방향으로든 해답을 찾을 수 있으면 좋겠습니다. 〈그때 그 영화처럼〉을 찾아주신 많은 분께 감사의 인사를 드립니다. 김삼수 대표님을 비롯한 아모르문디 출판사 여러분께도 깊이 감사드립니다. 아울러 제 사랑하는 가족들, 아내와 아이들, 그리고 부모님께도 항상 고맙다는 말을 남기고 싶습니다. 제게 영화와 커피는 삶을 바라보고 지탱하는 나침반과 같습니다. 그 여정이 외롭지 않으면 좋겠습니다. 저는 오늘도 여전히 두 번째 하루를 살고 있습니다.

2022년 3월

이동기

차 례

3부 삶에 도전하는 용기

4부 영웅의 길은 멀고도 험하다

PART 1

영화는
사랑을 꿈꾼다

우연과 필연 사이

첨밀밀(1996)

사람들은 흔히 멜로 영화가 최근 흥행의 중심에 놓여 있는 할리우드 블록버스터, 다시 말해 SF나 액션 영화보다 만들기 쉽다고 생각하는 경향이 있다. 제작자 입장에서 보면 특별한 CG가 필요한 것도 아니고 대규모 예산이 투입되는 것도 아니기 때문이다. 이처럼 신경을 써야 할 것들이 적으니 각본을 쓰고 촬영을 하는 제작 과정 또한 상대적으로 수월하다고 생각하는 것이다.

남들이 연애하는 모습을 들여다보는 건 참 재밌는 일이다. 남녀의 사랑 이야기는 누구나 한번쯤 경험하는 공감할 수 있는 소재를 다룬다는 점에서 장점이 될 수도 있고 단점이 될 수도 있다. 똑같은 사건이라도 접근 방식이 무궁무진하다는 점에서 장점이 더 클 것 같지만 말이다. 그럼에도 최근 영화계의 흐름은 멜로물로 흥행에 도전하는 걸 주저하는 분위기다. 이는 수십 년간 우려먹은 빤한 남녀의 연애사가 더 이상은 관객들에게 신선함과 감동을 전달하기 힘들다는 주장이 꽤 설득력이 있기 때문일 것이다.

필자 역시 그렇게 그다지 흥미를 느끼지 못하는 시점에서 이 영화를 다시 접하게 됐다. 오래전 보았던 이 영화에 대한 감상은 가물거리기만 했는데, 다시 꺼내본 영화가 새로운 흔적을 남겼을까? 지금부터 그 얘길 해보고자 한다. 진가신 감독의 영화 〈첨밀밀(甛蜜蜜)〉(1996)이다.

진가신 감독의 필모그래피는 어느 한 장르에만 머무르지 않는다. 멜로와 액션, 코미디와 공포 등 다양한 영역을 넘나드는 그의 폭넓은 스펙트럼은 일반적인 장르에서 접하기 힘든 다채로운 카메라 시선과 함께 그만의 독특한 연출력을 선보인다. 필자가 가장 깊은 인상을 받았던 것은 스크린 곳곳에 녹아 있는 다채로운 미장센(mise en scene)이었는데, 미장센 이론의 대가라 불리는 앙드레 바쟁이 울고 갈 정도로 영화 전체를 진가신 특유의 흔적들로 꽉 채웠다고 말할 수 있을 것 같다.

영화의 첫 장면은 흑백 화면이다. 좁아터진 열차에서 곤히 잠에 빠져 있던 소군(여명 분)이 열차가 광동역(카오룽역)에 도착한 후 뒤늦게 잠에서 깨어 부랴부랴 짐을 챙겨 내리는 장면이다. 에스컬레이터를 타고 밖으로 나가면서 시점과 장소의 전환을 나타내는 페이드아웃이 삽입되고 이때부터 화면은 칼라로 바뀌게 된다. 이러한 전환은 '홍콩 드림'을 좇아 대륙을 떠나온 소군의 상황을 상징한다. 이는 새로운 세상으로의 일보, 즉 단순한 환경 변화를 나타내는 데 그치지 않고 그가 이제껏 경험하지 못한 낯선 시간과 세계 속으로 뛰어들었음을 암시한다. 이러한 장면은 고모를 만나기 위해 방문한 윤락업소 씬에서도 확인되는데, 굵은 철창을 사이에 두고 고모를 찾는 소군과 그를 상대하는 사람들이 제각기 다른 언어로 단절된 대화를 이어가는 장면이 그렇다. 이 장면은 현실의 홍콩과 소군이 꿈꾸는 홍콩 사이의 거리를 에둘러 표현한 것으로도 해석할 수 있겠다.

이 영화의 역사적 배경에 대해 살펴보자. 당시는 홍콩 드림을 꿈꾸며 돈을 벌기 위해 중국 본토에서 홍콩으로 넘어온 젊은이들이 많았다. 소군은 물론이고 그와 친구가 된 이교(장만옥 분)도 마찬가지의 인물이다. 그러면서도 두 사람은 상당한 차이를 보이는데, 이를테면 소군은 애인 소정(양공여 분)과의 안정된 삶을 꿈꾸며 돈을 벌기 위해 홍콩으로 건너온 순수한 청년이다. 순박한 눈빛과 어눌한 행동은 떠나온 본토에 대한 감정을 여전히 남겨둔 모습이라 하겠다. 이에 비해 이교는 하루 빨리 돈을 벌어 성공하는 게 목적인 철저히 목적지향적인 스타일이다. 광저우 출신임을 숨긴 채 빠른 시일 내 영어를 습득하는 등 본토의 색깔을 지우기 위해 애쓰는 모습을 보여준다. 그럼에도 돈을 모아 노점상을 차릴 때 본토에서 최고의 인기를 구가하던 '등려군'의 음반을 선택한 건 그녀 또한 마음 깊은 곳에서 아직도 떠나온 고향에 대한 감정을 완전히 지우지 못했음을 드러낸다고 하겠다.

진가신 감독은 장면마다 다양한 시선과 표현, 그리고 배치를 통해 독특한 미장센을 구사했다. 우선, 소군의 자전거. 이 자전거는 단순한 업무용을 넘어 이교와 함께 일상을 보내는 일종의 연애용 소품으로도 사용된다. 여기서 운전대를 잡고 페달을 밟는 소군의 모습을 자세히 살펴볼 필요가 있다. 자전거를 운전하는 소군과 뒤에 탄 이교의 모습을 카메라는 측면에서 함께 이동하며 잡는다. 이때 깔리는 음악은 영화의 타이틀이자 스토리상에서도 중요한 역할을 하는 등려군의 '첨밀밀(甜蜜蜜)'이다. 자전거를 달리는 소군의 움직임은 매우 가볍고 경쾌한데 뒷자리에 앉은 이교가 발을 흔드는 모습 또한 그러하다. 이 장면은 두 사람의 감정선을 드러내는 역할과 함께 영화의 방향을 가장 강렬하게 표현하는 장면이라고 할 수 있다. 자전거가 미장센으로써 어떻게 사용되는지는 뒤에서 다시 언급할까 한다.

또 하나는 조금 전 얘기했던 당시 중화권 최고의 가수였던 등려군이다. 이교는 홍콩 드림을 좇아 가장 먼저 본토의 색깔을 벗어 던진 인물이다. 열심히 일을 해 모은 돈으로 소군과 함께 등려군의 음반을 팔지만 기대와는 달리 음반은 거의 팔리지 않는다. 하염없이 쏟아지는 빗속에서 이교는 결국 자신도 광저우에서 넘어왔다고 소군에게 고백하는데, 결국 두 사람은 그날 밤을 함께 보내게 된다. 배경 음악은 두 사람의 사랑이 싹트는 분위기를 표현함과 동시에, 만남과 헤어짐을 반복하는 두 사람 사이에 간간이 깔리며 둘을 잇는 가교 역할을 톡톡히 해낸다.

눈치가 빠른 관객이라면 또 하나의 미장센을 눈여겨봤을 것이다. 두 사람이 현금인출기에서 통장을 확인할 때마다 지나치는 곳이 있는데, 그곳이 바로 'Nobron & Company Opportunity Furniture Store'이다. 평면적 앵글을 사용한 이 장면에서 단순히 간판만 봤다면 아쉬운 부분이라 하겠다. 이 가구점은 두 사람이 지나칠 때마다 항상 문이 열려 있었는데, 이교의 주식투자가 실패하여 잔고가 바닥을 치고 난 후에는 닫

소군과 이교는 자신만의 방식으로 홍콩 드림을 꿈꾸며 서로에 대한 관심을 사랑으로 키워나간다.

혀 있는 상태이다. 경제 상황의 반전과 두 사람의 미래를 에둘러 표현한 감독의 복선이라고 할 수 있겠다.

주식투자가 실패한 후 안마업소에 취업한 이교. 그녀가 세상에서 쥐를 가장 무서워한다는 얘기를 들은 구양표(증지위 분)는 어느 날 등에 '미키 마우스' 문신을 하고 찾아온다. 이때 한동안 웃음을 잃었던 이교가 살며시 미소를 짓는다. 이교의 환심을 사기 위한, 즉 그녀에게 다가가기 위한 구양표의 자연스러운 구애이지만 이 역시 그녀에게 다가올 또 다른 변화를 암시하는 미장센이다. 구양표 역시 자신의 생활 방식에 변화를 주었고, 이교 또한 그토록 무서워했던 쥐가 일상 속으로 들어왔기 때문이다. 즉 그동안 관객이 보고 듣고 상상해왔던 스토리의 흐름에 반전이 일어날 수 있음을 살짝 비틀어 표현하고 있다고 하겠다.

지금까지 살펴본 진가신 감독의 미장센들을 스토리의 전개를 방해하지 않고 연결하기 위해서는 이 영화의 독특한 카메라 시선 또한 함께 살펴볼 필요가 있다. 감독은 배우의 감정을 굳이 대사로 표현하려 하지 않았다. 이를테면, 소군과 이교가 패스트푸드점에서 처음 만났을 때, 소군은 영어도 할 줄 모르는 순박한 시골 청년이고 이교는 어느 정도 영어에 익숙해진 이미 홍콩에 적응한 모습이었다. 이때 카메라는 시선을 양쪽으로 나눠 두 사람을 비춤으로써 대비되는 그들의 성향을 간접적으로 표현한다. 진가신 감독 특유의 이러한 연출 방식은 특별한 대사나 표정 연기 없이도 카메라 움직임, 방향, 사물의 배치 등을 통해 해당 장면의 분위기를 충분히 이해하고 즐길 수 있도록 일조한다.

어느 날, 소군은 소정에게 선물할 팔찌를 사면서 이교의 것도 함께 구입한다. 이때 점원에게 그녀가 안마사라는 말을 무심결에 내뱉는데, 잔뜩 화가 난 이교는 귀금속 가게를 나오자마자 그를 질책한다. 소군이 나름의 변명을 해보지만 그녀의 화는 쉽게 풀리지 않는다. 두 사람 사이에 소정이 자리하고 있다는 사실을 알고 있는 이교의 이유 있는 투정이기도 하다. 이 장면에서의 테이크는 꽤 긴 편이다. 그리고 카메라는 몹시 흔들린다. 흔들리는 카메라 워크는 두 사람 사이의 감정의 격류를 잘 드러내 준다.

"나의 이상은 너와 달라. 우리는 두 종류의 완전히 다른 사람이야."

이 말을 내뱉은 이교는 불안정한 시선으로 왼쪽과 오른쪽을 번갈아 바라보다가 어디로 가야할지, 무엇을 해야 할지 자신도 모르겠다고 고백한다. 카메라는 횡단보도 한가운데 멈춰 선 소군을 위에서 아래로 잡는데, 시선의 전환을 통해 배우의 감정이 어디로 흐르는지를 드러내는 절묘한 방식이 아닐 수 없다.

　이처럼 이 영화는 멜로물이라고 해서 스토리의 전개와 배우의 감정을 단순히 사건만을 통해 풀어내지는 않는다는 점을 보여준다. 멜로물은 보통 특수한 효과를 필요로 하지는 않지만, 그 어떤 장르보다도 배우의 감정 흐름을 시선과 행동, 대사와 화면 배치 등을 통해 장면마다 잘 표현할 수 있어야 한다. 보다 완벽한 시나리오와 연출력, 그리고 배우의 연기력이 동반되어야 함은 물론이다. 필자의 소견으로 진가신 감독은 이 영화 〈첨밀밀〉을 통해 삼박자를 고루 갖춰 자신의 능력을 유감없이 발휘하는 데 성공했다고 말할 수 있을 것 같다.

　감독은 영화를 보는 관객들의 마음을 애타게 만들어 놓는다. 다시 이어질 수 있을 거라 기대했던 관객들에게는 미안하게도, 경찰의 추적으로부터 몸을 피하려는 구양표에게 잠시 얘기만 하고 오겠다던 이교는 결국 소군에게 돌아오지 않는다. 사랑은 그렇게 만남과 헤어짐을 반복하는 것일까. 화면은 이윽고 1993년 가을의 뉴욕을 비춘다. 다시 자전거를 타고 있는 소군. 여기서 그가 다시 자전거를 타고 있음에 주목할 필요가 있다. 자전거는 그가 처음 홍콩에 도착해 배달 일을 하게 되면서 타기 시작했다. 이후 소정의 등장으로 인한 감정의 흔들림 속에서 그는 점차 자전거를 타지 않게 됐고, 결국 그 자전거는 녹이 슨 채 방치되고 만다. 그랬던 그가 뉴욕으로 건너 가 다시 자전거를 탄다는 건 그의 마음이 얼마간 안정을 되찾았음을 방증한다.

　영화의 마지막은 거리를 배회하던 두 사람이 등려군의 사망 소식을 알리는 텔레비전 앞에서 우연히 마주치는 장면이다. 놀람과 더불어 어색함을 거쳐 이윽고 묻어 나오는 두 사람의 미소까지, 그 배경에는 등려군의 '월량대표아적심(月亮代表我的心, 달빛이 내 마음을 대신하네)'과 '첨밀밀(꿀처럼 달콤하다)'의 선율이 함께 흐른다. 필자는 마지막 장면에서 흐르는 두 곡의 음악이 영화의 주제를 잘 표현하고 있다고 생각한다.

이 영화는 많은 이들이 홍콩 드림을 꿈꾸었던 시대를 배경으로 그 흐름에 적응하려는 두 남녀의 사랑을 감독 특유의 섬세한 감각으로 풀어낸 작품이다. 여기서 섬세하다는 표현은 말 그대로 배우들의 연기가 이야기를 풀어나가는 사건의 나열에 그치지 않고, 곳곳에 배치된 미장센과 카메라 워크 등 다양한 요소들을 통해 장면마다의 감정 변화를 진솔하게 나타냈다는 뜻이다. 감정에 솔직하지 못한 현대 사회의 한가운데에서 반복된 우연(偶然)이 만들어낸 필연(必然)의 섬세함을 느껴보고 싶다면 이 영화를 통해 다시 한 번 1996년 그 시절의 감성으로 돌아가 보는 것도 좋을 것 같다.

삶의 거센 파도 속에서

파도가 지나간 자리(2016)

　미국 프로야구 메이저리그에서 2000년대 초반 최고의 활약을 펼치며 '원투펀치'라는 용어를 만들어낸 이들이 있다. 애리조나 다이아몬드 백스 팀의 랜디 존슨과 커트 실링이 그 주인공이다. 두 사람이 쌓아올린 승수를 봤을 때 그들이 마운드에 나설 때면 믿고 보는 승리 게임이라는 얘기가 절로 흘러나왔을 정도로 그들의 등판이 경기 결과에 미치는 영향력은 실로 대단했다. 이와 같이 영화에서도 믿고 보는 배우들이 있다. 감독의 연출력과 뛰어난 각본, 배급사의 마케팅 능력 등을 따지지 않고 단지 그가 출연했다는 사실만으로도 이야기에 녹아들 수 있다는 기대감 때문이다. 필자가 믿고 보는 배우는 '마이클 패스벤더'이다. 영화 〈엑스맨〉 시리즈에서 에릭 랜셔(매그니토) 역을 연기했을 때 다소 아쉬운 탄식을 내뱉기도 했지만, 〈프로메테우스〉(2012)를 비롯한 〈에이리언〉 시리즈와 〈노예 12년〉(2013), 〈프랭크〉(2014) 등 다수의 작품에서 보여줬던 그의 연기력은 아직까지도 강한 인상으로 남아 있다. 그가 출연했다는 이유만으로 앞뒤 따지지 않고 본 이 작품 또한 그러한 인상을 더욱 짙게 만들어 주었다. 시카고비평가협회상(유망연출상)에 빛나는 데릭 시엔프랜스 감독이 잔잔한 파도의 움직임을 격정적인 이야기로 변환시켜 관객의 가슴 깊은 곳을 건드린 영화 〈파도가 지나간 자리〉(2016)이다.

영화 〈파도가 지나간 자리〉는 M. L. 스테드먼의 『바다 사이 등대』라는 소설을 원작으로 한다. 필자는 별도의 원작을 가진 영화를 만날 때면 우선 제목의 변화를 관찰하는 습관이 있다. 제목의 미묘한 차이가 만들어내는 울림이 관객들에게 상당히 큰 영향을 미치기 때문이다. 소설의 경우 '등대'에 초점을 둔 제목을 택했다면 영화는 사건의 전환 국면마다 화면에 간간이 모습을 비추는 '파도의 흔적'에 초점을 맞추었다. 이러한 메시지 소구점(appealing point)의 차이를 고려하고 영화를 관람한다면 이 영화의 메시지를 이해하는 데 한층 도움이 될 것이다.

영화는 1차 세계대전이 끝난 후 전쟁 영웅으로 귀환한 톰(마이클 패스벤더 분)이 바닷가 마을 입구에 위치한 외딴섬 야누스에서 등대관리자로 일하기로 결정하는 장면에서부터 시작된다. 마을 사람들에게 등대는 종전 후 재건과 번영을 이루기 위해 꼭 필요한 존재로 받아들여진다. 그럼에도 외딴섬에 홀로 놓인다는 단점 때문에 많은 이들이 고독과 슬픔으로 섬 생활을 견디지 못해 자주 교체되기도 했다. 전쟁 영웅이 굳이 이러한 역할을 자청했다는 건 어떤 의미로 받아들일 수 있을까. 쉽게 이해해보면 전쟁을 겪으면서 그 치열함 속에 마음의 안정을 찾지 못한 주인공이 사회에 적응하지 못하고 스스로를 구석으로 몰아넣는 환경을 만들고 있는 것으로 해석할 수 있겠다.

데릭 시엔프랜스 감독은 이러한 배경과 구성에 상반된 성향을 지닌 상대역을 집어넣었다. 톰 앞에 나타난 이자벨(알리시아 비칸데르 분)은 현재의 그의 모습과 정반대의 분위기를 가진 인물이다. 그녀는 세상과의 괴리감으로 온통 젖어 있던 톰을 점차 밝은 곳으로 이끌어내는 역할을 맡았다. 이러한 두 사람이 부부로 맺어짐은 각자의 성격 차이에서 발생할 수 있는 많은 상황과 이야기를 만들어낼 수 있다. '생기 넘치는 당신의 존재가 나를 두렵게 하고, 당신 덕에 다시금 감정을 느끼게 됐다.'는 톰의 고백은 그녀에 대한 그의 신뢰와 마음이 열리고 사랑이 점차 깊어지고 있음을 잘 나타내는 부분이라 할 수 있다.

영화는 두 사람이 각자 육지와 섬으로 떨어져 지내는 동안 편지를 주고받는 장면을 통해 서로에 대한 감정이 상승되고 있음을 빠른 속도로 보여준다. 하지만 영화가 가지는 시간적 제약으로 두 사람의 사랑이 깊어지는 과정이 너무나 짧게 제시된 점은 개인적으로 아쉬운 부분이다. 이야기의 빠른 전개는 내용을 풀어내기에 용이하다. 하지만 감정의 선이 중요한 요소로 작용하는 이 영화의 특성 상, 두 사람의 감정 변화를 빠른 속도로 관객들에게 이해시키겠다는 건 필자의 사견으로는 무모한 시도였던 것 같다. 불행히도 영화는 두 시간의 러닝 타임만으로 많은 분량의 이야기뿐만 아니라 주인공들의 섬세한 감정 변화까지도 담아내야 한다는 사실을 놓친 것 같다.

여기서 다시 한 번 등대의 역할과 의미를 살펴볼 필요가 있다. 등대는 어두운 곳에 홀로 서서 다른 이를 밝혀주는 역할을 한다. 사랑하는 이자벨을 위해 희생과 헌신을 선택하는 톰의 역할을 간접적으로 암시하는 좋은 구성이다. 이러한 스토리 구성만 놓고 본다면 그 역에 마이클 패스벤더를 캐스팅한 건 탁월한 선택이다. 〈프로메테우스〉와 〈에이리언 커버넌트〉(2017)에서 필자가 보았던 그는 누구보다 적절하게 감정 표현을 절제할 줄 아는 배우이기 때문이다. 어쩌면 이 작품의 스토리는 러닝 타임의 제약을 가진 영화보다는 TV 연속극과 같이 이야기를 좀 더 풍성하게 만들어낼 수 있는 시리즈물에 적합할 것 같다. 제한된 공간에서 두 사람의 사랑이 애틋할 정도로 서로에게 빠져드는 과정이 제대로 표현되어야 한다는 점에서 더욱 그렇다.

영화는 부부의 결실을 맺고 야누스 섬에서 등대관리자로 살아가던 톰과 이자벨이 두 번의 유산을 겪고 이자벨의 아이에 대한 집착이 점차 강해지는 상황을 세밀하게 그려나간다. 섬에 태풍이 찾아오고 파도가 거칠어지고 아내를 위로하기 위해 부른 피아노 조율사를 의사로 오해하여 남편에게 화를 내는 장면 등은 그녀가 점차 예민한 성격으로 바뀌는 과정을 표현한다. 또한 이 섬에 변화의 바람이 불어올 것을 관객에게 미리 알려주는 복선으로 작용하기도 한다.

이쯤에서 갑자기 떠내려 온 배 한 척은 이야기가 흘러가는 방향을 한 번에 전환시켜주는 역할을 한다. 배 안에는 의문의 남자 시체 한 구와 마냥 울고 있는 갓난아기가 놓여 있다. 평소 아이를 애타게 갈구하던 부부에게 갈등 상황을 안겨주는 순간이다. 톰은 등대관리자로서 상황을 육지에 보고해야 할 의무가 있다. 하지만 그는 육지에 알리지 말고 자신이 낳은 아기인 것처럼 키우자고 설득하는 이자벨에게 결국 넘어간다. 이러한 톰의 선택은 지금까지 얘기했던 두 사람의 상반된 성향을 비롯해, 등대관리자로서 수행하는 역할과 그의 성격 등을 그대로 반영한다. 뿐만 아니라 섬의 이름이 '야누스'라는 점 또한 이러한 선택을 적절히 뒷받침하는데, '야누스'는 로마 신화에 등장하는 수호신으로서 앞뒤로 다른 얼굴을 가지고 있는 것으로 묘사되기 때문이다.

잘못된 일이라고 말하는 사람과 그렇지 않다고 말하는 사람의 대화. 양자 간의 대화에 집중할 수 있는 면대면(face to face) 화면이 이어지면서 갈등이 고조되는데, 카메라는 화자(話者)의 표정을 사선으로 바라본 채 앞에 서 있는 상대방의 뒷모습을 같은 프레임에 담아낸다. 이때의 카메라 앵글은 스토리를 전달하는 단순한 역할보다는 관객으로 하여금 제삼자의 입장에서 두 사람의 대화를 엿듣는 듯한 상황을 만들어준다. 두 사람의 선택은 한 생명이 묻혀 있는 무덤의 표지까지 없애는 지경에 이르는데, 이 장면에서 주목해야 할 점은 두 사람의 주장이 비록 상반되지만 최종적인 선택과 이를 행동에 옮기는 건 모두 톰이 마무리하고 있다는 사실이다.

이후 모든 화면은 섬에서의 가족의 행복을 극대화시키는 데 할애된다. 이 행복이 단순한 행복이 아니라 엄청난 무게를 가지고 있음을 관객에게 각인시켜 주고 있다고 하겠다. 아이에게 '루시'라는 새로운 이름까지 지어주며 행복한 나날을 보내던 어느 날, 톰은 육지의 한 공동묘지에서 우연히 아이의 친부인 프랭크(리온 포드 분)의 비석을 발견하게 된다. 카메라가 프랭크의 불행한 가족사를 전해 듣는 톰을 앞모습이 아닌 뒷모습을 비추는 건 어깨 너머 앵글을 통해 감정선이 어떻게 흐르는지

톰과 이자벨 역을 맡아 열연한 마이클 패스벤더와 알리시아 비칸데르.

세밀하게 전달하기 위함이다.

이처럼 필자는 평소 영화를 볼 때 카메라 시선을 의식하며 보는 걸 추천하는 편이다. 카메라는 배우의 시선이자 관객의 시선이 함께 머무르는 곳이기 때문이다. 한 장면을 풀어낼 때 왼쪽이든 오른쪽이든 이야기를 진행하는 데 문제될 건 없다. 그럼에도 카메라가 굳이 하나의 방향을 선택하는 건 그만큼 이유가 있기 때문이다. 루시의 친부와 친모인 한나(레이첼 와이즈 분)가 처음 만나는 장면을 평지가 아닌 경사로에서 잡은 것도 이 부부의 환경이 제각기 달랐음을 보여준다. 이들의 만남이 불균형을 이루고 있음을 암시하는 미장센이 아닐 수 없다.

사실 여기까지의 스토리를 정리하면 너무나 무난한 내용으로만 흘러가는 듯한 느낌을 준다. 관객은 예측 가능한 스토리와 감정 전달에만 의

존하는 최루성 장르에 너무나 익숙해져 있다. 필자 또한 영화가 중반에 이르면서 스토리 자체를 배우의 연기력에만 의존하는 지나치게 빈약한 구조가 아닌가 하고 생각하던 참이었다. 하지만 기가 막히게도 데릭 시엔프랜스 감독은 관객의 이러한 의중을 읽기라도 한 듯, 중반 이후부터 스토리를 크게 비틀기 시작한다. 그것도 두 번씩이나 말이다.

첫 번째 비틀기는 사건을 이끌어가는 국면의 전환이다. 한나가 행방불명된 남편과 딸을 애타게 찾으며 그리워하고 있는 모습을 본 톰은 이자벨 몰래 그녀에게 간간이 메모를 남겨 남편의 죽음과 딸의 무사함을 알린다. 이 메모가 발단이 되어 한나는 딸의 행방을 경찰에 의뢰하고 결국 수소문 끝에 경찰이 톰과 이자벨을 찾아가게 된다. 여기서 이야기가 다시 두 갈래로 나뉜다. 첫 번째 갈래는 진실을 간접적으로 털어놓아 자신과 루시를 떼어놓게 만든 톰에 대한 이자벨의 분노와 증오이고, 두 번째 갈래는 당시 섬으로 배가 떠내려 왔을 때 과연 아이의 친부인 프랭크가 살아 있었는지 죽어 있었는지에 대한 경찰의 진위 가리기이다. 이 말은 곧 사건이 아이가 친모의 품으로 돌아가는 것에 그치지 않고 이자벨 대신 모든 죄를 덮어 쓴 톰이 살인죄까지 받을 수 있는 심각한 상황에 빠졌음을 의미한다.

두 번째 비틀기는 이자벨에게 다가온 달콤한 유혹이다. 이자벨은 남편 톰이 자기 대신 모든 죄를 덮어 쓰고 살인죄까지 받을 운명에 처했음에도, 아이를 빼앗긴 허탈감과 남편에 대한 분노와 증오로 시간을 그냥 흘려보낸다. 그런 이자벨에게 한나가 찾아와 자신에게 적응하지 못하는 아이를 돌려줄 테니 톰의 살인죄를 증언해 달라고 요구한다. 정말 기가 막힌 사건의 전환 아닌가. 이유야 어찌됐든 남편에 대한 증오가 가득한 상황에서 자신을 위해 모든 걸 희생한 남편과 사랑하는 아이를 두고 선택해야 하는 상황이다. 이 장면에서 윤리적인 답은 논외가 된다. 관객은 발언권을 가지고 있지 않으니까. 이렇게 스토리를 어떻게 풀어나갈지에 대한 궁금증이 가득해지는 순간, 감독은 롤러코스터를 태우며 관객을 들었다 놓았던 그 무게를 다시금 아주 차분히 가라앉히며 이야기를 마무리 짓는다.

필자가 감히 결론짓자면 이 영화는 '용서'에 대한 이야기라고 할 수 있다. 글의 서두에서 원작 소설과 영화의 제목이 메시지 소구점에서 차이를 두고 있다고 얘기한 바 있다. 결국 파도가 의미하는 건 '용서'이다. 때로는 부드럽게, 때로는 격정적으로 강한 흔적을 남기지만, 그럼에도 불구하고 거친 상처를 따뜻한 온기로 보듬어 흔적을 지우는 역할을 하는 것이다. 영화가 마무리됐을 때 필자의 머릿속에 남은 장면이 하나 있다. 한나의 플래시백(flashback, 회상 장면) 중, 아기를 바라보는 남편 프랭크에게 어떻게 그렇게 모진 일을 겪으면서도 이렇게 밝을 수 있을까 묻는 장면이 그것이다. 그는 미소 지으며 이렇게 대답한다.

"용서는 한 번만 하면 되니까. 누구를 증오하려면 하루 종일, 매일 나쁜 생각을 떠올리게 되니까. 그게 더 힘들거든."

용서도 분명 용기가 필요한 일이다. 마음 한 편에서 거센 용기의 파도를 기다리고 있는 이들에게, 이 영화가 좋은 선물이 될 수도 있지 않을까 생각해 본다.

돌다리도 두드려 봐야

이니시에이션 러브(2015)

영화를 좋아하는 사람들은 저마다 특유의 취향을 가지고 있다. 액션을 즐기거나 서스펜스를 좋아하는 이도 있고, 멜로물 또는 코믹물만 찾아보는 이들도 있다. 반면 공포물은 절대 보지 않는 이들도 있다. 취향은 때로 선입견을 만든다. 필자의 부친은 한국영화는 거의 보지 않으신다. 아직도 수준이 낮다는 편견을 갖고 계시기 때문이다. 한국영화가 과거에 비해 양과 질에서 비약적인 발전을 이루었지만, 이러한 편견 또한 넘어야 할 산이라는 생각이다. 필자도 특정 영화에 대해 선입견을 가지고 있다. 그중 하나가 일본영화에는 오버액션이 많다는 것이다. 오랫동안 축적된 애니메이션의 성과와 이를 뒷받침하는 상상력과 기획력, 그리고 우수한 촬영 및 편집 기술에도 불구하고, 배우의 과장된 몸짓과 불필요한 코믹 요소가 영화의 흐름을 망치는 것 같다는 느낌이다. 하지만 이러한 필자의 선입견에 반기를 드는 작품이 있다. 일본영화 특유의 아기자기한 구성에 오버액션도 거의 없으면서, 감독의 연출력과 배우의 연기력이 꽤 돋보이는, 츠츠미 유키히코 감독의 〈이니시에이션 러브〉 (2015)이다.

〈이니시에이션 러브〉는 남녀의 사랑 이야기다. 자, 이 한 줄의 문장만으로도 한숨이 나온다. 이 얼마나 지겹도록 다루어진 주제란 말인가. 언제나 새로운 이야기를 갈망하는 현대 관객의 바람에도 불구하고 이 영화는 청춘남녀의 로맨스에 영화의 운명을 걸었다. 하지만 영화는 남녀의 사랑을 다루지만 사실 하이라이트는 다른 곳에 있다. 그게 이 영화를 봐야 하는 핵심 이유이다.

주인공 스즈키(마츠다 쇼타 분)는 뚱뚱하고 소심해 친구들에게 놀림을 받으며 모태솔로로 평범한 삶을 살고 있다. 어느 날 그는 마지못해 참석한 미팅 자리에서 자신의 인생을 바꿔 줄 미모의 아가씨 마유(마에다 아츠코 분)를 만나게 된다. 비록 외모는 부족하지만 순수한 마음을 갖고 있던 스즈키는 점차 마유의 마음을 얻게 되고 두 사람은 결국 연애를 시작하기에 이른다. 스즈키는 편견 없이 자신을 대하는 마유와의 사랑을 통해 그동안 익숙했던 일상을 벗어던지고 새로운 사람으로 변하고자 노력한다. 이전까지 생각하지 않았던 운전면허 시험에 도전하는가 하면, 좀 더 멋진 사람이 되고자 다이어트까지 시작한다. 그녀는 이런 스즈키에게 '타쿤'이라는 별칭까지 붙여준다. 두 사람은 사랑을 키워나가고 결국 스즈키는 마유의 응원에 힘입어 다이어트를 해내고 취직에도 성공해 입사 후 능력을 인정받아 도쿄 본사로 발령받기에 이른다. 마유는 잠시 떨어져 지내는 게 아쉽지만 남자친구가 능력을 인정받은 것에 기뻐하며 흔쾌히 그를 보내주고, 대신 스즈키가 매주 그녀가 있는 시즈오카로 내려오겠다는 약속을 하고 도쿄로 떠난다.

여기까지가 '사이드 A'의 이야기이다. 감독은 카세트테이프를 돌려 끼우듯 사이드 A와 사이드 B로 나누어 이야기를 풀어간다. 이는 나중에 얘기할 이 영화의 하이라이트와도 관련이 깊다. 지금까지의 줄거리를 봤을 때 한때 연애 고수를 자처했던 분들이라면 뭔가 뻔한 스토리가 떠오르지 않을까? 그렇다, 몸이 멀어지면 마음도 멀어지기 마련. 대부분의 주말 연애가 성공하기 쉽지 않듯이 스즈키와 마유 역시 힘든 고비에 접어든다. 도쿄 생활을 시작한 스즈키는 처음에는 매주 시즈오카로 내려와 변함없이 마유와 즐거운 주말 데이트를 즐기지만 점차 생활에 지치게 되고 직장 동료 미야코(키무라 후미노 분)에게 끌리는 상황에 처하게 된다. 사이드 B의 이야기가 어떻게 흘러갈지는 굳이 얘기하지 않아도 상상이 될 것 같다.

영화 전체를 봤을 때 이 작품은 지극히 평범한 남녀의 연애사를 다룬다. 생면부지의 남녀가 만나 사랑의 감정을 품고 연애하는 이야기. 만남과 헤어짐을 반복하다가 결혼에 골인하게 되는 그런 흔한 연애사가 아닐까. 하지만 이 영화는 색다른 반전을 선사하며 관객의 눈과 귀를 즐겁게 해준다. 영화는 반전에 모든 것을 걸었다. 반전에 대한 집착은 포스터에서부터 드러난다. 오직 반전만이 살 길이라는 듯, 영화 포스터는 반전에 대한 스포일러를 강하게 드러낸다. 필자는 영화를 볼 때 포스터에

스즈키와 마유는 진정 그들의 사랑을 키워나가는 '이니시에이션 러브'를 겪고 있는 걸까?

집중하는 편이다. 포스터에는 영화에 대한 상당한 정보를 읽어낼 수 있을 정도로 다양한 요소들이 포함되어 있기 때문이다. 예를 들면, 영화 〈아메리칸 셰프〉(2014)와 〈아이 엠 어 히어로〉(2015)는 포스터의 메인 카피를 통해 영화의 핵심 내용을 간접적으로 드러내고 있다. 〈포레스트 검프〉(1994)의 경우에는 아무것도 없는 하얀 백지 위에 주인공의 모습만 덩그러니 놓여 있는데, 주인공 포레스트(톰 행크스 분)의 순수함을 드러내는 이미지이기도 하다.

하지만 최근 일본영화들은 조금 다른 스타일의 포스터를 제작하기도 한다. 포스터에 강렬한 글씨체로 요약된 메시지를 남기는 게 바로 그것이다. 필자가 이렇게 포스터 이야기를 길게 하는 이유는 〈이니시에이션 러브〉가 바로 그런 경우에 해당하기 때문이다. 포스터에 반전에 대한 문구가 참 많다. 사진이 불필요할 정도로 강렬한 글씨체를 남발하고 있지만 이 영화만큼은 인정해줘야 할 것 같다. 왜냐, 이 영화는 반전이 생명 줄이기 때문이다. 이처럼 반전에 대한 강한 예고가 없었다면 지루한 스토리로 인해 초반에 자리를 박차고 나갈 관객들도 제법 있었을 것 같다. 관객은 닳을 대로 닳은 따분한 사랑 이야기를 보러 비싼 관람료를 지불하고 상영관을 찾은 게 아니니 말이다.

거듭 얘기하지만 이 영화의 핵심은 '반전'이다. 포스터에서부터 계속 반전을 외쳐대니 관객 입장에서는 도대체 어떤 대단한 반전이기에 하며 두 눈을 부릅뜨고 마음의 준비를 하고 이 영화를 볼지 모르겠다. 그렇다고 M. 나이트 샤말란 감독의 〈식스센스〉(1999)나 알레한드로 아메나바르 감독의 〈디아더스〉(2001) 급의 반전은 아니니 너무 기대할 필요는 없다. 그저 아기자기한 연애 이야기 속에서 갑작스런 종소리가 땡하고 울리는 정도이니. 그마저도 이 '반전'이 없었다면 영화의 가치가 떨어질 것만 같다. 그럼에도 필자가 이 영화를 소개하는 이유는 감독의 연출력과 배우들의 뛰어난 연기력 때문이다. 츠츠미 유키히코 감독은 반전을 이끌어내기 위한 준비 작업 속에서도 스토리의 배분과 갈등 구조를 재미나게 엮을 줄 아는 연출력을 갖추고 있다. 영화의 반전은 결국 이러한 구성을 통해 일어나게 된다. 또한 그런 연출에 걸맞게 배우들의 연기력도 충분히 뽐냈다. 세계적으로 인정받는 명배우에 비견할 연기력은 아니지만, 이 영화의 묘미를 잘 살리고 스토리를 적절히 구성해 나가는 데 충분하다. 결국 이 모든 것들이 잘 어우러져 기가 막힌 반전을 선사한다. 그렇다, 이 영화는 결국 '반전'이다. 반전 말고는 더 이상 얘기할 게 없다. 포스터에서도 친절히 알려주고 있지 않은가, 마지막 5분에 반전이 있을 거라고.

영화의 제목은 '이니시에이션 러브'이다. 굳이 해석하자면 '사랑의 성장통' 정도로 풀 수 있을까. 어느 온라인 블로그에서는 사랑에는 '절대'가 없다는 걸 깨달아야 어른이 되고 그걸 깨닫게 해주는 연애가 바로 '이니시에이션 러브'라고 했다. 사랑에 정답이 있을까. 하지만 누구나 그 과정을 거쳐야 진정한 어른이 되는 것도 맞는 말인 것 같다. 일본영화 특유의 감성을 즐기고 옛 사랑의 추억을 다시금 되돌아보고 싶다면, 〈이니시에이션 러브〉가 그 해답이 될 수 있을 것이다.

살랑거리는 바람에 취하다

바람바람바람(2017)

　　과거에 제주도는 척박한 땅이었다. 돌이 많고 흙이 거칠어 곡식이 자라기 쉽지 않았고, 바람 또한 거세어 어업도 생각만큼 풍성하지 못했다. 그래서 여자들이 힘겹게 숨을 참고 바다에 들어가 물질을 할 수밖에 없었을 것이다. 흔히 알고 있듯 돌과 여자와 바람이 많다고 해서 제주도는 '삼다도(三多島)'라 불린다. 하지만 지금의 제주도는 천혜의 환경을 자랑하는 한국을 대표하는 관광명소가 되었다. 2002년 생물권보전지역 지정, 2017년 세계자연유산 등재, 2010년 세계지질공원 인증 등 유네스코가 공인하는 아름다운 섬이다. 이 영화는 아름다운 제주도를 배경으로 한다. 천혜의 자연환경을 카메라에 담으며 단지 아름다운 관광명소를 드러내는 데 그쳤다면 영화의 재미는 반감되었을 것이다. 하지만 감독은 앞에서 언급한 '삼다도'라는 별칭에 주목한 듯하다. 돌과 여자와 바람, 과연 영화는 이 세 가지 요소를 가지고 어떤 스토리를 맛깔나게 풀어나갔을까? 제주도를 배경으로 다소 무거운 주제를 가볍게 풀어낸 영화 이야기를 해볼까 한다. 〈스물〉(2014)에서 청춘의 색다른 고민을 리얼하게 보여준 바 있는 이병헌 감독의 영화 〈바람바람바람〉(2017)이다.

영화를 어느 정도 본 관객이라면 제목만으로도 눈치 챘겠지만, 사실이 영화는 등장인물들이 제각기 놓인 환경 속에서 배우자 몰래 외도를 하는 이야기를 다룬다. 제목이 '바람'도 아니고, '바람바람'도 아니고, '바람바람바람'이라고 세 번씩이나 크게 외치고 있는 까닭은, 아주 애매하게 얽혀 있는 세 쌍의 남녀가 각기 다른 방향과 방식으로 바람을 피우고 있기 때문이다. 관객의 시선에서 굳이 미화하자면, 영화는 '바람'이라는 단어처럼 우리를 스쳐 지나가지만 결국엔 힘겹게 흔들리다가 결국 제자리로 돌아오게 되는 우리네 삶을 다루고 있다고 정리할 수 있겠다. 여기서 말하는 '바람'은 우리 곁을 스쳐지나가는 물리적인 바람 외에도 '외도'를 의미하는 바람의 어긋남도 포함하고 있다.

영화의 시작과 마무리는 주인공 봉수(신하균 분)와 석근(이성민 분)이 롤러코스터를 타는 장면이다. 이병헌 감독은 삶의 굴곡과 환경의 급격한 변화를 롤러코스터를 통해 우회적으로 돌려 표현하고 싶었던 걸까? 오히려 온몸으로 바람을 맞으며 빠르게 스쳐지나가는 속도와 강도를 나타내고 싶었던 거라고 해석하는 게 좋겠다. 어쩌면 봉수와 석근이 겪는 바람이 롤러코스터를 타면서 맞는 차갑고 날카로운 바람의 강렬함과 다를 바 없음을 외치고 싶었던 것일 수도 있다.

석근은 오랫동안 아내 담덕(장영남 분) 몰래 바람을 피우며 즐거움을 느끼고, 그 과정에 매제인 봉수까지 끌어들이는 데 서슴지 않는 인물이다. 사실 끌어들인다기보다는 자신의 외도를 합리화하는 도구로 그를 활용하고 있지만 말이다. 반대로 봉수는 올곧은 인물의 표본이다. 또한 겉으로는 냉철하고 곧은 심성일지라도 속으로는 외면적인 윤리관으로부터 받는 스트레스로 가득 차 있는 인물이다. 그의 불만은 아내인 성임(송지효 분)과의 대립에서 나타나는데, 그건 그녀가 그의 존재와 지위를 제대로 인정해주지 않기 때문이다. 아내가 자신보다 우월한 위치에 있고 강한 주장을 펼치기에 자신의 무력함을 견디지 못하고 혼자서 속앓이를 하는 중이기도 하다. 그 내적 불만이 제니(이엘 분)라는 갑자기 불어온 바람에 휘청거리고 넘어가 버린 것이다.

영화는 사실 등장인물들이 자신의 짝 몰래 바람을 피우고 있음을 관객에게 일러바치고 있는 게 아니다. 오히려 각각의 인물 모두가 마음속에 현실로부터의 탈출구를 찾고 있음을 우회적으로 표현하고 있다고 볼 수 있다. 그렇게 스쳐가는 바람 이후 자신의 자리로 돌아가기를 원했다는 것 또한 마찬가지고 말이다. 이병헌 감독은 영화를 통해 대다수의 중년들이 부닥치고 있는 난제, '왜 어른들은 사랑을 하고 결혼을 해도 항상 외로움을 느끼게 되는가.' 하는 질문을 좀 더 구체화시키며 관객들에게 던지고 있다.

이는 담덕이 사고를 당한 후, 석근이 마음을 정착시킬 곳을 찾지 못해 방황하는 모습을 보여주는 동시에 봉수의 익숙지 않은 외도를 감싸려하는 행동에서도 쉽게 읽을 수 있다. 결국 자신처럼 제자리를 잃지 말고 돌아갈 곳을 간직하고 있으라는 메시지로 해석되기 때문이다. 봉수 또한 제니와의 외도 이후 긍정적이고 당당해진 표현과 행동 덕분에 아내와의 사이가 다시 좋아졌다. 그 때문에 제니와 거리를 두면서 그녀의 적극적인 모습을 거부하려 하는 것에서 같은 맥락을 찾을 수 있다. 제니가 자신이 과거로부터 받은 상처를 봉수를 통해 치유하려 하는 모습 또한 이와 마찬가지다.

서사 구조에서 벗어나 감독의 스타일을 살펴보면, 영화는 코미디를 표방하고 있지만 결코 웃음 코드 하나에 국한시키고자 하지 않는다. 이병헌 감독의 대표작인 〈스물〉에서 보여준 웃음 코드를 그대로 간직하면서도, 감독의 인생관을 곳곳에 숨겨놓는 데 주저하지 않기 때문이다. 여기에 그가 2016년 출연한 작품 하나를 연결시켜 볼 수 있다. 이병헌 감독이 리얼한 건달로 특별 출연한 남대중 감독의 〈위대한 소원〉(2016)이 바로 그것이다. 이 작품은 필자가 인생 영화로 꼽는 몇 안 되는 코믹물 중 하나이기도 하다. 인생을 넓은 시각으로 바라봤을 때 그 해석을 기발한 스토리로 풀어놓으면서도, 그 가운데 제대로 된 웃음 코드를 간직해 유쾌한 강세를 집어넣은 작품이 아닐까 싶다. 다소 어색한 주제를 가지고도 큭큭 웃는 새침한 웃음이 아닌 푸하하 또는 깔깔깔 정도는 쉽게 끄집어낼 수 있을 만큼 정말 맛깔나게 소화한 웃음 코드를 가지고 있는 작품이라고 할 수 있다. 대사와 스토리, 배우의 연기 등이 모두 딱딱 들어맞으며 말 그대로 과하지도 부족하지도 않은 작품이라는 생각이다.

이와 연계해 이병헌 감독의 전작인 〈스물〉의 경우, 〈위대한 소원〉만큼 강렬한 웃음을 이끌어내지는 않지만, 적어도 우정의 세계를 웃음이라는 색다른 요소를 통해 바라보려 노력한 흔적이 역력하다. 이는 우정

영화의 시작과 마무리를 장식하는 롤러코스터를 타는 장면. 봉수와 석근이 경험하는 바람은 롤러코스터를 탔을 때 맞는 바람의 강렬함과 다를 바 없다.

을 '함께 있을 때 우린 아무것도 두려운 것이 없었다.'라고 요약한 곽경택 감독의 〈친구〉(2001)와는 또 다른 해석이다. 우정을 의리로 해석하지 않고 순수한 의미에서의 동지애로 영상에 담아내려 했기 때문이다. 방송인 김제동 씨는 모 프로그램에서 친구란 '나의 아픔을 어깨에 짊어메고 가는 이'라고 풀이했지만, 영화 〈스물〉은 '나의 아픔을 머릿속에 집어넣고 가슴으로 끌어안고 가는 이'로 확대 해석한다.

필자가 영화 〈바람바람바람〉을 얘기하면서 〈스물〉과 〈위대한 소원〉을 함께 언급하는 이유는 이 영화들의 키워드가 일치하는 구석이 있기 때문이다. 쉽게 말해 이 영화의 키워드는 '청춘(靑春)'이다. 여기서 얘기하는 청춘은 단순히 나이로 구분 짓는 것과는 다른 개념이다. 젊은 시절,

인생에 대한 수없이 많은 고민과 방황에 빠지면서 뚜렷한 목적 없이 내 곁을 함께 하는 친구라는 존재는 분명 나와 같은 길을 걸으며 같은 고민을 하는 동료이기 때문이다. 영화 〈세 얼간이〉(2009)의 친구들이 주인공 란초(아미르 칸 분)의 조언으로 한 단계 성장하는 것처럼, 그들 또한 우열의 세계가 아닌 동등한 위치에서 인생을 살아가는 법을 함께 배운다. 그런 점에서 감독이 영화를 통해 표출하는 메시지는 관객들에게 적잖은 흔적을 남긴다.

영화 〈바람바람바람〉은 소년기와 청년기를 거쳐 중년기에 접어든 관객들에게 전하는 이병헌 감독의 또 다른 '청춘'에 대한 메시지이다. 누구나 겪는 흔들리는 인생 열차 탑승에서, 보다 중심을 잡고 앞으로 나아갈 수 있도록 튼튼한 밧줄이 되어주는 영화. 영화는 그런 의미에서 이 시대 중년들에게 새로운 친구가 될 수 있다. 이 영화는 소위 말하는 메이저 영화는 아니다. 하지만 어느 영화보다도 배우들의 감정을 잘 조절해내며 쉽게 드러내지 못하는 중년의 속내를 사람 내음으로 가득 채워 풀어냈다. 그런 측면에서 필자는 이 영화가 관객들의 공감을 끌어 모으는 데 충분히 성공했다고 얘기하고 싶다. 누구나 주저하며 망설일 수밖에 없는 이야기이지만 누구나 한번쯤 생각하거나 겪는 이야기라는 점에서 우리의 삶을 가장 리얼하게 들여다보는 작품이라고 생각하기 때문이다. 삶의 한쪽에서 불어오는 산들바람에 취해 연신 곁눈질을 하는 분들이 있다면, 이 작품을 통해 아름다운 제주도의 바람을 한껏 맞아보는 것도 좋은 선택이 될 수 있을 것 같다.

공포와 코미디, 그리고 로맨스

피막(2013)

영화가 꼭 하나의 장르에 국한되라는 법은 없다. 장르의 벽을 넘어 다양한 시도를 하는 영화가 많기 때문이다. '로맨틱 코미디'는 '로맨스'와 '코미디'가 결합된 용어로 장르 간 콜라보레이션(Collaboration) 형식을 띤다. 이 영화는 우리나라에서 쉽게 접하기 힘든 태국 영화이다. 태국의 오래된 설화를 바탕으로 한 공포 영화를 지향하면서도 코미디와 로맨스 등 여러 장르 요소를 함께 표현하고자 노력한 작품이다. 한두 개도 아니고 여러 개의 장르가 혼합되니 자칫 잘못하면 이도저도 아닌 형국에 빠져들 수도 있겠다. 하지만 감독은 적절한 연출로 각 장르를 아우르는 스펙트럼이 넓은 작품 한 편을 만들어냈다. 한때 사람들의 간담을 서늘하

게 했던 〈셔터〉(2004)와 〈샵〉(2007)을 연출한 반종 피산다나쿤 감독의
영화 〈피막〉(2013)이다.

이 영화의 이야기를 가슴으로 받아들이려면 우선 태국의 역사를 간략
히 이해할 필요가 있다. 남중국에서 유래했다는 설이 유력한 고대 타이
족들은 13세기까지 크메르족의 땅에서 조공을 바치며 살다가 점차 세력
을 규합해 독립을 쟁취했다. 하지만 태국은 미얀마, 라오스, 베트남, 캄
보디아 등 여러 나라들 사이에 있는 지리적 위치로 오래전부터 전쟁의
소용돌이에 자주 빠져들었다. 이 때문에 군에 징집할 많은 남성 인력들
을 필요로 했는데 정식 훈련을 받지 않은 일반인들이 대부분이었고 과
거 우리나라가 그랬던 것처럼 그들은 국가의 부름에 어쩔 수 없이 전쟁
터로 나갈 수밖에 없었다. 이 과정에서 남겨진 처자식과 부모들은 여자
들로서 집에 남아 홀로 살림을 꾸려나가는 경우가 많았다. 물론 국가의
보살핌 없이 수많은 가족들이 어려움을 겪으며 비극적인 말로를 맞이한
사례도 빈번했고 말이다.
영화는 사랑하는 아내 낙(다비카 후네 분)과 뱃속의 아이를 두고 전쟁
에 참전한 주인공 피막(마리오 마우러 분)이 전쟁터에서 최선을 다해 싸
우는 장면으로 시작한다. 그는 하루빨리 사랑하는 아내 곁으로 돌아가
기 위해 끝까지 살아남겠다는 집념을 가지고 있었다. 결국 치열한 전쟁
터에서 살아남은 피막은 네 명의 친구들과 함께 고향으로 돌아와 사랑
하는 아내와 재회하게 되지만 주변 분위기가 예전과 다름을 직감한다.
자신과 아내를 두고 마을 사람들이 몰래 수군거리거나 예전과 다른 기
운을 보이는 아내에게 네 명의 친구들이 계속해서 의심의 눈초리를 보

내는 것이 바로 그것이다. 영화는 피막의 아내 낙의 정체를 밝히려는 네 명의 친구들과 이를 막으려는 피막의 기상천외한 이야기를 공포와 코미디, 로맨스를 절묘하게 섞어 스크린에 담아낸다.

태국의 고전 귀신 설화 중 '낭낙'이라는 여자 귀신 이야기를 현대적으로 해석해 만든 이 영화는 태국에서 천만 명의 관객을 돌파하며 태국 역대 최고 흥행의 반열에 오른 작품이다. 주연을 맡은 배우 마리오 마우러와 다비카 후네는 이 영화를 통해 톱스타의 길에 들어서기도 했다.

영화는 몇 가지 특징을 보이는데 이를 하나씩 나열해보면, 우선 앞에서도 언급했지만 영화의 장르가 공포에서 코미디로, 그리고 로맨스로 계속해서 번갈아 바뀌는 점을 얘기할 수 있다. 이 같은 장르의 빈번한 전환은 관객들로 하여금 자칫 스토리의 이해를 방해하는 부정적인 요소로 작용할 수도 있지만, 감독과 배우들은 이러한 실수를 범하지 않고 전달하고자 하는 장면마다의 메시지를 충실히 표현해냈다. 전쟁 영화를 방불케 하는 시작이지만 주인공 피막이 가슴에 총을 맞고도 살아나는 기적을 보이는 첫 장면은 어떻게든 아내에게 돌아가고픈 그녀에 대한 사랑을 강조하는 장면이라는 점에서 전혀 어색하지 않다.

두 번째는 스토리의 짜임새가 너무 잘 구성되어 있어 여러 장르의 혼합에도 불구하고 충분한 재미를 선사한다는 사실이다. 약간의 반전이 나타나는 마지막 장면은 중간 중간에 삽입된 여러 장면들과 자연스레 연결된다. 이를테면, 낙이 피막과 친구들에게 대접하는 식사는 마른 잎과 애벌레 등 도저히 먹기 힘든 음식인데, 친구들이 인상을 찌푸리며 억지로 입에 구겨 넣는 모습과는 달리 피막은 아무렇지 않게 잘 먹는 모습을 보이는 장면이 그렇다. 피막은 이미 그녀의 정체를 눈치 채고 있었지

피막은 아내 낙의 상황을 차츰 이해하고 그녀의 존재를 자연스럽게 받아들인다.

만 이를 일부러 속아주면서 귀신을 쫓는 부적마저 내팽개친 채 그녀에게 끝까지 함께 해달라고 요청하는 장면 또한 그러하다. 굳이 반전이라고까지 부를 정도는 아니지만 애틋한 두 사람의 사랑의 깊이를 관객들이 자연스럽게 받아들이도록 만들기 위한 감독의 연출 방향으로 해석해도 무방하겠다.

　세 번째는 필자가 개인적으로 강조하는 포스터의 독특한 점을 얘기할 수 있다. 관객들은 영화를 관람하기 전부터 포스터를 통해 주인공 피막과 낙이 서로를 바라보는 장면을 받아들이게 된다. 이 장면만으로도 두 사람의 사랑을 충분히 느낄 수 있지만 피막의 위치에서 낙이 있는 곳을 바라보며 난감한 표정을 짓고 있는 친구들의 모습은 대략의 줄거리가 어떤 방향으로 흘러갈지 예상할 수 있도록 도와준다. 여기에 포스터에 적힌 '좋아 죽는 놈과 무서워 죽는 놈들'이라고 써놓은 카피와 '어벤져스를 제친 천만 영화의 위엄'이라는 당당한 표현, 그리고 '예쁘면 된 거 아닌가요?'라고 살짝 적어놓은 아기자기함까지, 공포를 표방하고 있는 영화치고는 꽤 귀여운 느낌을 자아내는 카피들이 제법 색다른 느낌을 선사한다.

영화는 공포물임을 드러내고 있지만 사실 이 작품은 장르의 구분 없이 남녀노소가 모두 즐길 수 있는 영화이다. 귀신과 사람의 사랑 이야기를 다루고 있다는 점에서 정소동 감독의 〈천녀유혼〉(1987)과 유사한 분위기를 내고 있다고 볼 수도 있다. 구성면에서 비슷한 점들이 꽤 많지만 앞에서도 언급한 바와 같이 여러 장르를 한데 묶어 다양한 분위기를 연출했다는 점에서 분명한 차이점도 보인다고 할 수 있겠다.

반종 피산다나쿤 감독의 대표작은 〈셔터〉와 〈샴〉이다. 당연히 이 영화에서도 공포 요소를 놓치지 않았음은 물론이다. 작품에 대한 관객의 기대치가 한층 올라가는 이유가 될 것이다. 하지만 그럼에도 낙으로부터 친구 피막을 구하려는 네 명의 친구들이 벌이는 여러 소동들이 약간의 허당미를 보여주며 코믹 요소로서 충분한 재미를 더한다.

필자가 영화를 보며 받은 인상은 크게 두 가지다. 첫째는 마침 피막과 낙의 집이 물 위에 떠 있는 수상가옥인지라 이 작품을 통해 태국의 아름다운 자연경관과 문화를 새롭게 느낄 수 있는 기회를 얻었다는 점이다. 둘째는 피막이 아내에게 자신이 귀신을 엄청 무서워하지만 아내 없이 살아가는 게 더 무서울 것 같다고 고백하는 장면이다. 아마도 이 고백 장면이 영화의 키포인트가 아닐까 생각된다. 영화의 마무리는 피막과 친구들마저도 서로의 상황을 이해하면서 더 이상 낙을 무서워하지 않고 그녀의 존재를 자연스럽게 받아들이는 장면이다. 이때부터 영화는 더이상 공포의 분위기를 선사하지 않고 산 자와 죽은 자가 함께 평범하게 살아가는 모습을 보여준다.

지금까지 얘기했듯이 영화는 적절한 공포감과 어울리는 웃음코드를 묘하게 잘 섞어 놓았다. 물론 우리나라 관객의 입장에서 태국이라는 나라의 정서를 이해하는 게 쉽지 않아 익숙하지 않은 그들의 유머 코드에 적응하는 것 또한 힘든 건 사실이다. 하지만 영화를 보다보면 전체적인 흐름이 여타의 영화들과 유사한 구성을 가지고 있음을 쉽게 눈치 챌 수 있다. 영화를 계속 보고 있노라면 점차 이 영화의 스타일에 자연스레 익숙해져가는 자신을 발견하게 될 것이다.

영화는 한편으로 무섭고 한편으로 웃긴 일종의 코믹 호러물을 표방했다. 하지만 이러한 스타일의 영화들이 항상 그래왔듯이 마지막 마무리는 눈물 없이 볼 수 없는 애틋한 사랑 이야기로 훈훈하게 끝을 맺는다. 이 영화가 천만 명 이상의 태국 국민들에게 선택을 받은 이유 중 하나가 바로 아픈 역사를 배경으로 하면서도 그 안에서 두 남녀의 깊은 사랑을 애절하게 표현했다는 점이 공감을 얻었기 때문이 아닐까 한다. 물론 그 아픈 역사를 공포와 코미디, 그리고 로맨스 등 여러 장르와 섞어 나름의 해학적인 풀이를 시도한 것 또한 영화의 독특한 장점이 됐음은 물론이다. 태국의 역사와 상처를 조금이라도 이해하고 이국적인 문화와 사랑 이야기를 간접적으로나마 경험하기를 원하는 분들에게는 이 작품이 좋은 기회가 될 것이다.

열정도 사랑도 처음처럼

아메리칸 셰프(2014)

　　한때 '미쉐린 가이드 서울'의 발간 소식이 온오프라인을 뜨겁게 달군 적이 있다. 세계 최고 권위의 레스토랑 및 호텔 평가지인 미쉐린 가이드가 대한민국에 발길을 내딛었다는 의미가 가장 컸다. 미쉐린 가이드의 까다로운 입맛을 만족시킨 음식점이 과연 어디인지 호사가들의 궁금증이 더해진 건 당연하다. 사람들은 흔히 맛있는 음식을 먹기 위해 하루를 살아간다는 말을 하곤 한다. 그만큼 먹는 재미가 우리 삶에 미치는 영향이 크기 때문이다. 하지만 음식은 가치 있는 삶을 살기 위한 도구이자 수단일 뿐 그 자체가 목적이 된다면 모든 게 달라지기 시작한다. 전 세계의 수많은 셰프들에게 미쉐린 가이드는 그런 존재이다. 좋은 평가를 받는 게 삶의 목적이 되면서부터 자신과 주변까지 삶의 도구이자 수단이 되고 만다. 평가에 대해 신경이 예민해지고 주변에 엄격해지면서 심지어 자신의 삶을 파괴시킬 수도 있다. 우리에게 〈아이언맨〉 시리즈로 친숙한 존 파브로 감독이 각본은 물론 제작과 주연까지 함께 맡은 영화 〈아메리칸 셰프〉(2014) 이야기다. 영화는 이처럼 평가에 집착한 나머지 오랫동안 쌓아온 모든 걸 잃고 자신의 삶을 되돌아보는 기회를 갖게 된 한 셰프의 새로운 여정을 그려 나간다.

명성 높은 레스토랑에서 셰프로 일하는 칼 캐스퍼(존 파브로 분)는 어느 날 온라인에서 강한 비평을 남기기로 유명한 푸드 비평가로부터 자신의 요리에 대해 심한 혹평을 받는다. 자신 있게 내놓고 싶었던 메뉴가 있었지만 레스토랑 사장인 리바(더스틴 호프만 분)의 강력한 반대로 레스토랑에서 가장 많이 팔리는 메뉴만 골라 내놓았기 때문이다. 자신의 요리 실력을 제대로 인정받지 못했다는 불만으로 가득한 날들을 보내던 칼은, 어느 날 아들로부터 SNS(소셜 네트워크 서비스)를 배우다가 자신의 음식을 비난한 푸드 비평가에게 욕설이 가득한 트윗을 날리는 실수를 하고 만다. 결국 우여곡절 끝에 푸드 비평가에게 다시 한 번 제대로 된 요리를 대접하겠다고 공개 선포하지만, 레스토랑 사장은 여전히 칼의 요청을 거절하였고 그럼에도 고집을 부리던 칼은 결국 레스토랑에서 해고당하고 만다.

영화의 진정한 시작은 이제부터다. 영화는 온라인상에서 크게 망신당한 칼이 결국 직장을 구하지 못한 채 아들과 함께 푸드트럭을 타고 미국 전역을 돌아다니며 쿠바 샌드위치를 파는 여정을 그려낸다. 전형적인

칼은 자신의 음식을 비난한 푸드 비평가에게 욕설이 가득한 트윗을 날리는 실수를 하고 만다.

음식 영화이지만 색다른 요소를 가미했다. 바로 SNS이다. 셰프와 푸드 비평가의 갑론을박은 물론, 칼이 쿠바 샌드위치를 만들어 파는 모습과 사람들이 그 음식을 먹고 행복해하는 모습 또한 모두 SNS라는 현대 문명을 통해 미국 전역으로 퍼져나간다. 그동안 유수의 음식 영화들이 관객들로 하여금 음식을 직접 맛보지 못하는 대신 음식의 색깔과 요리하는 소리로 그 맛을 대리만족시켜주는 것처럼, 영화 〈아메리칸 셰프〉는 음식이 사람들에게 전달되는 과정을 현대 관객들에게 친숙한 SNS를 통해 그 현실감을 생생히 전해주고 있다.

영화의 재미는 크게 두 가지이다. 첫 번째는 화려한 음식의 향연이다. 영화는 보는 내내 다채로운 색깔과 맛을 내는 음식들을 보여준다. 심지어 포스터를 통해 관객들에게 '절대 빈속으로 보지 말라'는 친절한 안내까지 해준다. 두 번째는 화려한 캐스팅이다. 할리우드 영화치고 상대적으로 저예산 영화임에도 불구하고 스타급 배우들이 총출동했다. 〈어벤져스〉시리즈를 통해 잘 알려진 스칼렛 요한슨을 필두로 대배우 더스틴 호프만과 〈물랑루즈〉(2001)의 존 레귀자모, 〈빅씨〉(2010)의 올리버 플랫 등이 출연하여 영화라는 커다란 메인 요리에 조미료 역할을 톡톡히 해준다. 칼에게 푸드트럭을 제공해주는 로버트 다우니 주니어의 카메오 연기는 마치 신선한 디저트랄까.

앞에서 얘기했듯이 음식은 풍요롭고 가치 있는 삶을 살기 위한 도구이자 수단이지만, 이를 생업으로 삼는 셰프에게는 삶의 목적이자 중심이 될 수밖에 없다. 주인공 칼이 레스토랑 매니저인 몰리(스칼렛 요한슨 분)에게 푸념하는 다음의 대사는 셰프라는 직업의 사회적 의미와 딜레마를 잘 표현해주고 있다.

"사람들을 만족하게 하는 건 쉬워. 잘 나가는 요리를 메뉴에 넣으면 되니까. 난 좀 더 나은 요리를 했지만 사람들은 그 요리를 찾지 않아."

일상의 반복에서 벗어나 최상의 요리를 스스로 개발해 이를 사람들에게 내놓아 제대로 인정받고 싶은 마음은 모든 셰프의 꿈일 것이다. 다른 이들의 시각과 편견, 아무렇지 않게 내던진 한마디에 절대 휘둘러서는 안 되는 꿈이기도 하다. 절망에 빠진 칼에게 몰리가 건넨 말이 크게 와닿는 건 그 때문이다.

"그건 지난 얘기고 이젠 나아갈 때에요. 지금껏 중요한 것들에 너무 소홀해 왔잖아요."

칼은 푸드트럭과 함께 한 여정을 통해 그동안 외면하고 살았던 모든 것들에 다시 눈길을 보내게 된다. 함께하는 시간이 부족했던 아들과의 관계를 회복하는 한편 이혼한 전처와의 교감도 다시금 느끼게 된다. 무엇보다 일류 레스토랑 셰프에서 푸드트럭 요리사로 자신을 한 단계 내려놓음으로써 자신의 요리를 사먹은 다양한 사람들과의 소통을 얻는다. 칼은 요리로 사람들의 삶을 위로하고 거기서 힘을 얻는다고 말했다. 그리고 영화의 말미가 되어 그는 진정으로 자신의 요리를 되찾게 된다. 전문가의 평가로부터 벗어나 자신을 둘러싼 주위와 소통하고 교감할 때 가장 훌륭한 요리가 탄생할 수 있음을 깨닫게 된 것이다.

지금 이 순간, 진실한 삶에 고프고 소통에 허기진 분들이 있다면, 영화 〈아메리칸 셰프〉를 통해 칼을 만나보시기를 권한다. 칼의 흥거운 목소리가 이내 들려올 것이다.

"엄청 행복해. 행복해 죽겠어."

그들의 은밀한 속사정

완벽한 타인(2018)

TV 예능 프로그램을 보다보면 소형 거짓말 탐지기를 이용한 게임이 종종 등장한다. 이 장치는 심박, 호흡, 혈압과 같은 신체 반응을 측정해 진실과 거짓을 구분한다. 신뢰도가 어느 정도인지 개인적으로 의심이 가지만 재미난 게임으로 이미 널리 보급되어 있는 것 같다. 비단 이런 장치뿐만이 아니다. 누구나 들고 다니는 스마트폰 앱에도 이와 유사한 거짓말 탐지기가 존재한다고 한다. 진실과 거짓이 난무하는 세상 속에서 이를 가려내고자 하는 현실적인 목적이라기보다는 재미의 요소가 좀 더 강하게 작용하고 있다는 게 개인적인 생각이다.

생각해보면 진실과 거짓에 대한 판별이 굳이 필요할까 싶기도 하다.

필자의 생각에 거짓도 사회적으로 필요한 경우가 종종 발생하는 필요악이기 때문이다. 그리고 보면 진실과 거짓의 문제를 다룬 영화가 꽤 있었던 것 같다. 멜 깁슨 주연의 〈왓 위민 원트〉(2001)는 어느 날 갑자기 주위 여성들의 속마음이 환청으로 들리는 상황을 만들어 이를 재미난 이야기로 엮은 영화다. 또한 코미디 배우로 명성이 높은 짐 캐리가 출연한 〈라이어 라이어〉(1997)도 거짓말만 해대는 악질 변호사가 아들의 황당한 소원 때문에 갑자기 거짓말을 하지 못하고 진실만 말하게 되는 상황을 풍성한 재미로 만들어냈다. 두 영화 모두 진실과 거짓을 주제로 삼았다는 점에서 관객들에게 새로운 재미를 안겨준다. 진실과 거짓은 얼마나 재미난 혹은 난처한 상황을 만들어낼 수 있을까? 그리고 우리에게 어떤 메시지를 안겨줄까? 이재규 감독의 〈완벽한 타인〉(2018)은 바로 이런 질문에서 출발하는 영화다.

영화 〈완벽한 타인〉은 오랜 친구들이 커플 모임을 갖는 자리에서 즉흥적으로 핸드폰을 이용한 진실 게임을 하면서 벌어지는 상황을 재미나게 엮은 작품이다. 제한된 공간에서 한정된 인물들 사이에서 벌어지는 사건이 영화의 전부이기에 자칫 지루해질 위험이 존재함에도, 그 안에서 이야기를 이어감은 연출과 연기에 대한 신뢰 덕분이다. 이재규 감독은 배우들의 역할을 구성해 이야기를 이어가는 데 탁월한 재능을 보여왔다. 그의 작품 〈베토벤 바이러스〉(2008)가 대표적인 사례이다. 오케스트라는 다양한 악기를 다루는 연주자들로 구성되어 그들 간의 호흡이 가장 중요한데, 배우 김명민, 이지아, 장근석 등을 통해 다양한 캐릭터를 구축해 각각의 개성을 조화롭게 표현해냈기 때문이다.

이 영화 〈완벽한 타인〉 또한 마찬가지이다. 사람들 사이에 '핸드폰'이라는 일상적인 소재를 던져놓고 이를 통해 사건을 유발시키는 과정은 마치 작은 무대 위에서 최소한의 장치를 통해 아기자기하게 이야기를 이어나가는 연극적인 재미를 이끌어낸다. 그렇기 때문에 이 작품은 어느 영화보다도 역할의 배치가 갖는 비중이 큰 편이다. 각각의 커플마다 갈등 요소를 집어넣고, 그로 인해 사건이 발생하고 얽히고설키게끔 구성했다. 이야기를 복잡하게 끌고 가면서도 관객들로 하여금 쉽게 받아들이게끔 연출할 수 있었던 건, 서로가 서로를 잘 알고 이해할 수 있는 오래된 친구 커플이라는 설정 때문이기도 하다.

여기에 서로의 입장을 비교해 갈등을 조성하도록 여지를 이끌어냈다. 의사와 변호사, 가부장적인 사람과 다정한 사람, 이성애자와 동성애자, 학벌이 좋은 이와 콤플렉스를 느끼는 이 등 대비될 수 있는 입장을 다양하게 만들어 각각의 역할을 부여했다. 이를 통해 그 안에서 소소한 갈등이 발생할 수 있도록 대사와 행동까지 잘 표현해낸 건 칭찬받아야 할 부분이다. 특히 커플이 가득한 공간에 혼자 참석한 영배(윤경호 분)의 역할은 그가 '게이'로 밝혀지는 순간까지도 제대로 된 감초 역할을 해내며 그간 쌓여만 갔던 갈등을 한꺼번에 풀어줄 탈출구로 표현되고 있기도 하다. 만약 그가 혼자 참석하지 않고 누군가를 데리고 왔더라면 자칫 반감될 수 있었던 관객들의 답답함을 제대로 풀어내며 나름의 카타르시스를 표현해내는 데 성공했다고 생각된다.

영화는 석호 부부(조진웅, 김지수 분)가 새 집으로 이사해 집들이를 하고자 오랜 친구 커플들을 초대하면서 시작된다. 모두가 성장해 사회적으로 자리를 잡았으며 배우자와의 관계도 좋아 행복해 보이는 모습만

서로를 잘 안다고 믿는 친구들이 모인 집들이에서 사생활의 비밀을 건 '위험한' 게임이 시작된다.

가득하다. 그럼에도 각자 나름대로의 속사정이 있는데, 이야기의 포인트는 이러한 속사정, 즉 겉으로 쉽게 표현하지 못하는 나름의 '거짓' 또는 '비밀'을 핸드폰이라는 개인적인 소유물을 통해 잘 드러냈다는 데 있다. 일종의 '엄친아들'에게도 남모를 고충과 사고가 발생할 수 있음을 게임을 통해 에둘러 드러낸 것이다. 관객의 입장에서 누구나 겪을 수 있는 공감되는 부분이 많다는 점에서 재미난 스토리 구성으로 자리 잡은 건 물론이다.

시나리오와 연출이 적절한 구성으로 깔끔한 식탁을 차려 놓았다면, 그 위를 맛있는 음식으로 채워 넣는 건 배우들의 연기력이다. 그렇기 때문에 캐스팅에 대한 얘기를 하지 않을 수 없겠다. 이 영화에 대한 필자의 아쉬움이 여기에 있는데, 감독은 제한된 공간과 역할로 약 115분에 가까운 러닝 타임을 끌고 갈 수 있는 원동력을 캐스팅으로 채우고자 했던 것 같다. 배우 유해진과 조진웅, 이서진과 염정아, 김지수 등 충무로에서 나름 자리를 잡은 호화 캐스팅을 통해 관객들이 지루해질 틈을 주지 않도록 배려했다. 이러한 부분이 장점이 될 수도 있지만 한편으로 배우의 고정된 이미지로 인해 신선한 관람 포인트를 방해하는 요소가 될 수도 있다는 게 필자의 생각이다. 그동안 대중들에게 비쳐진 고정된 이미지가 적어도 필자에게는 영화에 대한 몰입을 방해하는 부분이 없지 않았기 때문이다.

그럼에도 이 작품은 카메라의 날카로운 시선을 통해 인물들의 속마음을 제대로 표현한 것만으로도 나름의 가치를 지닌다. 여기에 각 커플에 대한 색깔을 제대로 입혀 이야기를 전혀 지루하지 않고 재미나게 엮어 나가는 점 또한 작품에 대한 관객들의 시선을 새롭게 만드는 요소로 작용한다. 특히 사건을 과하게 부풀려 놓은 다음에 마무리에 대한 궁금증을 더해가는 관객들의 눈길을 마지막 반전으로 깔끔하게 잡아준 건 감독의 연출력이 탁월하다고 해석될 수밖에 없다. 필자는 개인적으로 관객들이 작품의 원작인 〈퍼펙트 스트레인저스〉(2016)를 접하지 않고 이 영화를 봤으면 싶다. 제한된 공간에서 배우들의 역할에 시선이 쏠리는 것만큼이나 비교 없이 그리고 색안경 없이 작품을 대하기를 바라기 때문이다. 영화는 '사람은 누구나 세 개의 삶을 산다.'는 메시지를 던지며, '공적인 삶, 사적인 삶, 그리고 비밀의 삶'이라는 새로운 숙제를 관객들에게 안겨준다. 그 안에서 어떤 삶을 선택하고 변화를 즐길지는 온전히 관객들의 몫이다.

식상한 소재, 신선한 매력

어쩌다 룸메이트(2018)

시간 여행을 소재로 한 영화들은 긴장감을 동반하는 경우가 많다. 흐르는 시간을 붙잡거나 이를 거스르기 위해 애쓰는 등 시간을 놓고 어떤 목적을 달성하고자 하는 인간의 욕망을 자연스럽게 드러내기 때문이다. 물론 그러한 내용이 관객들에게 재미와 흥미를 유발시킴은 부인할 수 없는 사실이다. 따지고 보면 이는 욕망이라기보다는 지극히 자연스러운 인간적인 모습이기도 하다. 나이를 먹지 않고 영원히 죽지 않는다거나 우리가 가보지 못한 미래에 벌어질 일들을 미리 알고 싶어 하는 것들은 모든 인간이 가진 자연스러운 궁금증이 아닐까 싶다.

그렇기 때문에 타임 슬립을 다룬 영화들은 사람들의 흥미를 유발시키고 이목을 쉽게 끄는 편이다. 하지만 같은 주제를 다뤘음에도 조금은 색다른 방식으로 접근하는 영화들도 꽤 있다. 욕망보다는 치기 어린 사랑의 감성에 좀 더 치중한 〈말할 수 없는 비밀〉(2007), 닿을 수 없는 과거와 미래에 대한 추억을 자연스럽게 떠올릴 수 있게 해준 〈동감〉(2000) 등이 그렇다. 그리고 이 작품도 과거와 미래의 충돌이라는 면에서 다소 SF판타지적인 소재를 다루지만 가벼운 웃음과 소소한 소망에 좀 더 무게를 뒀다는 점에서 크게 다르지 않은 것 같다. 신예 감독 특유의 재기발랄한 상상력이 돋보이는 판타지 영화, 〈어쩌다 룸메이트〉(2018)다.

영화는 1999년 어느 하루를 살아가는 육명(뇌가음 분)과 2018년의 일상을 지내는 소초(동려아 분)의 모습을 그리며 시작한다. 육명은 자신의 사업을 지원해줄 투자자를 찾고 있는 중이다. 하지만 투자자들의 눈에 그의 계획은 터무니없게만 여겨질 뿐이다. 한편 소초는 부동산과 자신의 결혼을 엮어 돈을 벌려고 한다. 그녀의 순진함은 항상 난관에 부딪히고 결국 사기까지 당하고 마는 지경에 이른다. 두 사람은 이처럼 각기 다른 시간을 살아가고 있지만 현실을 이겨내기 위해 고군분투하는 하루를 살아간다는 점에서 닮은 구석을 드러낸다. 아니나 다를까 그들이 살고 있는 집은 같은 곳이다. 어느 날 그들은 피곤에 지친 몸을 이끌고 잠을 청하게 되는데 잠에서 깨어 눈을 떠보니 같은 공간에 놓여 있음을 알게 된다. 하룻밤 사이에 꼬여버린 시공간이 그들을 같은 시간, 같은 공간에 존재하게 만들어 놓음으로써 1999년을 사는 육명과 2018년을 살아가는 소초의 코미디 같은 동거 생활이 시작된 것이다.

영화는 시간 여행의 구조를 지녔음에도 불구하고 이를 SF적으로 접근하지 않고 남녀의 엉뚱발랄한 사랑 이야기로 풀었다. 여기에 여러 영화의 명장면들을 패러디해 관객들의 감성을 가볍게 건드리고 가는 건 영화가 가진 독특한 포인트가 됐다. 영화 〈인셉션〉(2010)에서 꿈과 현실을 구분하는 소품으로 쓰였던 팽이를 살짝 등장시킨 것이 그 대표적인 예이다. 소초는 팽이가 언제 멈출지 모르는 초시계 같다는 말로 슬픈 의미를 부여하지만 육명은 긍정적이다. 오히려 팽이가 빠르게 돌아갈 때는 시간이 거꾸로 흘러간다는 말로 세상의 좋은 것들을 다 잡아둘 수도 있다고 낙관적으로 생각할 줄 아는 능동적인 캐릭터이다. 이윽고 등장하는 자전거 씬은 영화 〈첨밀밀〉(1996)에 대한 오마주로 볼 수 있다. 그들의 사랑이 깊어가는 장면을 빠르게 보여주다가도 결국 그들이 함께 연결될 수 없음을 드러내는 슬픈 장면으로 비춰지기도 한다.

이 작품은 분명 타임 슬립 로맨틱 코미디를 지향하지만, 그럼에도 관객들에게 전달하고자 하는 메시지는 뚜렷하다. 육명과 소초가 복권을 이용해 부족한 돈을 벌려고 시도하지만 시공간의 충돌로 자신들이 가진 복권의 숫자가 사라지는 장면은 현실 속 허상에 대한 감독의 메시지다. 여기에 미래에 성공한 육명이 과거의 육명과의 마주침으로 자신이 소유한 모든 것을 잃어버릴 위험에 처하자 이에 대응하는 것 또한 마찬가지다. 결국 두 사람은 과거와 미래에 속한 자신을 만날 수도 없고 그들이 어떻게든 벌고 싶어 하는 돈은 결국 허상에 지나지 않음을 에둘러 표현하고 있는 것이다. 영화의 메시지는 분명하다. 과거와 미래를 이어주는 중요한 시점에서 결국 돈보다 추억이, 사람이, 사랑이 더 소중한 가치를 가지고 있음을 드러내는 것이라 하겠다. 현재의 선택으로 미래의 내가 만들어지듯이 미래의 내가 있기 위해서는 현재의 나, 그리고 과거의 나

1999년의 육명(뇌가음 분)과 2018년의 소초(동려아 분)가 같은 시공간에서 만나 사랑하게 되는 과정은 SF판타지의 그것과는 다르게 소소한 남녀의 사랑을 아름답게 그려나간다.

를 소중하게 받아들여야 한다는 깨우침도 함께 전달하고 있고 말이다.

영화를 이끌어가는 두 배우의 캐릭터도 나름의 개성을 갖추고 있다. 제1회 아시아콘텐츠어워즈 남자배우상을 수상한 배우 뇌가음이 '육명' 역을 맡아 배우 동려아와 제대로 된 호흡을 맞췄다. 조각 미남처럼 멋진 외모는 아니지만 1999년 당대의 아련함과 어리숙함을 조화롭게 표현해내며 순진무구한 표정과 행동으로 관객의 호감을 이끌어냈다. 한편 배우 동려아는 2018년 현재를 살아가는 '소초' 역을 맡아 철없고 깍쟁이 같은 행동으로 귀여운 연기를 뿜냈다. 거기에 다양한 영화와 방송 출연 등으로 차근차근 쌓아올린 연기력은 이번 작품에서도 변함없이 그녀만의 매력을 발산시켰다고 할 수 있겠다. 어린 시절 아버지의 죽음으로 가난한 시절을 거쳐 온 삶이 돈에 집착하게 만들었지만, 한편으로 그 안에서 그녀가 가진 매력 또한 잃어버리지 않음이 극중에서 그녀만의 독특한 개성으로 자리 잡았다고 해도 좋을 것 같다.

〈어쩌다 룸메이트〉는 극단적인 차이를 보이는 두 시대를 배경으로 각기 개성이 뚜렷한 남녀가 만나 벌어지는 사건들을 다채로운 시선으로 그려낸 작품이다. 그 속에서 키워나가는 두 사람의 사랑을 한편으로 애틋하게 한편으로 웃음 가득한 재미로 그려내는 데도 성공했고 말이다. 필요에 따라 때로는 빠른 속도로 때로는 천천히 속도의 완급 조절을 적절히 해낸 것도 나름의 성공 요인이라 할 수 있겠다. 앞에서 언급한 배우의 연기 또한 돋보인다. 두 배우가 주고받는 표정과 행동, 대사 한 마디 한 마디가 스토리 전개는 물론 아름다운 조화를 이뤄낸 점이 그들을 환상의 콤비로 만들어줄 수 있었다고 해도 과언이 아닌 것 같다.

결론적으로 〈어쩌다 룸메이트〉는 타임 슬립 로맨틱 코미디를 중국식으로 잘 버무려 만들어낸 성공작이라고 생각된다. 신예 감독다운 참신함과 도전 정신도 높이 평가할 만하다. 어찌 보면 식상하다고 생각될 수 있는 소재와 주제를 다뤘음에도 불구하고 신선함을 줄 수 있었던 건 다양한 미장센과 오마주 등을 섞어 관객의 눈길을 사로잡을 수 있는 요소들을 곳곳에 잘 배치했기 때문이다. 익숙하면서도 새롭게 느껴지는 부분이 다분한 재미난 영화라는 점이 매력 포인트다. 쉽게 놓칠 수 있는 소소한 요소들로 쉽게 놓칠 수 없는 아기자기한 재미와 감동을 선사했다는 점에서 감사한 작품, 영화 〈어쩌다 룸메이트〉였다.

내 곁에 항상 가까이

예스터데이(2019)

음악을 주제로 한 영화들은 스토리를 막론하고 관객들의 감성을 이끌어내는 어떤 힘을 가진다. 그건 귓가에 전해지는 익숙한 멜로디가 관객들이 가진 추억과 더불어 숨어 있던 무언가를 이끌어내는 매력이 있기 때문일 것이다. 그렇다고 부족한 스토리로 관객들의 감성만 자극하려 한다면 그건 시도하지 않은 것만 못한 일이 될 수도 있다. 개인적으로 영화 〈보헤미안 랩소디〉(2018)가 그랬다. 락 밴드 퀸의 음악에 대한 추억을 소환해 내면의 깊숙한 곳으로부터 감성을 끌어내고자 노력했지만, 이도저도 아닌 스토리와 연출에 김이 새어버리고 말았기 때문이다. 아직도 영화가 프레디 머큐리의 어떤 면을 표현하고자 했는지 헷갈리고 있는 걸 보면 그 생각에 더욱 느낌표가 붙고는 한다. 어쨌든 음악을 다뤄도 각본의 중요성 또한 간과하면 안 된다는 기본적인 사실을 강조할 수 있는 건 이 영화 또한 마찬가지이다. 〈트레인 스포팅〉(1996)으로 젊은 청춘의 방황과 혈기를 화면 곳곳에 가감 없이 뿜어냈는가 하면, 〈슬럼독 밀리어네어〉(2008)로 스토리텔링에도 강점이 있음을 여지없이 보여준 대니 보일 감독이 관객들의 감성 자극을 위해 음악에도 손을 댔다. 영화 〈예스터데이〉(2019)이다.

영화 〈예스터데이〉는 낮에는 식료품 마트에서 시간제 근무를 하며 생계를 유지하고, 밤에는 가수로서의 꿈을 위해 노래를 부르며 하루를 살아가는 무명 뮤지션 잭 말릭(히메쉬 파텔 분)의 도전기를 그린 작품이다. 하지만 이 작품은 단순히 젊은 청춘의 꿈에 대한 인생 도전기만을 다룬 건 아니다. 어느 날 잭은 매니저인 엘리(릴리 제임스 분)와 함께 소규모 래티튜드 공연을 다녀오던 중 우연히 전 세계가 약 12초간 정전에 빠지는 미스터리한 사건을 겪게 되고, 이와 동시에 버스와 부딪히는 교통사고를 당한다. 병원에서 깨어난 잭은 이후 자신을 제외한 모든 이들의 기억 속에서 영국의 전설적인 락 밴드 비틀즈가 사라진 새로운 세상을 만나게 된다. 잭은 자신만이 기억하는 비틀즈의 음악을 떠올리며 비록 거짓말이긴 하지만 그들의 주옥같은 음악들을 자신을 통해 사람들에게 선사하는 방향을 선택하고 새로운 제2의 인생을 살기로 결심한다. 영화는 그 속에서 잭의 거짓에 대한 자책은 물론, 항상 곁에 있었지만 미처 눈치 채지 못했던 자신의 사랑에 대한 용기를 되찾는 이야기를 아름답게 그려낸다.

이 작품은 전반적으로 관객들의 추억 속 음악을 소환하고자 했던 〈보헤미안 랩소디〉와는 성격이 다르다. 또한 뮤지컬 형식을 빌려 음악을 통한 추억과 가사 전달에 스토리를 충실히 맞췄던 〈맘마미아〉(2008)와도 그 스타일이 확연히 다르다. 굳이 찾자면 비틀즈의 탄생과 유사한 스토리를 가지며 음악과 스토리텔링에도 탁월한 연출을 선보였던 영화 〈댓씽 유두〉(1996)에 좀 더 가깝다고 하는 게 맞을 것 같다. 그만큼 비틀즈의 음악에 기대고 있기는 하지만 음악은 옆에서 거들 뿐 주인공 잭의 인생 도전기와 사랑과 성공에 대한 방황, 그리고 거짓된 명성에 기대고 있는 자책 등을 풀어내는 데 애를 쓰고 있기 때문이다.

영화는 비틀즈라는 세계적인 밴드의 음악을 통해 남녀의 속내에 숨어 있는 사랑 이야기에도 집중했다. 노래 하나하나, 그 속에 담겨 있는 가사 한 문장 한 단어에 신경을 써가며, 오래됐지만 사랑을 속삭이고 싶어 하는 젊은 남녀의 풋내 나는 사랑 이야기에 집중하는 모습이 쉽게 눈에 띈다. 하지만 이러한 스토리텔링이 고급진 연출로 좀 더 세련되게 전달되지 못한 채 비교적 눈치 채기 쉽도록 처음부터 드러나 있는 모습이 관객의 입장에서 약간은 어설프게 보이는 것도 사실이다.

영화의 초반은 분명 좋았다. 소규모 래티튜드 공연을 마치고 집으로 귀가하는 길에 엘리의 자동차에서 내려 자신의 자전거로 갈아타는 장면은 화면의 전환을 동시에 안겨주는 좋은 미장센이 된다. 당연히 그 순간 전 세계의 불이 꺼지고 이와 함께 잭이 자동차 사고를 겪는 것 또한 우연의 일치라고 볼 수는 없다. 오히려 너무 대놓고 한꺼번에 많은 미장센들이 표출되어 관객들이 영화를 보고 받아들이기 어렵지 않도록 배려를 해준 듯한 느낌이 들기도 한다. 그래서 영화의 초반은 재미난 구성과 아

잭 말릭(히메쉬 파텔 분)은 어느 날 갑자기 바뀌어버린 자신의 인생을 통해 항상 그 곁에 가까이 있었던 매니저 엘리(릴리 제임스 분)의 소중함을 깨닫게 된다.

기자기한 연출력이 돋보인다는 점에서 필자의 시각에서는 긍정적인 부분이 많다.

영화를 보는 내내 머릿속에 들었던 생각은 영화의 제목을 왜 굳이 '예스터데이로 했을까?' 하는 것이었다. 영화 〈보헤미안 랩소디〉도 그렇고 〈맘마미아〉도 마찬가지였지만, 수많은 비틀즈의 명곡들 중 굳이 '예스터데이'를 선택한 이유가 있을까에 대한 궁금증이 아직도 제대로 풀린 건 아니다. 다만 사고를 겪고 난 후 잭이 처음으로 친구들 앞에서 불렀던 곡이 '예스터데이'였다는 점에서 비틀즈를 꺼내드는 첫 장면에 나름의 의미를 둘 수 있다는 점과, 사랑이 쉽고도 단순한 것이었는데 이미 떠나간 그녀를 아쉬워하며 자신의 과거를 돌이켜보고 후회하는 가사의 내용이 영화의 주제를 직접적으로 드러내고 있다는 점에서 적절한 제목을 내세웠다고 해석하는 게 타당할 것으로 생각된다.

영화 속에서 중요한 역할을 맡은 에드 시런(에드 시런 분)은 그래미와 빌보드를 휩쓴 영국을 대표하는 팝 아티스트이다. 그와의 작곡 배틀에서 이미 써둔 곡은 안 된다고 선을 그었을 때, 필자는 잭이 과연 어떤 곡을 끄집어낼지 매우 궁금했다. 자신의 곡을 사용할 것인지, 아니면 비틀즈의 곡을 꺼낼지에 대한 궁금증이 바로 그것이었다. 여기서 잭이 불렀던 곡은 비틀즈의 'The Long and Winding Road'로 알고 보면 잭이 계속해서 열창하는 대부분의 곡들의 가사가 결국 엘리에 대한 그의 사랑의 속내를 다루고 있음을 중반 즈음부터 눈치 채는 건 결코 어렵지 않다. 'Yesterday'가 그녀에게 사랑을 고백하지 못한 주저함에 대한 반성의 회고록이라면, 'The Long and Winding Road'는 사랑을 고백하기까지의 망설임에 대한 고찰이다. 쉽고 간단한 일임에도 불구하고 마음속에서는 멀고도 험한 길을 달려가는 마냥 최선을 다하고 있음을 에둘러 표현한 가사라고 할 수 있겠다. 덧붙여 영화의 클라이맥스를 다루는 'Hey Jude'는 두려워하지 말고 결국 다가가서 손을 내밀어보라는 잭의 선택에 대한 격려라고 해석할 수 있다.

모스크바의 한 남성과 리버풀의 한 여성이 잭을 찾아와 비틀즈의 음악을 기억한다고 얘기하며 그에게 건네준 쪽지를 통해 그는 비틀즈의 멤버인 존 레논을 찾아간다. 이때 존이 그의 인생이 행복했다고 얘기하며 평생 좋아하는 일을 하고 내 신념을 지키기 위해 싸우는 데 노력했다고 얘기하는 장면은 이 영화의 백미이다. 여기에 사랑하는 사람에게 기회가 될 때마다 진실을 말하라고 전하는 존의 따뜻한 말에 잭이 드디어 용기를 얻어 웸블리에서 진실을 고백하게 되는 하이라이트 장면은 영화가 여기까지 달려온 먼 여정이 헛되지 않았음을 관객들에게 강한 메시지로 전달한다.

사람들이 잊어버린 건 전 세계 누구나 알 정도로 문화적인 충격과 영향력을 미쳤던 것들이다. 하지만 우리가 깨달아야 할 것은 이 모든 것들이 그저 사람들의 일상 속에 당연한 것으로 여겨지며 일상생활을 채우고 있었던 사소한 것의 일부였다는 사실이다. 영국인들에게 '비틀즈'는 물론, '코카콜라'와 '시가렛', 그리고 '해리포터' 등은 인류사에 가장 큰 영향력을 차지한 대표적인 문화 상품임과 동시에 그들의 생활을 자연스럽게 채워준 일상 그 자체였다. 이러한 사실만으로도 영화의 메시지가 잭의 일상을 채워주고 있던 엘리에 대한 사랑임을 그대로 드러내고 있다고 하겠다. 이 영화는 특별함을 꿈꾸지만 인생의 가장 특별함이 항상 자신의 곁에 가까이 존재하고 있음을 주장하고 있다는 점에서 대니 보일 감독 특유의 메시지를 적절히 전달하고 있는 작품이라 할 수 있다. 비틀즈의 음악은 그저 거들뿐 자신의 곁을 둘러볼 수 있는 기회를 제시하는 아름다운 영화, 〈예스터데이〉였다.

떨림 속 잊힌 추억

유열의 음악앨범(2019)

　누구나 과거를 가지고 있다. 그리고 누구나 현재를 살아간다. 현재를 살아간다는 건 과거를 가지고 사는 것과 같다. 어떤 과거를 가지고 있든 간에 그 과거가 자신의 현재를 만들어주었다는 사실은 변함이 없다. 우리 모두가 과거를 잊고 살아갈 수는 없다. 오히려 더 선명하고 더욱 확고히 기억하기 위해 우리는 한 장 한 장 사진을 모아 앨범으로 만들어 추억을 남기곤 한다. 누구에게나 추억은 그렇게 쌓여만 가는 것이다. 이 영화는 추억의 라디오 프로그램을 통해 평범한 남녀가 만나고 사랑하는 우리네 삶의 일상적인 얘기를 하는 것 같지만, 한 청춘의 '사랑'보다 오히려 '추억'에 집착하는 듯한 느낌이 강하다. 추억의 아련함을 손끝에 남기며 과거를 배경으로 앨범의 한 자락을 펼치고 있는 것이다. 정지우 감독이 메가폰을 잡은 영화, 〈유열의 음악앨범〉(2019)이다.

추억을 끄집어내기 위해 많은 요소들이 다양하게 사용됐다. 첫 번째 화면을 장식하는 오래된 라디오는 중요한 역할을 한다. 어디서 이런 라디오를 소품으로 구했을까. 90년대 추억을 되새길 수 있는 요소들을 듬뿍 담은 라디오의 모양새를 갖췄다. 덕분에 제과점을 배경으로 한 동네의 색감은 나쁘지 않다. 오래된 제과점, 근처의 슈퍼마켓, 지나가는 자전거와 교복을 입은 학생들, 모두가 90년대의 애틋함을 안고 있는 듯 당시의 일상을 그대로 표현하는 데 보탬이 된다. 영화 속에서 흘러나오는 음악 또한 꽤 중요한 역할을 했다. 그룹 모자이크의 '자유 시대'나 신승훈의 '오늘같이 이런 창밖이 좋아' 등이 흐를 때 미수(김고은 분)와 현우(정해인 분)의 시선과 표정, 소품의 배열 등은 두 사람의 감정이 가까워지는 상황을 가슴에 잘 와 닿도록 표현하고 있다.

아쉬운 점은 영화의 속도가 생각보다 빠르다는 거다. 영화는 라디오, 가족, 소년원 이야기 등을 거침없이 풀어내며 두 사람이 가까워지는 과정을 빠른 속도로 전개시켜 나간다. 이렇게 보면 이야기의 구성 자체가 매우 빠른 것처럼 느껴질 수도 있지만, 오히려 영화의 스토리텔링은 너무 잔잔하고 지루한 면이 없지 않다. 그래서 관객들은 영화의 내용에 쉽게 몰입하지 못한다. 반면에 감성에 집착하다 보니 건너뛰는 게 제법 많다. 그래서 영상은 천천히 흘러가는데 관객이 느끼는 체감은 매우 빠르게 전개되는 것처럼 느껴지는 것이다. 관객들이 이 영화에 기대하는 건 90년대의 감성을 풍성하게 끌어내주면서 그 속에서 청춘 남녀의 사랑을 진하게 표현해주기를 기대했을 텐데, 사실 그런 게 많이 부족한 점이 아쉽다. 유열의 라디오 프로그램은 물론, PC통신 천리안과 북적대는 등하굣길 버스, 오래된 라디오, 이런 것들의 감성을 통해 당시의 분위기를 이끌어내고자 노력했지만 뭔가 부족한 느낌이 드는 건 어쩔 수 없다. 과거의 추억을 현재로 되돌리는 데엔 단순한 소품 외에도 가슴에 와 닿는 스토리텔링이 함께 동반되어야 하기 때문이다.

'유열의 음악앨범'이라는 라디오 프로그램은 작품의 제목을 차지할 정도로 미수와 현우를 연결시켜주는 데 중요한 역할을 하고자 했다. 하지만 실상은 이 둘을 이어주는 결정적인 역할을 하지 못할 뿐더러 무엇보다 90년대와 00년대의 향수를 불러일으키는 것조차 제대로 해내지 못한다. 그렇게 제목 자체부터 제 역할을 해주지 못하면서 두 사람의 만남은 너무 어설프게 연결되고 서로를 향해 그리워하는 감정 또한 중간 중간에 제대로 삽입되지 않아 관객들의 공감을 얻는 건 상당히 어렵다. 말 그대로 감정의 따로국밥처럼 두 사람의 개별적인 삶을 각각의 액자 속에 억지로 구겨 넣고 있다는 표현이 딱 알맞다. 그리하여 뭔가 제대로 된 그림을 그리지 못한 채 가장 중요한 감정의 공감대를 형성시키는 데 실패하고 있다는 게 가장 아쉬운 점인 것 같다.

그럼에도 불구하고 영화의 장점이 없는 건 결코 아니다. 무엇보다 앞서도 언급했듯이 색감이 무척 아름답다. 과거의 추억을 불러일으키기 위한 색감을 표현하는 데 있어 분명 영화의 장점이 묻어나며 미수와 현우가 자신의 꿈을 향해 달려가는 모습 또한 격동의 90년대를 이겨나가는 청춘의 한 자락으로서 충분히 화면을 채웠다. 언제나 글을 쓰고 싶어 했던 미수의 꿈은 그녀를 출판사에서 일하도록 만들어주었고, 자신이

미수와 현우는 반복된 우연을 통해 서로에 대한 사랑과 그리움의 깊이를 이해하게 된다.

만든 책이 베스트셀러 6위에 도달하는 순간을 맞이하는 모습에서는 적어도 '그녀가 앞을 향해 이렇게 나아가고 있구나.', 'IMF 시대의 아픔을 이런 순간의 기쁨을 통해 이겨내고 있구나.' 하고 관객들 스스로 공감할 수 있는 연결고리를 제공해주기도 한다. 현우 또한 영상제작의 꿈을 위해 대학생 창작집단을 통해 열심히 달려가는 모습을 보여주는데, 여기서 우연히 미수와 다시 만나게 되는 또 하나의 우연은 관객들에게 이제 전혀 새롭지 않다. 이들의 만남은 우연에서 시작되어 우연으로 끝나고 다시 우연으로 반복되는 삶이기에 다소 어설프지만 낯설지는 않다고 해야 할 것만 같다.

현우는 과거에 친구를 죽였다는 누명을 쓰고 자신의 잘못으로 단정지어버린 세상을 원망하고 이에 굴복하며 그 죄책감에 사로잡혀 살아가고 있는 인물이다. 피해자인 친구 정협의 어머니는 친구들을 미워하고 증오하며 정협을 기리고 생각하는 그들의 마음을 외면한다. 현우는 언제까지 그렇게 살아야 할지 항상 마음 한편에 자기 스스로가 정상적인 생활을 하지 못하고 있는 것에 대해 쓰라린 상처를 안고 살아간다. 반면 미수는 현우를 사랑하는 마음과 출판사 대표와의 현실적인 사랑을 저울질하며 살아가는 인물로 표현됐다. 과거에 대한 순수한 추억과 사랑으로 현우에 대한 따뜻한 마음을 숨기지 않지만, 엄마가 물려주신 제과점을 도로 찾겠다는 나름의 꿈과 희망으로 부풀어 있기에 그 꿈을 소중히 생각해주고 자신을 아껴준 출판사 대표의 제안을 단순히 외면만 하고 있을 수 없는 인물이기도 하다.

치기어린 현우의 투정으로 인해 결국 후자를 택했던 미수를 좇아 언덕길을 뛰어올라가는 현우의 뜀박질은 그녀에게 닿고픈 내적 갈망의 분출이라고 할 수 있다. 정상적인 삶으로 그녀에게 다가가고 싶었지만 그럴 수 없었던 마음, 적어도 그녀 한 사람에게는 그런 모습을 보여주고 싶었기에 그는 친구 정협에 대한 사건을 꼭꼭 숨기고 싶었던 것이다. 그런 마음과 현실을 미수에게 들켜버렸을 때 그가 느낀 상실감은 미수에게 그리고 친구 태성(최준영 분)에게 거칠게 표현했으나 그건 '화'나 '짜증'이 아닌 마지막 남은 기댈 곳마저 무너져버렸다는 상실감에 기인했다. 그런 상실감을 정리하고 난 후 그녀에게 돌아왔을 때 이미 그녀의 마음이 돌아섰다는 걸 알게 된 것도 그에게는 상실감으로 다가갔을 것이다. 어쩌면 그 마음이 멀어진 그녀에게 닿고픈 갈망으로 변해버린 게 아닌가 싶다.

현우에게는 믿어줄 사람들이 필요했다. 아무도 믿어주지 않는 그의 삶에서 은자(김국희 분)와 미수는 자신을 믿고 신뢰해준 유일한 사람들이다. 그에게 기댈 곳을 만들어준 사람들이라는 점에서 그들이 그의 삶에 어떤 흔적을 남겼는지 확인할 수 있다. 사각 도넛을 먹기 위해 은자의 수제비 가게를 찾아와 쓴 소주를 들이키는 미수의 모습은 현우와의 추억을 되돌리고자 애쓰는 시간이라고 할 수 있다. 현실의 선택과는 달리 마음은 이미 그의 내면을 이해하고 있다는 반증이다. 마음과 현실의 선택이 달랐음은 돌이킬 수 없는 부분이기도 하다. 여기서 이야기가 마무리로 달려가고 있음이 드러난다. 과연 흘러간 시간을 어떻게 돌이킬 수 있을까?

개인적으로 이 이야기가 제2의 〈건축학 개론〉(2012)이 되기를 바랐다. 이 영화에서 〈건축학 개론〉과 같기를 바랐던 부분은 청춘의 한 자락이 되어버린 옛 사랑의 추억을 다시금 끄집어내는 행위와는 다른 차원이다. 오히려 지나간 과거에 대한 기억을 하나의 앨범으로 장식해 삶의 한 부분으로 오롯이 지니고 살아가는 느낌과 같다고나 할까. 디제이의 낮은 목소리를 통해 아련히 전해지는 작은 떨림, 그 떨림 속 잊힌 추억을 되새길 수 있었던 영화, 〈유열의 음악앨범〉이었다.

격정으로 불타버린

남과 여(2015)

사랑은 타이밍이다. 손뼉도 마주쳐야 소리가 나고 사랑도 마음이 맞아야 이루어진다. 흔히 남자와 여자를 '화성인'과 '금성인'에 비유하고는 한다. 서로를 이해하고 바라보는 시각이 다르고 그 시기와 과정 또한 차이가 날 때가 많기 때문이다. 이를 비틀어, 각자가 처한 환경 속에서 방황하던 두 남녀의 격정적인 사랑을 그려낸 작품이 있다. 상황이 극단으로 치달을수록 두 사람은 서로의 존재를 더 크게 인식하고 사랑을 위한 자신만의 공간을 소중하게 만들어 나간다. 문제는 두 마음이 계속해서 엇박자가 난다는 것. 서로를 바라보는 두 남녀의 시선을 각기 다른 방향에서 그려본 영화, 이윤기 감독의 〈남과 여〉(2015)이다.

영화는 핀란드 헬싱키의 어느 마을에서 각자의 아이들을 돌보는 상민(전도연 분)과 기홍(공유 분)의 모습으로 시작된다. 두 사람 모두 아이를 국제학교에 보내고 있지만 상민의 아들 종화(노강민 분)는 발달장애를, 기홍의 딸 유림(강지우 분)은 우울증에 시달리고 있다. 두 사람은 각자의 아이를 겨울 캠프에 보내면서 우연히 첫 만남을 갖는다. 종화를 혼자 떠나보내는 것을 걱정하던 상민의 부탁으로 두 사람은 캠핑장까지 동행하게 되고, 폭설로 도로가 끊어지자 함께 숙소에 머문다. 처음 만난 사이지만 서로의 상황에 동질감을 느낀 두 사람은 정사를 나누게 되고, 그렇게 서로의 이름도 모른 채 헤어진 후 또 다시 시간이 흐른다.

8개월 후 서울로 돌아온 상민은 핀란드에서의 일을 까맣게 잊은 채 일상에 빠져 있다. 그런 그녀 앞에 어느 날 기홍이 다시 나타난다. 그녀의 일상을 통째로 흔들어버릴 만큼 큰 사랑과 관심을 가지고서 말이다. 영화는 가정이 있는 두 사람이 각자가 처한 힘겨운 환경 속에서 저만의 방식으로 탈출구를 찾아 헤매는 모습을 때로는 담담하게 때로는 격정적으로 소개한다. 영화의 첫 화면은 두 사람이 항상 피곤에 절어 있는 모습이다. 마치 뭔가를 갈망하고 있지만 답답하게 쌓여만 가는 현실로부터 도피하고자 하는 마음이 역력하다. 그 답답하고 꽉 막힌 속내를 상민은 그나마 담배로 뱉어내고 다시금 입에 머금는다. 이렇게 불안정한 상황에서 만난 두 사람의 방향은 어디로 흘러갈까?

두 남녀의 정신적 방황을 화면은 눈 내리는 아름다운 핀란드 마을을 배경으로 차분하게 담아냈다. 눈이 내리고 돌아가는 길에 도로가 통제되어 고립되자 두 사람은 숙소에서 하루를 머무르게 된다. 아침에 일찍 일어나 산책을 하는 두 사람. 남자의 뒤를 따르는 여자의 시선이 그의 뒷모습에 머무는데, 그녀의 관심이 점차 그에게로 향함을 표현하기 위해 카메라 워크가 핸드헬드 기법을 잠시 사용해 마음과 시선이 요동치고 있음을 자연스럽게 보여준다. 이내 그 또한 그녀의 뒷모습에 시선이 머물면서 같은 방식으로 표현되는데 두 사람의 서로에 대한 감정의 싹틈을 자연스런 카메라 워크로 표현한 사례라고 할 수 있겠다.

영화는 이상과 현실의 경계선을 반복해서 넘나든다. 아이의 캠프를 따라가는 건 현실의 반복이고 기홍과 숲속에서 우연히 발견한 사우나에서의 정사는 현실을 도피하고픈 그들의 이상이다. 서울로 돌아온 기홍은 계속해서 이상을 좇고자 상민을 마구 흔들어댄다. 늦은 저녁 사무실에서 두 번째 정사를 가질 때도 결국엔 종화의 방해로 이상에서 현실로 곧 넘어오고 만다. 기홍과 달리 상민은 이 꿈같은 현실이 두렵다. 잠에서 깨어났을 때 옆에 아이가 없음을 알아채고 "이래도 되나, 아이가 없는 삶은 세상이 무너지는 줄 알았다."고 말하는 장면은 결국 현실에서 쉽게 벗어나지 못하는 상민의 두려움을 구체적으로 드러낸 대사이다.

영화는 속도를 조율할 줄 안다. 스토리 전개를 빨리 가져가 기홍이 상민에게 빠져듦을 뜬금없이 앞당기기도 하다가 상민이 기홍의 적극적인 행동에 마음을 여는 속도는 조금씩 천천히 꺼내들기도 한다. 마치 사랑에 금방 불이 붙는 남성의 뜨겁고 격정적인 성향과 천천히 강하게 타오르는 여성의 사랑의 방식을 드러내기라도 하듯이. 그만큼 천천히 타오른 상민의 사랑은 쉽게 가라앉지 못한다. 종화의 신발이 파도에 떠내려갔을 때의 기억을 얘기하며 아이에게 잊을 수 없는 기억이라고 말하고 이내 냇가에 신발을 던져 다시 주어온 후 이제 그 나쁜 기억을 잊을 수

기흥은 상민을 찾아가 마음을 흔들어대지만 그들이 맞는 결말은 여전한 현실에 대한 깨달음이다.

있을 거라고 얘기하는 장면은 사실 종화가 아닌 상민의 마음을 대변하는 장면이다. 이어 '잊을수록 좋은 기억도 있다.'고 말하는 상민의 모습은 잘못된 방향으로 흘러왔음을 표현한 거라고 볼 수 있겠다. 그럼에도 불구하고 기흥이 그들을 바닷가로 데려갔을 때 '우린 만날 때마다 어디를 여행하는 거 같아요.', '돌아가지 말까요? 농담 아닌데.'라며 살갑게 대화하는 두 사람의 모습은 이미 경계선을 넘어버린 모습이다.

그렇게 잠시 짧은 여행을 하고 돌아왔는데 가정에는 변화된 모습으로 그들을 이해해주고 받아들일 준비를 하고 있는 배우자들이 있다. 상민의 갑작스러운 바다여행을 이해해주고 건강을 걱정해주는 남편과 기흥의 입장을 이해하며 그동안 많이 힘들었겠구나 하고 공감해주는 아내. 기흥은 뭔가에 크게 얻어맞은 듯 아내의 입장에서 그녀를 바라보려 생각한다. 그녀가 위험하게 올라갔던 담벼락 모퉁이에 위태롭게 서서 다시 한 번 이 상황을 돌이키려 애를 쓴다. 그때 그의 딸이 나타나 아빠의 바짓가랑이를 붙잡음은 아빠를 떠나보내기 싫은, 그래서 우울증마저 넘어설 수 있는 짧고도 굵은 아이의 메시지가 아니었을까 싶다. 이때 딸을 끌어안은 기홍의 눈빛이 흔들리고 있음은 잠시 잘못된 길에 접어들었던 자신의 실수를 깨닫게 만드는 후회의 흔들림이다.

하지만 상민의 사랑은 이제야 불타올랐다. 상민은 기홍의 마음을 확인했다고 스스로 확신을 가진 채 그녀의 남편에게 선뜻 기홍의 존재를 언급한다. 농담처럼 남자가 생겼냐고 물어봤던 남편의 눈이 동그랗게 커진 건 물론이다. 하지만 이제 돌이키기엔 너무 늦어버렸다. 그녀는 그에게 달려가고 그는 그녀가 있는 방의 문 앞에 이르러 선뜻 문의 손잡이를 돌리지 못한다. 사랑은 타이밍이다. 두 사람의 사랑이 어긋남은 어떤 이유에서였을까. 그렇게 시간이 흐른 후 상민은 남편과 헤어진 후 혼자 살아가다가 어느 날 핀란드로 다시 떠난 기홍을 찾아간다. 자신의 마음을 격정적으로 흔들어댔던 그는 가족과 함께 너무나 잘 지내고 있다. 그의 모습을 확인한 그녀는 택시를 타고 다시 돌아선다. 택시 안에서 울음이 터져버린 그녀를 보고 현지인 기사가 이해했다는 듯 잠시 택시를 멈추고 그녀에게 시간을 양보한다. 이 시간만큼은 상민에게 허락된 최소한의 공간이자 시간이다. 울음을 그친 후 차에서 내려 택시기사와 함께 담배를 나눠 피우는 그녀의 모습은 영화의 백미이다. 그렇게 영화는 남과 여의 달라진 상황과 차이를 보이는 사랑의 과정, 그리고 결과의 아픔을 색다른 시선으로 그려낸다. 여민 가슴은 아팠다. 두 사람의 사랑을 바라본 관객의 마음도 그렇게 아팠다. 영화 〈남과 여〉였다.

시간과 공간이 이어지는 계절의 저편에서

만추(2010)

살다 보면 '때'를 마주할 때가 있다. 어떤 일을 해내거나 성취하는 것도 중요하지만, 무엇보다 그 시기를 놓쳐선 안 된다. 머뭇거림은 자칫 후회를 남기기 때문이다. 물론, 선택하고 나서도 후회를 하게 될 때가 있지만, 망설이는 것보다는 하고 나서 후회하는 게 낫지 않을까. 누구나 살면서 자신만의 '때'를 만나게 된다. 천천히 자연스레 익어갈 수도 혹은 하지 못하면 영원히 그 자리에 머무를 수도 있는, 그런 '때' 말이다. 필자에게도 손끝에서 놓쳐버린 그 아쉬움이 존재한다. 다시 돌아올 수 없는 그 끝을 기억의 저편에 꼿꼿이 세우고는 가끔 회상의 한 자리를 더듬곤 한다. 그때 그 순간, 내가 가지 못한 그 길을, 머뭇거린 그때를, 마음속에 담아놓고 미처 꺼내지 못한 그 말 한마디까지도. 때로는 우리가 모두 이런 과정을 거쳐 하나의 인생을 완성한다는 생각이 든다. 행복과 불행이라는 수식어가 아닌 삶을 꾸미는 행위와 의미로서 받아들여질 때가 그렇다. 가을은 붉게 물드는 것만큼 제 색깔을 찾아간다. 늦겨울의 한 자락에 들어 왜 뒤늦게 흘려버린 '가을'이 떠올랐을까. 아직 성숙하지 못한 자신의 모습에 안쓰러움이 밀려오거나, 뒤늦게 내 모습에 덧붙이고 싶은 빈 공간을 발견해서가 아닐까.

영화 〈만추〉(2010)에서 애나(탕웨이 분)는 초반부터 줄곧 자신이 돌아갈 곳을 찾는 데 급급한 불안정한 눈빛을 보인다. 시퀀스마다 배치된 그녀의 이러한 '귀소본능'은 김태용 감독이 말하고자 하는 작품 속 메시지를 간접적으로 표현하는 요소가 된다. 그녀의 초조하고 불안한 눈빛, 그리고 흔들리는 마음이 빠른 안정을 필요로 한다는 사실 말이다. 영화의 초반, 그녀는 사건이 일어나는 장소로 발길을 서두른다. 예상된 사건을 확인하는 절차였지만 그보다 자신의 어두워진 내면을 눈과 몸을 빌려 오롯이 받아들이고자 했던 것이다. 이러한 마음은 시간이 흘러 어머니 장례를 위해 교도소 밖으로 잠시 외출을 나온 이후에도 여전하다. 그녀는 자신이 가야 할 곳을 정확히 이해하는 모습이다. 어울리지 않거나 혹은 그녀 자신을 거부하는 행위가 아닌, 있는 그대로 자신의 처지를 받아들이는 듯하다. 이러한 그녀의 성향은 훈(현빈 분)을 만난 이후에도 여전히 반복된다. 어디에 있건 그 마음이 안정을 향해 격렬히 흔들리고 있음은 그녀의 눈빛과 몸짓을 통해 쉽게 이해되기도 한다. 두 사람이 함께 잠자리를 시도하면서도 끝내 그녀가 이를 거부하는 것 또한, 그녀의 흔들리는 내면을 간접적으로 표현하는 대목일 것이다.

영화를 비평하는 과정에서 아무런 이론적 근거 없이 해석을 시도하는 게 위험하고 비평의 가치를 떨어뜨리는 일이라는 글을 본 적이 있다. 영화를 읽고 이를 해석하고 평가하는 게 '비평'이라면, 그 근거를 이론적으로 굳이 구체화하지 못하거나 구체화할 필요가 없는 작품도 있겠다. 어쩌면 영화 〈만추〉는 필자의 의견을 정확히 관통하는 그런 작품이 아닐까 한다. 때로는 이론적이기보다 감성적으로 서사를 파고드는 연기를 맛보는 일도 있어서다. 사실 연출의 감각을 읽어내는 것도 영화를 볼 때 꽤 커다란 재미로 다가오지만, 배우가 펼치는 연기의 묘미 또한 영화를 감상하고 받아들이는 중요 요소로 작용한다. 주인공 '애나' 역을 맡은 배우 탕웨이의 연기는 묵직한 한방을 선사하면서도 각 씬마다 섬세하고 세련된 절제미를 보여줬다. 배우 현빈의 연기가 밖으로 돌출된 강인함을 드러내고 있다면, 탕웨이의 연기는 숨겨진 눈빛과 절제된 주저함에 그 매력이 나타나는 듯하다. 놀이공원에서 범퍼카를 타는 씬은 그래서 더 쉽게 이해되고 표현에 거침이 없는 것처럼 느껴진다. 애써 에두르지 않고도 두 사람의 방향이 어디를 향해 있는지 이를 찾기에 부담이 없기 때문이다. 갑작스레 열린 한 편의 무대, 바로 그곳에서부터 말이다.

범퍼카를 타며 잠깐의 재미를 맛본 그녀가 그 움직임을 갑자기 멈춘 건, 단지 문득 떠오른 자신의 어두운 처지 때문만은 아니었다. 오히려 그녀의 내면을 가득 채우고 있던 어두운 구석에 한 줄기 햇볕이 스며든 순간, 그 어울리지 않는 어색함에 멈춰 서고 만 것이다. 훈의 재치로 눈앞에서 벌어진 한 연인의 사연이 그녀의 마음에 동요를 일으키는 커다란 사건으로 자리하는 듯하다. 지금껏 무겁기만 했던 그녀의 입이 드디어

훈이 애나로부터 돈을 빌리며 담보로 맡긴 '손목시계'는 영화 속에서 시간, 즉 '때'가 중요하다는 사실을 간접적으로 표현한다.

열리기 시작했다는 측면에서다. 이처럼 영화 속 모든 사건은 반복되어 튀어나오는 '때'를 무척 중요시한다. 한국인과 중국인으로서 '영어'를 매개로 원활한 소통이 이뤄지고 있었음에도, 두 사람 사이를 가로막고 있던 보이지 않는 불통의 벽이 서서히 해소되기 시작하는 것도 이때라는 점도 그렇다. 그래서 이 순간은 영화 전체를 통틀어 아주 중요한 담론의 기제가 던져지는 시기이기도 하다. 어찌 보면, 이어지는 씬에서도 계속해서 나타나는 사건들, 이를테면 유령관광객을 만난다거나, 혹은 애나가 중국어로 자신의 사정을 털어놓을 때도 마찬가지다. 두 사람의 데이트 공간은 모두 존재(存在)하는 것과는 거리가 멀다. 예약하지 않았던 식당, 문을 열지 않았던 놀이공원, 사람을 찾기 어려운 가게 등. 여기에 그녀가 속내를 털어놓는 고백의 순간에 분위기를 깨뜨리는, 훈의 '하오'와 '화이'가 번갈아 튀어나오며 억지스러운 조화를 이루는 부분에서도 이는 여전하다.

영화의 타이틀인 '만추(晩秋)'는 영어로 'Late Autumn'을 뜻한다. 훈과 애나의 만남은 훈이 건네는 '손목시계'로 그 끈을 이어가는데, 모든 게 '시간', 즉 '때'를 중심으로 감독이 말하고자 하는 바를 영화 구석구석에 섬세하게 다듬어 배치한 모습이다. 애나가 교도소로 돌아가는 그때, 훈은 몇 번의 작별인사를 건네면서도 끝내 이 인연을 마무리하고자 그녀의 버스에 함께 오른다. 그가 손을 흔들며 작별인사를 나눌 때의 카메라 시선은 오직 애나의 측면만을 훑는데, 훈의 아쉬움보다 이 순간 이별을 앞두고 불안해하는 애나의 표정과 내면을 읽어내는 각도가 더욱 중요해서이다. 교도소를 향해 바삐 나아가던 버스가 휴식을 위해 잠시 정차하는 순간, 주변이 안개에 휩싸이는 부분은 화면 속에서 솔직한 기교로 다가오는 부분이라 하겠다. 앞날을 예측하기 어려운 두 사람의 미래는 확실히 보이지 않는 모든 부분에서 불투명한 색깔을 뒤덮는다. 그리고 훈은 옥자와의 관계로 인한 불운한 사건으로, 이 순간 자신의 마음을 확고히 하게 된다. 흔들리지만 흔들리지 않는 그의 내면을 읽어낼 수 있는 이 장면에서 두 사람은 격렬한 키스를 나누게 되는데, 이때가 애나 또한 그를 받아들이게 되는, 즉 두 사람이 하나의 계절로 빗댄 '가을'의 의미를 진정으로 이해하는 순간이라 할 수 있다.

완성한 듯 붉게 물든 두 사람의 '가을'은, 그럼에도 불구하고 그 '때'를 아쉽게도 늦게 맞이하고 만다. 훈이 애나가 출소하는 2년 후를 기약한 건 그녀가 삶을 포기하지 않고 미래를 비춰보길 바라는 마음이었던 걸로 생각된다. 마지막 씬에서 그녀는 그에게 건네는 인사말을 혼자 중얼거리는데, 카메라는 그녀의 비워둔 오른쪽 공간을 바라보는 시선을 천천히 왼쪽으로 이동시키며, 뒷자리에 놓인 또 다른 공간에 대한 기대를 흠뻑 심어놓는다. 차분히 이어가는 이 카메라 패닝 샷은 영화의 이야기를 마무리 짓는 강한 인상을 남기는 장면이다. 훈에 대한 그녀의 기대를 한쪽에 남겨두는 의미도, 또한 이미 지나가 버린 두 사람의 때늦은 사랑이 완성되는 시기 그 자체만으로도 그렇다. 결국, 이는 지금까지 이어온 '때'를 하나의 '공간'으로 변화시켜 표출하고자 한 김태용 감독의 메시지가 담긴 중요 장면이 아닐까 싶다. 영화 초반부터 여러 차례 보인 애나의 '귀소본능'은 이 장면을 통해 그 완성도를 높이게 된다. 갈 곳을 찾지 못해 허둥댔던 그녀의 불안한 시선이 안정적인 방향과 공간을 찾아 나선 것도, 그리고 그 시선이 또다시 갈 곳을 잃어버린 의미도 함께 내포하고 있다는 측면에서다.

영화 〈만추〉는 이미 지나가 버린 것에 관한 이야기를 빈 공간에 하나씩 가득 채워가는 과정을 통해 '가을'이라는 계절을 섬세한 터치로 그려낸 작품이 아닐 수 없다. 이론적 비평의 근거를 하나씩 찾아 나서기에는 개인적으로 너무나 시간이 아까울 따름이다. 그저 더 늦기 전에, 자신에 관한 이야기를 건넬 '때'와 '공간'을 서둘러 찾아야 할 것 같은, 그런 기분만이 남는 듯하다.

PART **2**

세상을 보는 **또 다른 시각**

겹겹이 얽힌 시간의 굴레

타임패러독스(2014)

영화를 선정할 때 필자 나름의 기준이 있다. 포스터의 이끌림, 좋아하는 배우의 출연, 소재의 참신함, 사람들의 입소문, 영화 소개 TV 프로그램 등이 그것이다. 여기서 가장 중요시 여기는 건 '소재의 참신함'이다. 영화가 어떤 내용을 다루느냐를 두고 이를 풀어내는 감독의 연출력과 이를 표현하는 배우의 연기력을 논하는 건 생각만 해도 재밌는 일이다. 그런 필자가 어느 날 사람들의 입소문에 귀가 솔깃해진 영화가 한 편 있다. 참신하지만 그리 색다르지도 않고 이젠 자주 반복되어 거의 식상해진 소재, 그렇지만 거의 대부분의 사람들이 이 영화를 두고 최고의 찬사를 연신 내뱉고 있었다. 도대체 어떤 매력이 있는 걸까? 이번엔 개봉 당시 사람들의 입방아에 자주 오르내렸던 화제작 한 편에 대해 얘기해볼까 한다. 스피어리그 형제(마이클, 피터)가 제대로 된 작품 한 편을 만들어냈다. 영화 〈타임패러독스〉(2014)이다.

영화는 뉴욕 일대를 초토화시킨 폭파 사고로 대규모 사상자가 발생하면서 시작된다. 범죄예방본부는 범인을 잡기 위해 특수요원 템포럴(에단 호크 분)을 투입한다. 하지만 그는 연쇄 폭탄 테러범이 설치해놓은 시한폭탄의 해체를 시도하다가 실패하며 얼굴에 큰 화상을 입고 만다. 그런 가운데 그에게 시간 이동 장치가 건네지고 그는 미래로 가 안면 이식 수술을 받고 완전히 다른 모습으로 변모한다. 사건은 이때부터 전혀 다른 방향으로 전개된다. 화면은 그가 바텐더로 일하는 장면에서 다시 시작한다. 어느 날 그는 직업이 작가라고 밝힌 의문의 손님과 대화를 하기 시작하는데 영화는 관객들로 하여금 두 사람의 대화에 빠져들 수 있도록 장황한 스토리를 늘어놓는다. 초반 템포럴 요원에게 집중된 관객의 관심이 자연스럽게 손님인 작가에게로 옮겨진다. 그리고 템포럴이 그에게 제시한 제안은 또 다른 국면으로의 전환을 이루게 된다. 바로 이 영화의 하이라이트인 누구도 상상할 수 없는 스토리 말이다. 영화 포스터는 친절하게도 '모든 반전을 비웃어라'라고 적어놓기도 했다.

그렇다, 이 문제의 화제작은 지금까지의 반전 영화들을 비웃고 있는 만큼이나 관객들을 깜짝 놀라게 만드는 재주가 있다. 굳이 얘기하자면 우리가 익히 알고 있는 반전의 형식과는 조금은 다르다. 스릴러의 형식을 빌리고 있지만 스릴러물이 흔히 가지는 전형적인 룰을 그대로 따르지 않는다. 일반적인 스릴러는 긴장감을 형성시킨 후 줄곧 이러한 분위

템포럴 요원을 둘러싸고 벌어지는 사건의 흐름은 마치 뫼비우스의 띠와 같아서 관객들은 영화의 중심 줄거리를 이해하는 데 마지막까지 어려움을 겪는다.

기를 유지하는데 비해 이 영화는 긴장감을 대놓고 드러내는 편은 아니기 때문이다. 그렇다면 이 영화 특유의 방식이 어떠한지 한번 살펴볼 필요가 있겠다.

첫째는 보여줄 건 보여주고 가릴 건 가리는 철저함을 지킨다는 점을 얘기할 수 있다. 영화는 관객이 사건의 개연성을 이해하고 받아들이게끔 육하원칙의 원칙에 따라 충분히 잘 설명하고 있지만, 그럼에도 가릴 건 가리는 깔끔함을 보여준다. 쉽게 말해 내용을 복잡하게 만들어가고 있음에도 충분히 말이 되고 이해가 되게끔 개연성을 뒷받침해줄 만한 팩트와 근거를 적절하게 제시한다는 것이다. 제인(사라 스누크 분)이 만난 의문의 남자의 정체를 철저하게 가린 점, 그가 그녀를 떠난 후 다시 나타나지 않은 점, 제인의 출산 후 자궁 척출 등 뭔가 계속해서 사건이 꼬여가는 점, 하지만 이상하리만치 이야기는 철저하게 객관적인 사실에 근거해 깔끔하게 맞춰 흘러가는 점 등을 얘기할 수 있겠다.

둘째는, 관객들로 하여금 사건의 추리를 할 수 있는 여지를 만들어낸다는 점이다. 앞에서도 얘기했듯이 복잡한 스토리 자체가 사건의 맥락을 흔들어놓지는 않기 때문에 관객의 입장에서 사건이 앞으로 어떻게 흘러갈지를 스스로 추측해보는 재미가 있다. 영화는 화면 속에 여러 요소들을 총동원해 관객의 오감을 자극시킨다. 여기서 잠시 포스터 얘기를 하면, 영화는 포스터 자체에 이미 세 차례의 반전을 명시해놓아 관객들이 반전에 대비할 수 있는 여지를 제시해 놓았다. 결국 앞에서도 얘기했듯이 관객들의 상상력을 충분히 발휘할 수 있는 시간과 공간을 이미 구성해 놓았다는 것인데, 그럼에도 불구하고 관객들에게 맞출 수 있으면 어디 한 번 맞춰보라는 식의 도발을 보이는 것도 사실이다.

셋째는, 분명히 반전을 보여주지만 이걸 명확히 반전이라고 하기엔 애매한 구석이 없지 않다는 점을 들 수 있다. 일반적인 반전은 사건의 흐름을 치밀한 구성에 근거해 제시한 후 갑작스레 이를 뒤집어버리는 정교함을 보인다. 우리가 잘 아는 〈유주얼 서스펙트〉(1995)나 〈식스센스〉(1999), 〈디아더스〉(2001) 등이 그랬다. 이전까지 흘러온 프레임 자체를 한 번에 뒤집어 버리는 것이다. 하지만 이 영화에서의 반전은 사건 전개에 있어 추측 가능한 허술함이 곳곳에 존재한다. 단지 그 허술함을 한 번씩 더 비비꼬아 사건을 새롭게 바라볼 수 있는 여지를 만들어줄 뿐이다. 그런 측면에서 이 영화의 반전 형식을 평가한다면 츠츠미 유키히코 감독의 〈이니시에이션 러브〉(2015)와 비슷한 구석이 많다고 할 수 있다. 관객들에게 반전의 출현을 미리 경고하는 것도 그렇고, 어디 한 번 맞춰보라는 도발적인 구석도 있고, 무엇보다 사건의 국면을 한 번에 뒤집어버리는 일반적인 형식을 따르기보다는 관객들이 반전을 추측할 수 있는 여지를 한 번 더 꼬아서 보여주는 복잡한 구성도 함께 드러내기 때문이다.

넷째는, 그럼에도 불구하고 놀라운 반전을 관객에게 제시한다는 점에서는 이견이 없다는 것이다. 이 영화가 반전의 대명사로 불리는 이유는 앞에서도 얘기했지만 영화 속 반전이 사건의 전환 그대로의 반전이라기보다는 관객들이 추측 가능한 선에서의 반전을 한 번 더, 아니 여러 번 비비꼬게 만들어버리는 재주가 있기 때문이다. 즉, 관객이 실컷 추측하고 추리한 사건의 방향과 결말을 뒤집어 버리고 또 뒤집어 버리는 것까지는 좋았는데, 이후에도 이를 계속 뒤집어버리는 엉뚱함을 갖춰 관객들의 혼란을 유발하는 결과를 가져오기도 한다.

영화의 원제는 프리데스티네이션(Predestination, 숙명)이다. 이를 국내에서는 패러독스(paradox, 역설)라는 타이틀로 바꿨는데 지금까지 언급한 이 영화의 특징을 살펴보면 오히려 후자가 더 나은 듯하다. 패러독스는 '역설'이란 뜻을 지닌 단어로 마치 뫼비우스의 띠와 같이 반전 자체를 무한대로 비비꼬는 영화의 내용을 더욱 부각시키는 힘을 가지고 있어서다.

지금까지 얘기한 것만 해도 영화를 관람하는 데 충분한 스포일러가 될 수 있어 주요 내용을 좀 더 언급하는 게 매우 조심스럽다. 다만 포스터 얘기를 하나 더 추가하자면 개인적으로 사람들에게 항상 포스터의 중요성을 주장하는 편인데 사실 포스터 하나만 봐도 영화의 주요 내용이 거의 대부분 담겨 있기 때문이다. 이 영화 역시 마찬가지이다. 메인 카피는 세 번의 반전을 강조하고 있는데 앞에서도 얘기했지만 정말 관객들을 세 번씩이나 혀를 내두르게 만드는 깜짝 놀랄만한 사실들을 하나씩 풀어낸다. 반복해서 언급하지만 다만 이걸 우리가 알고 있는 전형적인 반전의 형식으로 받아들일 수 있을지는 의문이다. 그러기엔 타이틀이 'predestination'인 것에서부터 이미 어느 정도 반전을 예측하게 만들고 있기도 하고 말이다. 포스터에 왜 주인공 한 명의 모습만 크게 나와 있는지 영화를 관람하기 전 이를 해석할 수 있다면 정말 대단한 직관력이라고 칭찬해주고 싶다.

이 영화는 〈스타쉽 트루퍼스〉(1997)로 유명한 로버트 A.하인라인의 단편소설 〈All you zombies〉를 원작으로 했다. 아이작 아시모프, 아서 C. 클라크와 함께 SF문학계의 거장으로 칭송받는 작가답게 치밀한 구성과 흥미진진한 사건 전개가 포인트이다. 특히 평행 우주와 시간의 역설 등 다양한 과학적 요소들을 이해하기 쉽도록 풀어낸 그의 문장력은 독자들에게 많은 인기를 모았는데, 이를 스크린에 고스란히 옮겨온 스피어리그 형제의 연출력 또한 필자의 입장에서는 대단한 작업이라고 평가하지 않을 수 없다. 과거와 현재, 미래가 서로 뒤엉킨 채 아기, 제인, 존, 템포럴, 폭파범 이렇게 총 5명으로 구성된 인물들이 풀어내는 미궁의 시간 역설 이야기는 필자에게 대단한 충격을 안겨줬다. 아마도 누구도 쉽게 이 이야기를 이해하기 쉽지 않으리라 생각될 정도로 말이다. 한 사람의 운명이 이토록 모질게 시간의 굴레에 사로잡혀 있다면 과연 삶의 가치를 어디에 둘 수 있을까? 생각에 생각이 꼬리를 물게 만드는 철학적인 관점에서 인생을 바라보게 만드는 영화, 〈타임패러독스〉였다.

진실은 그 어디에

맨 프럼 어스(2007)

영화는 물론 소설, 만화 등 주로 가상의 스토리를 구성하는 많은 매체들은 다소 평범하고 제한된 내용만을 다뤄온 게 사실이다. 이를테면 사랑, 죽음, 사고, 범죄, 탈출, 공포 등이 바로 그것이다. 다양한 장르를 포함하고 있는 듯 보여도 알고 보면 선(善)과 악(惡)으로 대변되는 단순한 구도에 지나지 않는다. 현재 상영 중인 영화들도 찬찬히 살펴보면 대부분 이러한 범주 안에 포함되지 않을까 싶다. 갈등을 유발하는 사람이 항상 존재하고 주인공은 반드시 선(善)을 대표하고 절대 죽지 않는다든가, 마무리는 항상 해피엔딩으로 끝나는 등 우리에게 잘 알려진 영화의 공식들과 클리셰 같은 것들이 그것이다. 이는 영화가 상상력의 산물임에도 불구하고 여전히 한정된 시각의 틀에 박혀 있음을 보여준다. 이번엔 앞에서 열거한 분류와는 다른 생소한 주제를 두고 갑론을박을 펼치는 영화 한 편을 소개해볼까 한다. 개봉 당시 종교적인 문제로 많은 이들의 논란에 올랐던 작품, 리처드 쉔크만 감독의 〈맨 프럼 어스〉(2007)이다.

영화의 내용은 매우 단순하다. 한정된 공간에서 한정된 인물로 한정된 이야기를 진행한다. 사실 이렇게 보면 제작비도 그다지 들지 않았을 것 같다. 하지만 영화는 배우들의 대화와 갈등을 통해 철저하게 관객들과 소통하려 노력한다. 터무니없고 억지스러운 논제를 던진 채 한 발짝 뒤로 물러나 관객들의 반응과 흐름을 파악하려 한다. 하지만 배우들에게 특정한 역할을 부여해 관객을 직접 쥐락펴락하는 모습도 보인다.

주인공 존 올드맨(데이빗 리 스미스 분)은 10년간 대학 교수로 재직하며 실력을 인정받아 종신교수직까지 제안 받았지만 이를 거절하고 어느 날 갑자기 이사를 결심한다. 이삿짐을 옮기는 날, 오랜 기간 함께 동고동락한 동료 교수들이 존과 작별인사를 하러 그의 집에 방문하여 그가 갑자기 떠나기로 결심한 이유를 묻는다. 동료들의 계속된 추궁에 결국 존은 사실 자신은 14,000년 전부터 살아온 인간이고 자신이 늙지 않는다는 사실을 다른 사람들이 알아채기 전에 10년 주기로 한 번씩 이사를 다니며 신분을 바꿔 지내왔다고 고백한다. 존의 허무맹랑한 고백이 당연히 농담이라고 생각한 동료들은 그의 거짓을 밝히기 위해 각자의 지식을 동원해 질문을 함으로써 이를 검증하고자 하는데, 이에 존이 논리정연하게 답변을 하면서 분위기는 서서히 그의 주장에 설득력을 싣게 된다. 이 얼마나 말도 안 되는 이야기인가. 14,000년 동안 살아온 인간

어느 날 존은 갑자기 동료 교수들에게 자신이 14,000년 전부터 살아온 인간이라고 고백한다. 존의 정체는 무엇이고 그의 말은 어디까지가 진실이고 거짓일까?

이라니 말이다. 우리가 알고 있는 상식으로 도저히 이해가 되지 않는 지금까지의 얘기에 헛웃음이 나온다면 이런 관객들의 반응 또한 아마도 감독의 연출 의도 안에 포함되어 있을 거라는 생각이다.

영화는 아무것도 없는 황무지 위에서 한 남자가 짐을 싸는 모습으로 시작한다. 처음에는 아무것도 아닌 듯 스쳐 지나가는 이 장면은 영화가 끝날 때쯤이 되어서야 비로소 의미 있는 장면이었음을 이해할 수 있다. 영화 속 존의 고백은 존이 동료 교수들의 추궁에 의해 어쩔 수 없이 자신의 비밀을 털어놓는 듯 보이지만 사실 그의 고백은 계획된 것이었다. 반 고흐의 작품을 이삿짐 트럭 옆에 자연스럽게 잘 보이는 위치에 놔둔 것이나, 표정과 말투에서 뭔가 숨기고 있는 듯한 분위기를 드러내거나 그리고 너무나 침착하게 조니워커 그린을 꺼내 동료들을 대접하는 것 등이 바로 이를 나타낸다.

동료들은 각자 자기 분야의 전문가이기 때문에 결코 감정에 치우치지 않으면서 나름 학문적이고 객관적인 지식을 근거로 존의 고백의 허무맹랑함을 논박하려 한다. 생물학자인 해리(존 빌링슬리 분)는 가볍고 긍정적인 성격으로 이야기에 쉽게 빠져들고 이를 종용하는 역할을 맡았다. 고고학자인 댄(토니 토드 분)은 시종일관 침착한 목소리로 논리적인 질문을 펼친다. 인류학자인 아트(윌리엄 캇 분)는 존의 이야기 내내 의심을 표하며 내과의사인 그루버(리차드 리엘 분)를 그 장소에 불러들이는 역할을 한다. 신학자인 이디스(엘렌 크로포드 분)는 제법 침착한 듯 이야기를 듣지만 종교적인 이야기가 나오자마자 극도의 흥분을 하게 된다. 이후에 대화에 참여한 그루버는 의학적인 지식을 동원해 존의 거짓을 밝히려 하지만 불과 얼마 전에 죽은 아내로 인한 상처 때문에 심리적인 불안을 떨치지 못하고 쉽게 무너지고 만다.

영화는 이처럼 모든 전문가들이 각자의 지식과 상황을 동원해 논리적인 검증을 행하는 모습을 비추지만 주인공 존은 이들의 지식을 속으로 비웃기라도 하듯 그들의 질문에 하나씩 침착하게 답변하며 의심스러운 눈초리들을 요리조리 피해간다. 물론 관객들의 눈초리도 여기에 포함됨은 당연하다. 여기서 한 가지 질문을 던져보자. 관객들이라면 과연 우리 곁에 있는 누군가가 어느 날 갑자기 자신이 14,000년 전부터 살아왔다고 고백했을 때 어떤 반응을 보일 수 있을까? 영화처럼 전문적인 지식으로 무장한 채 침착하게 검증하지는 못할 것 같고 아마도 열이면 열 모두 미친 놈 취급을 하며 돌아서지 않을까 싶다. 사실 우리는 주위에 들려오는 불가사의한 일들, 이를테면 유에프오(UFO), 외계인, 귀신 혹은 유령 등의 존재에 대해 수많은 목격자들이 존재함에도 불구하고 과학적 검증이 안됐다는 이유만으로 부정하는 일이 많지 않은가.

영화는 이처럼 일반적인 상식을 벗어난 일을 직면했을 때, 사람들이 어떻게 반응하고 이를 받아들일 것인지에 초점을 맞춘다. 리처드 쉔크만 감독은 이를 종교적인 접근을 통해 보여주고자 했다. 사실 이 영화 속에서 가장 눈길을 끄는 대화는 주인공 존이 본의 아니게 예수 그리스도가 됐음을 고백하는 장면이다. 이 때문에 많은 이들이 이 영화를 두고 종교적 해석과 비판을 행했지만 필자의 사견으로 이 영화의 종교적인 대화는 크게 주목할 부분은 못된다. 앞에서도 언급했지만 이 영화의 핵심 방향은 신의 존재를 수용하거나 또는 부정하는 것이 아니라, 우리가 그동안 알고 있던 상식이 무너졌을 때 그 사실을 어떤 방식으로 받아들일 것인가 혹은 받아들이지 않고 부정할 것인가에 초점이 맞춰져 있기 때문이다. 단지 그게 '신'이라는 한 글자로 강조됐을 뿐이다.

이처럼 이들의 대화는 신에 대한 믿음과 종교에 대한 신뢰 문제로 이어진다. 지구의 탄생에까지 이르렀던 그들의 대화는 성서 자체를 신화로 만들어 버린다. 역사를 건너오며 사람들의 덧칠이 심해진 신화 말이다. 신학자인 이디스가 유독 이 문제에 민감해 이를 신성모독으로 여기며 강하게 부정하는데, 결국 이로 인해 신의 존재를 받아들이는 이와 부정하는 이의 대립구도가 형성된다. 이디스 옆에 앉아 있던 해리가 갑자기 자리에서 일어나 맞은편으로 옮겨 앉는 장면은 자연스러운 연출일 것이다. 15~17세기 유럽에서는 다수의 목소리라는 명목만으로 소수의 의견이 묵살되고 마녀사냥을 당하는 경우가 종종 있었다. 소수가 진실일지라도 다수의 거짓에 묻히기도 했으며 이에 반대할 경우 거센 저항과 억압을 받기도 했다. 과연 우리는 무엇이 진실인지를 받아들일 준비가 되어 있는가. 겉으로는 진실을 추구한다지만 잘못된 거짓만을 좇고 있는 것은 아닌지 생각해 봐야 하지 않을까.

영화 속에서 주인공 존은 성경 속에 나오는 예수의 말을 인용한다. 예수 그리스도는 '너희들은 나를 누구라고 생각하느냐'라고 물었다. 이처럼 그는 누구에게도 강요하지 않고 오히려 그들에게 되묻는다. 존은 스스로 동료 교수들에게 자신의 말을 믿을지 말지에 대한 선택권을 줄 뿐이라고 얘기한다. 영화는 배우들의 대화와 행동을 통해 관객들과 지속적으로 소통하는 듯 보이지만, 후반부에 다다르며 존과 팽팽하게 줄다리기를 했던 사람들의 반응을 점차 하나로 모은다. 사람들은 진실을 알고 싶어 하는 듯 했지만 사실 그들이 원하는 대답은 한결같았다. 그건 바로 지금까지 얘기했던 존의 주장이 사실이 아니었다고 대답하라는 '강요'였다. 그들은 존에게 진실을 털어놓으라고 주장하면서 이를 통해 사실 듣고 싶어 하는 대답이 이미 정해져 있었음을 무의식적으로 드러내고 있었던 것이다.

날이 어두워질 때까지 이어진 그들의 대화는 존의 치밀하고도 거의 완벽했던 거짓 연극이었다는 고백을 끝으로 마무리된다. 사실 이때까지만 해도 관객들은 의심의 눈초리를 거두지 못하고 뭔가 찝찝한 결말에 석연치 않아 했을 수 있다. 어쨌든 사람들이 작별인사를 하며 헤어지는 마지막 장면에서 유독 창문에 비친 그루버 교수의 행동이 다소 어색하게 느껴진 건 기막힌 반전을 암시하는 감독의 의도이다. 분명한 건 그루버 교수의 갑작스러운 사고가 다소 밋밋했던 이 영화의 흐름에 강한 임팩트를 주고 있다는 사실이다.

지금까지 언급하지 않은 존의 제자 샌디(애니카 피터슨 분)의 행동은

이 영화가 남기는 여운이다. 다른 사람들과 달리 존의 말을 전적으로 신뢰하고 의심하지 않았던 대표적인 인물로서 동시에 존에게 사랑을 고백한 인물이기 때문이다. '영원히 자네를 책임질 수 없다.'는 존의 말에 '얼마나 길면 영원이라고 할 수 있을까요?'라고 되묻는 그녀의 말은 존이 이 영화에 던졌던 팽팽했던 진실과 거짓의 구도를 흐트러뜨리는 말이 아니었을까? 앞서 조니워커 그린 또한 이와 비슷한 역할을 했다. 14,000년을 살아오면서 비슷하지만 다양한 이름으로 불려왔던 존의 이름이 한때는 '조니'였음을 쉽게 유추해볼 수 있다. 그는 오랜 시간 동안 녹색의 푸르른 초원을 맨발로 거닐며 자연을 느꼈다고 했다. 이게 뭘 의미하는지 잠시 떠올려 보면 영화의 마무리에 나타난 반전의 의미를 쉽게 받아들일 수 있지 않을까.

창조와 파괴의 공존

아키라(1988)

필자가 유년 시절 보았던 읽을거리 중에 '월간 우뢰매'라는 소년소녀들을 위한 잡지가 있었다. 당시 비슷한 종류의 '소년중앙', '소년경향', '새소년' 등과는 달리, 아이들의 눈길과 관심을 끌만한 애니메이션을 중심으로 지면을 채워 제법 높은 인기를 얻었던 걸로 기억한다. 삼십 년도 넘은 케케묵은 이야기를 꺼내는 이유는 그 잡지 속에서 이번 이야기의 주인공을 처음 만났기 때문이다. 날카로운 화풍과 강렬한 색채, 다소 충격적인 내용으로 어린 필자의 마음속에 깊은 인상을 남겼던 작품, 이제는 재패니메이션의 역사를 대표하는 작품으로 꼽히는 〈아키라〉(1988)를 얘기해볼까 한다.

실사 영화가 아닌 애니메이션이라는 측면에서 좀 더 다뤄볼 수도 있겠지만 기술적이고 전문적인 접근보다 색채와 표현 방식, 그리고 감상적인 느낌을 전달하는 게 좀 더 낫다고 판단된다. 작품이 다루고 있는 주제와 내용만으로도 이미 복잡한 메시지를 충분히 느낄 수 있기 때문이다. 감독의 메시지, 영상의 표현미, 화면에 내재되어 있는 다양한 시청각적 요소 등에 대한 관객과 평론가들의 평가는 우리가 생각하는 것 이상으로 후한데, 그럼에도 불구하고 필자가 잡지를 통해 간접적으로 접한 바 있는 이 작품에 대한 기대에 비해 실제적인 감상은 다소 번잡하고 어지럽다. 그도 그럴 것이 작품을 탄생시킨 일본이라는 국가의 역사관, 가치관, 세계관 등을 떠나 애니메이션 그 자체로서의 메시지만을 받아들이기에는 결코 가볍지 않은 내용과 표현력을 담고 있기 때문이다.

〈아키라〉는 붕괴 후 새롭게 재건된 2019년의 네오도쿄를 배경으로 한다. 오토바이 폭주를 즐기며 하루를 보내던 주인공 카네다(이와타 미츠오 분)와 친구 테츠오(사사키 노조무 분)가 어느 날 같은 폭주족 크라운파와 대결을 벌이다가 테츠오가 정부군에게 끌려가게 되면서 벌어지는 사건을 그렸다. 카네다는 테츠오를 구하기 위해 반정부군의 일원인 케이(코야마 마미 분)에게 도움을 청하게 되고 그 사이 테츠오는 군의 연구 실험체가 되어 초능력에 각성하게 된다. 이로 인해 테츠오는 실험에 따른 고통과 초능력에 대한 두려움으로 군의 연구소에서 도망치게 되는데, 이때 본인의 능력을 마구 휘두르며 사실상 아무도 제어하기 어려운 상태까지 다다른다. 정부군의 연구소가 만든 또 다른 초능력 실험체인 25호(키요코, 이토 후쿠에 분), 26호(타카시, 나카무라 다츠히코 분), 27호(마사루, 카미후지 카즈히로 분)는 폭주하기 시작한 테츠오를 제어하기 위해 그동안 봉인되어온 절대 에너지 '아키라'를 깨우게 되고, 아키라와 테츠오 간의 힘겨루기 속에서 네오도쿄는 또 다른 붕괴와 새로운 시작의 국면에 접하게 된다.

〈아키라〉의 시작과 끝은 도시의 붕괴이다. 기존의 도쿄가 붕괴되는 장면으로 시작하는 화면은 이후 세워진 네오도쿄 또한 아키라의 봉인된 힘이 풀리면서 또 다시 붕괴를 맞는 결말로 이어진다. 원작인 만화의 내용에 충실해 지저분해진 또는 타락한 도시를 청소하고 새롭게 시작한다는 의미를 감독 나름대로 부여한 것이기도 하지만, 한편으로 원작과 다른 새로운 결말을 제시하는 게 더 낫지 않았을까 하는 아쉬움도 남는다. 이미 타락한 도시를 한번 붕괴시키고 새로운 네오도쿄를 건설했음에도 이 역시 별다른 희망을 보여주지 못하자 또 다시 이를 붕괴시키는 선택은 너무나 단순하고 비관적인 처리 방식이라는 생각에서다. 타락의 길을 향한 도시를 싹 밀어버리고 새롭게 도시를 정비했지만 이 또한 여전히 타락의 길을 향하고 있다면, 이를 또 다시 정리하는 행위 자체가 도시의 부흥 이유도 의미도 될 수 없기 때문이다. 즉 다른 관점에서 이를 바라보자면, 결말의 독창적인 해석은 회생 방식의 잘못된 선택 혹은 인간의 타락성에 대한 회고 정도로 결론지어도 좋겠다. 결국 원작자이자 감독인 오토모 가츠히로는 관객들에게 다소 페시미즘(pessimism)에 가까운 세계관 혹은 디스토피아(dystopia)적인 미래를 제시했다는 측면에서 논란에서 자유롭지 못할 듯하다.

하지만 또 다른 관점에서는 창조적 미래를 위해 엄청난 위기와 고통이 수반되고 그 체제의 파괴가 필요하다고 이야기하는 시각도 존재한다. 이런 시각은 영화 〈왓치맨〉(2009) 속 오지맨디아스(매튜 구드 분)의

오토바이 폭주를 즐기던 카네다는 어느 날 친구 테츠오가 정부군에게 끌려가게 되면서 오랫동안 봉인되어 있던 절대 에너지 '아키라'와 운명적으로 만나게 된다.

주장과 일맥상통하는 부분이기도 하다. 그럼에도 불구하고 필자가 이 의견에 전적으로 동조할 수 없는 이유는 체제의 파괴를 이루고 새로운 도시를 건설했음에도 〈아키라〉의 화면 어느 곳에서도 희망적인 청사진이 전혀 나타나지 않고 있기 때문이다. 약 2시간 동안 보여준 화면은 하나도 빠짐없이 우울하고 절망에 빠져 있는 모습뿐이다. 혹자는 인류 재생론에 기반을 둔 철학적 담론의 제시에 무게를 두기도 하지만, 오히려 1960년대 일본의 산업 성장기를 스크린에 반영시킨 감독의 의도로 설명하는 게 어쩌면 좀 더 타당한 해석이 아닐까 싶다.

제목에서도 나타나듯이 관객들은 아키라의 정체와 모습에 대한 기대가 클 것이다. 시종일관 모습을 보이지 않고 올림픽 경기장 아래에 갇혀 있었던 아키라는 급기야 조각난 몸으로 관객들을 첫 대면하게 된다. 하지만 영상의 마지막 장면까지 아키라는 기대에 미치지 못하는 모습을 보여주는데, 이를테면 테츠오를 기반으로 거대화를 이루며 서서히 그를 흡수하는 장면은 1990~2000년대 일본 애니메이션에 익숙한 현대 관객에게는 다소 식상한 표현이 아닐 수 없다. 인간을 흡수해 거대화를 이루는 상상력은 일본 애니메이션계의 거장인 미야자키 하야오의 작품들이나 아라키 테츠로 감독의 〈진격의 거인〉(2013), 그리고 영화 〈아이 엠 어 히어로〉(2015)의 원작 만화에도 자주 등장하는 장면이다.

제작 방식에 대해서도 이야기해볼 필요가 있겠다. 〈아키라〉에 대한 정보를 검색해보면 전통적인 '셀 애니메이션'이라는 단어를 쉽게 찾을 수 있다. 셀 애니메이션은 우리가 어릴 적 쉽게 접할 수 있었던 셀룰로오스 아세테이트로 만들어진 투명판 위에 그림을 그려 이를 덧대어 애니메이션 효과를 만드는 방식을 말한다. 각각의 투명판 위에 연속적인 그림을 그린 후 이를 카메라로 촬영해 재생하는 방식인데, 정지 화면은 그대로 놔두고 움직이는 부분만 다시 그리면 되기 때문에 비교적 제작이 용이하다는 장점이 있다. 〈아키라〉가 기술적인 측면에서 높은 평가를 받는 이유는 현대의 디지털 기술력과 비교해 당시 상대적으로 열악한 제작 환경에 놓여 있었음에도 불구하고, 현재와 대비해 약 2~3배 분량인 무려 15만장 이상의 셀 화를 사용했다는 것과 애니메이션계에서 최대치라고 불리는 327가지의 색상이 활용되었다는 점 때문이다. 바로 이러한 기술적인 노력이 이 애니메이션을 재패니메이션의 역사이자 대표작으로 추켜세우는 이유이기도 하다.

그림의 화풍과 필체는 기존의 둥글둥글한 붓 터치가 아닌 조금은 날카롭고 직선적이다. 이는 1985년 설립되어 〈천공의 성 라퓨타〉(1986),

〈이웃집 토토로〉(1988), 〈모노노케 히메〉(1997), 〈벼랑위의 포뇨〉(2008) 등으로 유명한 지브리 스튜디오의 애니메이션과 차이를 보이는 부분이기도 하다. 하지만 〈아키라〉는 다카하타 이사오, 하야카와 케이지와 함께 미야자키 하야오 감독의 대표작인 〈미래소년 코난〉(1978)에서도 어느 정도 엿볼 수 있는 익숙함이 존재하는데, 이는 작화의 필체보다 주제가 이끌어가는 역동성에 주안점을 두는 게 타당하겠다. 그럼에도 두 작품을 굳이 같은 선상에 놓자면 필자는 〈아키라〉의 표현력이 좀 더 고급지고 현실감 있으며 세밀한 특징이 있음을 평가하고 싶다.

뿐만 아니라 현 시점에서 바라봤을 때 〈아키라〉가 셀 애니메이션임을 감안해 어색한 움직임과 낮은 화질을 인정한다 할지라도, 이야기를 이끌고 가는 등장인물의 움직임과 표정, 그리고 도시의 배경 등이 타 애니메이션과는 달리 좀 더 강하고 다채로우며 리얼리티를 구현하고자 노력하고 있다는 점을 살펴볼 필요가 있다. 더군다나 1988년 시점에서 상상한 2019년의 미래는 분명 현실과 비교해 화려하고 역동적임을 감안했을 때, 그러한 상상력의 표현이 〈아키라〉의 붓 터치에 영향을 미치지 않았을 수 없다고 본다. 앞에서도 얘기했듯이 〈아키라〉는 셀 애니메이션 방식과 327가지 색상의 사용 등 당시에는 어마어마한 제작비를 투입한 거대 작품임은 분명하지만, 현재의 시점에서 이를 감안하고 시청해도 관객들의 눈높이는 이미 너무나 높아져 버렸기 때문이다.

사실 이 작품에 대한 관객과 평론가들의 찬사에 비해 스토리의 단순함은 개인적으로 아쉬운 부분이 아닐 수 없다. 앞에서 언급한 것처럼 타락한 도시가 붕괴되고 새롭게 세워진 도시 또한 여전히 타락한 채 현실을 벗어날 구멍은 그 어디에도 보이지 않는다. 아이들은 너무나 쉽게 청춘의 시기를 길바닥에 버리고 살아가고 있다. 그러한 사회 속에서 정부는 극비리에 초능력 실험을 시도하지만 이에 대한 배경 설명은 턱없이 부족하다. 결국 극 중에서 아키라로 불리는 절대 에너지는 타락한 문명에 대한 청소년들의 반항심이 표출된 것이라 하겠다. 이는 반정부군의 일원으로 활동하는 케이의 대사에 묻어난다.

"아키라는 절대 에너지를 의미해. 파충류, 물고기, 플랑크톤, 아메바에도 큰 에너지가 있을 테지. 우주의 먼지가 있었다면 어떤 기억을 가지고 있었을까. 뭔가 잘못되어 아메바 같은 것이 인간과 같은 힘을 갖게 된다면…."

오토모 가츠히로 감독의 애니메이션 〈아키라〉는 미래 사회에 대한 디스토피아적 시각과 기존 체제에 대한 반항을 사실적으로 묘사하고 있다는 점에서 분명 뛰어난 성과를 보여주었다. 하지만 이는 사회 전환적인 관점을 배경에 깔고 있다는 측면에서 좀 더 세부적인 논의가 뒤따라야 할 것이다. 미래 사회를 디스토피아적인 시각으로 세밀하게 묘사하면서도 체제의 전환을 통해 희망적인 유토피아적 이상을 지향하고 있음은, 〈아키라〉가 표현하고자 하는 이상주의의 정체성을 다소 흐리게 만드는 대목이기도 하다.

그럼에도 불구하고 〈아키라〉가 보여준 기술적인 도전과 진보, 화려한 색채와 정교한 표현력 등은 애니메이션 역사에 한 획을 그을 정도의 강렬함을 보여주었다. 이후부터 지금까지 제작되는 모든 애니메이션들은 〈아키라〉가 남기고 간 인상을 뛰어넘기 위한 도전을 시도해야 할 것이다. 관객의 입장에서 〈아키라〉의 충격 속에서 벗어날 그날을 기다린다는 건 어쩌면 재미있고 흥분되는 일이 아닐까.

공포와 진실을 향한 접근

인 다크니스(2017)

흔히 얘기하는 '스릴러'가 성공하기 위해서는 삼박자를 고루 갖춰야 한다. 누구도 눈치 채기 힘들 만큼 '치밀한 시나리오'와 긴장감을 스크린에 그대로 유지시키는 '배우의 연기력', 그리고 기존의 식상함을 없애줄 '감독의 연출력'이 바로 그것이다. 대부분의 장르가 이러한 요소들을 필요로 하겠지만, 굳이 스릴러 장르가 이 세 가지 요소를 반드시 필요로 한다고 주장하는 이유는 관객에게 단순히 스토리를 전달하는 게 목적이 아니라, 관객들의 긴장감을 극대화하기 위한 분명한 목적을 가진 장르이기 때문이다. 즉, 단순한 스토리텔링보다는 스크린 속 모든 요소들을 총동원해 관객들로 하여금 그 분위기를 온몸에 젖어들게 만들 수 있는 또 다른 무언가를 필요로 한다고 표현해도 될 것 같다. 이런 관점에서 이 영화를 얘기했으면 한다. 〈왕좌의 게임〉 시리즈로 우리에게 익숙해진 배우 나탈리 도머가 제대로 된 무게감을 표출해냈다. 영화 〈인 다크니스〉(2017)이다.

영화는 시각장애인이자 피아니스트인 소피아(나탈리 도머 분)가 평소 자신의 위층에 살며 데면데면했던 베로니카(에밀리 라타이코프스키 분)와 어느 날 우연히 마주치고, 그녀가 소피아의 주머니에 비밀이 담긴 USB를 넣은 후 그날 저녁 자신의 집에서 추락해 자살하는 장면에서 시작한다. 이후 소피아는 베로니카가 보스니아 내전의 학살 전범인 라디치(잰 비즈 보엣 분)의 딸인 걸 알게 되고, 자신에게 남겨진 USB를 찾기 위해 형사들은 물론 러시아 마피아까지 그녀의 주변을 배회하게 되면서 벌어지는 사건을 그리고 있다.

여기서 흥미롭게 바라봐야 하는 사실이 몇 가지 있다.

첫째는, 그녀가 '시각장애인'이란 사실이다. 필자의 기억에 시각장애인을 등장시켜 공포를 그려낸 스릴러물로 〈맨 인 더 다크〉(2016)가 있다. 시각장애인의 관점에서 공포를 나타내기보다는 그 반대의 입장에서 공포를 느끼는 과정을 새롭게 표현했다는 점에서 나름 관객들의 높은 평가를 받은 작품이다. 반면, 〈인 다크니스〉는 철저하게 시각장애인의 관점에서 영화를 그려나가고 있다. 사건이 어떻게 진행될지 아무것도 모르는 주인공 소피아가 자신을 중심으로 앞으로 벌어질 일들에 대한 날카로운 긴장감을 어떻게 처리할 것인지 이에 대한 관점을 제3자인 관객의 입장에서 제대로 읽을 수 있도록 표현하고 있다 하겠다.

둘째는, 이 영화가 '복수'라는 일반적인 주제를 이야기하고 있다는 사실이다. 복수는 스릴러물의 대표적인 주제로서 현대 관객들에게 매우 식상한 공식으로 다가갈 수 있다는 단점을 지닌다. 주인공을 둘러싸고 벌어지는 사건과 그 사건을 배경으로 주인공의 복수를 위한 풀이 과정을 화면에 담아 이를 관객들에게 강렬한 인상으로 표출시키는 스토리는 전형적인 스릴러의 공식으로 자리 잡았다. 이로 인해 관객들은 주인공의 행동과 대사 하나하나에 신경을 쓰면서 왜 이러한 행동을 하게 되는지, 이야기가 어떤 방향으로 흐르는지를 홀로 예측할 수밖에 없다. 이에 대한 아쉬움은 작품이 제대로 된 스토리텔링 구조를 형성하지 못한다는 측면에서 한편으로 관객들에게 신비감으로 다가가기도 하지만 다른 한편에서는 답답함을 가득 머금게 만드는 단점으로 작용하기도 한다.

셋째는, 앞서의 두 가지 요소를 한꺼번에 조합시켜 '복수'를 위한 사건의 중심에 '시각장애인'인 주인공을 그대로 앉혔다는 사실이다. 현대 관객들의 날카로운 시선에서 이를 있는 그대로 받아들일 것인지, 아니면 반전을 위한 하나의 요소로 의심을 하게끔 만들 것인지를 선택해야만 할 것 같다. 물론 반전 요소가 영화의 흥행을 뒤흔들 정도로 작용하지는 않지만 제대로 된 반전 영화들을 어설프게 따라했다가 좋은 결과를 가져오지 못한 경우도 많이 보았기 때문이다. 그런 점에서 이 영화는 분명 의심의 눈초리를 받을 만한 구조를 만들었다. 하지만 주인공이 복수의 칼날을 갈고 있다는 사실과 스토리 전개 과정에서 그녀의 정체가 스스로 드러날 만큼 직접적인 표현을 서슴지 않음을 고려할 때 이러한 요소들이 단지 반전을 이끌어내기 위한 목적으로 만든 건 아닌 것 같다.

배우 나탈리 도머는 이 영화를 통해 화려한 변신을 시도했다. 그녀의

시각장애인 피아니스트 역을 맡은 배우 나탈리 도머는 행동과 눈빛, 대사의 떨림 하나하나까지도 진짜처럼 보이고자 열연했다.

시각장애인 연기는 적어도 관객들에게 중반부가 지날 때까지 제대로 믿게끔 만들어야 했기 때문에 행동과 눈빛, 대사의 떨림 하나하나까지도 관객들로부터 완벽한 신뢰를 얻어야 했다. 분명 시각장애인이 아닌 연기를 하는 것 같다는 의심의 눈초리에도 불구하고 혹시나 진짜 시각장애인이 아닐까 믿게끔 만들어 주는 연기를 하고 있다고 해도 과언이 아니다. 그렇기 때문에 필자는 이 영화가 제대로 된 스릴러의 형태를 갖추고 있다고 생각한다. 그녀는 살인사건을 겪은 단순한 목격자의 입장이 아니라 적어도 뭔가 이유를 숨긴 채 복수의 칼날을 겨누고 있는 강한 원한을 가진 사람이라는 사실을 영화의 초반부터 드러내고 있다는 점에서 그 점은 더욱 강조된다.

이점에서 한 가지 아쉬움이 나온다. 영화는 앞에서 언급한 바와 같이 제대로 된 스릴러 공식을 갖추고 있지만, 균형적인 측면에서 배우 나탈리 도머 한 명에게 너무 치우쳐 있는 편이다. 스릴러의 공식을 이어가기 위해서는 적어도 스토리의 긴장감을 끊어짐 없이 지속적으로 전달할 수 있는 배우들의 열연이 반드시 전제되어야 한다. 하지만 이 영화의 스토리와 시선은 나탈리 도머 한 사람에게 지나치게 의존하는 경향이 강하다. 그러기에 나탈리 도머라는 배우 자체의 필모그래피만으로 너무나 무거운 짐이 아니었나 하는 진한 아쉬움이 남는다.

영화의 포스터와 제목에 대한 이야기를 하지 않을 수 없겠다. 필자가 자주 언급하는 영화의 '포스터'는 영화의 모든 내용을 전달하는 측면에서 꽤 중요한 역할을 한다. 이 영화의 포스터는 주인공 소피아의 얼굴을 측면에서 바라보며 그녀의 눈에 제대로 된 강렬한 스크래치를 내어 놓은 모습이다. 그리고 그 아래에 'Fear(공포)', 'Blinds(시각장애인)', 'The truth(진실)'라는 세 단어를 집어넣었다. 주인공 소피아가 다른 곳을 향해 시선을 돌리고 있지만, 마크(에드 스크레인 분)가 그녀를 주시하고 있음을 돌려서 표현하고 있는 측면과 그 속에서 눈이 보이지 않는 그녀를 간접적으로 언급해 공포와 진실 사이에 놓여 있는 현실을 제대로 표현하고 있다 하겠다. 하지만 이것이 영화의 제목과 어떤 관계가 있는지를 해석하라고 한다면 필자의 머릿속이 잠시 복잡해진다. 제목은 'In Darkness(어둠 속에서)'이지만 앞에서도 언급했듯이 실제 소피아는 시각장애인으로서의 연기를 제대로 해내고 있었기 때문이다. 그렇다면 그녀가 어둠 속에 놓여 있다는 사실은 무엇을 의미하고 어디에서 공포와 진실 사이를 방황하고 있는 걸까? 여기서 포스터를 자세히 한 번 더 들여다본다면 소피아의 눈이 정면을 응시하고 있는 걸 발견할 수 있을 것이다. 만약 본인이 포스터를 제작했다면 그녀가 시각장애인임을 쉽게 드러내기 위해 그녀의 눈을 감게 만들었을지도 모른다. 결국 포스터는 그녀의 정체를 간접적으로 드러내고자 표현함과 동시에 강렬한 스크래치를 통해 그녀가 제대로 된 시선, 즉 그녀가 알고 있는 것들이 진실이 아니라 채 보지 못하고 있는 무언가가 있음을 에둘러 표현하고 있다고 해석된다.

영화의 속도와 반전에 대해 관객의 호불호가 꽤 나뉘는 것 같다. 하지만 러닝 타임 내내 나탈리 도머를 중심으로 긴장감을 유지시키면서 이야기를 끌고 가는 연출은 제대로 된 작품을 탄생시켰다고 생각된다. 주목받은 반전보다 이야기의 전개 방식과 배우의 연기력, 그리고 색다른 긴장감을 만들어 낸 연출력을 맛볼 수 있다는 점에서 이 영화의 매력이 더욱 풍성하게 느껴질 것이라 확신한다.

아직 늦지 않았다

데드 돈 다이(2019)

공포 영화에서 좀비는 이제 흔하디흔한 소재가 됐다. 때로는 공포 요소로 전염성을 경계하기도 하고, 때로는 인간의 무분별한 생체 실험에 경각심을 던지는 경우도 있었다. 어떤 방향이 되었든 간에 관객들의 입장에서 좀비가 던져주는 공포는 이제 더 이상 먹히지 않는 시점에 다다른 것 같다. 제작자 입장에서도 좀비란 소재는 활용 가치가 떨어진 소재가 됐다. 이런 시점에서 미국 독립영화계의 거물인 짐 자무쉬가 이미 식상해진 좀비를 꺼내들었다는 건 새로운 의미로 다가온다. 미장센과 메타포에 능한 감독이기에 할리우드 식 공포 효과에 초점을 맞춘 좀비라는 한물간 소재를 어떤 방식으로 풀어냈을지 매우 궁금해지기 때문이다. 짐 자무쉬 감독 특유의 향기가 물씬 배어 있는 영화, 〈데드 돈 다이〉(2019)를 얘기해볼까 한다.

영화는 평화로운 센터빌 마을 이곳저곳을 둘러보는 화면으로 시작한다. 마을 사람들은 일상에서의 평화로움을 즐기지만 어느 날 갑자기 저녁 시간이 넘도록 날이 저물지 않는 이상 현상이 발생한다. 이와 함께 라디오에서는 극지대의 수압 파쇄 시추공법이 지구의 자전축을 건드렸다는 뉴스가 흘러나오고, 결국엔 그 영향으로 마을 안 공동묘지의 시체들이 하나둘씩 깨어나면서 마을에는 한바탕 좀비 소동이 벌어진다.

영화는 이처럼 초반부터 상식적으로 이해하기 쉽지 않은 사건을 소개하며 다양한 인물군들을 관객들에게 선보인다. 마을에서 발생하는 이상 현상을 설명하기 위한 목적이라기보다는 향후에 벌어질 좀비 소동에 대한 부담을 덜어주기 위해 마을 사람들을 사전에 관객들에게 소개하려는 목적이 크다고 하겠다. 클리블랜드에서 온 것으로 추정되는 젊은 여행객들을 비롯해 식당에서 대화를 나누는 프랭크(스티브 부세미 분)와 행크(대니 글로버 분), 그리고 장의사인 젤다(틸다 스윈튼 분)까지, 이들을 중심으로 앞으로 발생할 일들을 설명하기 위한 사전 포석이라고 생각해도 좋을 것이다.

이 작품은 공포를 다룬 좀비 영화치고는 매우 조용하고 차분하게 시작하면서 초반 시간을 지루하게 흘려보낸다. 이는 일반적인 공포물이 안겨주는 손에 땀을 쥐게 만드는 긴장감과는 사뭇 다른 부분으로 잔잔하게 이끌고 가는 긴장감이 일반적인 좀비물과는 차이점을 보인다. 어쩌면 관심과 이목의 집중보다는 영화의 목적 자체가 공포감 조성이 아닌 메시지 전달에 초점이 맞춰져 있다고 해석하는 것도 좋겠다. 이는 계속해서 흐르는 스터질 심슨의 음악 '데드 돈 다이'와 로니(아담 드라이버 분)가 지겹도록 얘기하는 '결국엔 끝이 안 좋을 것'이라는 얘기와도 연관성이 높은 부분이다.

영화는 인디 영화의 거장인 짐 자무쉬 감독답게 독특한 메시지를 많이 담아냈다. 다른 한편으로는 곳곳에 유머와 해학을 함께 집어넣어 차분한 이미지를 넘어서고자 노력하는 모습을 보여주기도 한다. 그 예로 클리프(빌 머레이 분)는 로니가 계속 지껄이는 '결국엔 끝이 안 좋을 것'이라는 얘기에 민감한 반응을 보이는데, 답답함에 화가 난 나머지 소리를 지른 후 왜 그렇게 끝이 안 좋을 것으로 확신하느냐고 묻는다. 그의 질문에 로니가 이미 대본을 다 읽었다고 어이없게 대답하는 장면은 짐 자무쉬 감독 특유의 재치가 아닐 수 없다. 한쪽은 감독 짐으로부터 통대본을 받아 결말을 이미 읽어버렸고 다른 한쪽은 쪽대본을 받아 결말을 모른 채 대화를 나누는 우스꽝스러운 장면은 진지하면서도 피식 실소가 나오게 만들어 관객의 입장에서 당황스러우면서도 황당한 코믹 장면으로 남게 된다.

이런 상황은 영화 속 등장인물들이 모두 당황스럽고 황당한 일들을 겪으면서도 천연덕스럽게 태연함을 유지하는 모습에서도 그 내막을 읽을 수 있는 배경이 되기도 한다. 뿐만 아니라 모두들 이 사건의 원인이 좀비 짓이라는 얘기를 아무렇지 않게 하는데, 다들 좀비를 너무 자연스럽게 생각해내고 이들은 너무 자연스럽게 무덤에서 살아나고 또 마을 사람들 또한 갑작스레 등장한 좀비들을 너무 자연스럽게 상대하는 점 또한 그렇다. 일반적인 영화와는 전혀 다른 맥락과 구성으로 독특한 메

로니는 끝이 안 좋을 거라고 끊임없이 이야기하여 클리프의 심기를 계속 건드린다.

시지를 제시하고 있다는 생각이 들 수밖에 없다.

영화에서 메시지를 위한 역할을 언급할 수 있는 인물은 두 명이다. 그건 바로 관찰자로 판단되는 은둔자 밥(톰 웨이츠 분)과 마을의 장의사인 젤다이다. 은둔자 밥은 현대 문명을 멀리한 채 숲에서 머물며 마을을 관찰하는 역할을 맡았다. 지구에 이상 현상이 벌어지자 모든 동물들이 안전한 숲으로 몰려드는데 결국 영화 속에서 '숲'이란 인류의 손때가 묻지 않은 자연 그대로의 삶을 의미한다는 점에서 가장 안전한 곳을 의미하는 대표적인 장소이다. 장의사인 젤다 또한 이와 유사한 역할이다. 장의사치고는 칼을 잘 휘두르며 좀비들의 공격을 이리저리 잘 피해 다니는 독특하면서도 궁금증을 유발시키는 역할을 맡았다. 마지막 장면의 유에프오의 등장과 이어진다는 점이 결국은 그녀 또한 은둔자 밥과 유사한 위치를 차지하고 있다고 해석해도 될 듯하다.

좀비들은 모두 어느 한 물건 또는 한 곳에 집착하며 돌아다닌다. 사탕, 커피, 장난감, 와이파이, 블루투스, 진통제, 신경제 등이다. 결국 영화의 메시지는 현대 문명에 대한 강렬한 비판이다. 많은 이들이 이러한 현대 문명에 빠져 마치 좀비처럼 하루를 살아가고 있기 때문이다. 커피를 마시고 와이파이와 블루투스를 이용해 죽어라 일을 하고, 몸을 아프게 만든 후 각종 진통제와 신경제 등을 찾아다니는 것은 결국 인간이 정말 가치 있는 것에 가치를 두는 것이 아니라 행복과는 거리가 먼 것에 너무나 집착하고 있음을 에둘러 표현하고 있는 것이라 하겠다. 결국 마을의 안전지대는 '숲'이다. 자연과 가장 가까이 있는 바로 그곳이다. 그리고 현대 문명을 뛰어넘는 유에프오의 등장에도 불구하고 젤다가 총이 아닌 칼을 이용하는 모습 등은 이를 뒷받침하는 좋은 예라고 볼 수 있다.

식상하고 흔한 좀비 영화에 의미를 부여하는 건 쉬운 일이 아니다. 이 영화는 이미 살아가고 있는 사람들을 애써 좀비로 표현했다. 물질만능주의에 빠져 무엇을 위해 살고 있는지 그 방향도 모른 채 살아가고 있는 이들을 좀비로 표현한 것이다. 좀비들이 살아있을 때 했던 일들을 되풀이하고 있는 건 영화 〈아이 엠 어 히어로〉(2015)의 구성을 빌려왔다. 그들의 머리를 자르면 해결된다는 건 살아있을 때의 기억을 없앤다는 의미이다. 경찰서에서 나눈 대화에서 작전을 수행한 후 나중에 다시 공동묘지에서 만나자라는 얘기를 나누는 것도 사람이 원래 공동묘지로 돌아가게 되어 있다는 걸 표현한 말이다. 서로가 차이가 있는 삶을 살아간다 한들 결국엔 흙이 되어 돌아갈 수밖에 없는 게 우리의 삶이라는 뜻을 돌려서 얘기하고 있다 하겠다.

감독 짐 자무쉬는 이 작품을 통해 '좀비'를 물질주의에 빠진 인간들의 잔해라고 표현했다. '죽은 자들이 오늘은 죽기 싫은 모양이군.'이라는 대사는 많은 의미를 내포하고 있다. 이미 살아있는 사람들을 죽은 자로 묘사했기 때문이다. 실제 죽지 않았더라도 영혼을 팔아 황금과 물질을 산 사람들을 이미 죽은 자로 칭했다. 그들이 죽어 있었음에도 오늘은 죽기 싫어서 난리라고 표현한 대사는 관객들에게 나름의 메시지를 전달하고 있다. 영화는 그럼에도 불구하고 스터질 심슨의 노래를 통해 계속해서 '죽지 마'라고 외쳐대고 있는데, 이처럼 겉으로 좀비물임을 드러내고 있지만 반드시 공포 요소를 포함하지 아니하고 메시지를 함축시키고자 노력하고 있음은 이 영화의 가치를 높여주는 좋은 요소가 된다. 짐 자무쉬는 식상해져버린 '좀비'라는 소재를 통해 일반적이고 명료한 깨달음을 전달하고자 했던 것 같다. 그렇다, 아직 늦지 않았다. 거장의 메시지가 이처럼 무겁게 다가오는 것도 다 이유가 있다.

엉뚱하고 답답한 삶의 선물

어 퍼펙트 데이(2016)

지인이 내게 영화 한 편을 소개하며 말했다. 사건이 뒤죽박죽 얽혀 엉뚱한 방향으로 흘러가지만 등장인물의 개성과 사건 해결의 방향이 제법 틀을 잡고 있어 꽤 재미있는 작품이라고 말이다. 당시에는 영화에 대한 정보가 부족해 대화를 이어가기가 쉽지 않지만 영화를 보고 나서는 어느 정도 이에 대한 생각이 확고해졌다. 그의 말에 전반적으로 동감한다는 얘기다. 한 가지 덧붙이자면 이 영화는 지금은 관객들에게 익숙해진 여러 배우들이 대거 투입되면서 구성원들의 시너지 효과를 쉽게 기대하지만, 각자의 색깔이 확연히 달라 섞이기가 힘든 모습을 보이기도 했다는 것이다. 다시 말해 작품의 완성도는 뛰어나지만 배우들에게 그

공을 돌리기보다는 개인적으로 감독의 연출력에 찬사를 보내는 바이다. 아니나 다를까 역시 각본에도 수차례 손을 대어본 바 있는 감독이 연출을 맡았다. 2002년 〈햇빛 찬란한 월요일〉로 산세바스티안국제영화제 황금조개상을 받고 본 영화로 2016년 고야상 각색상을 수상한 스페인의 페르난도 레온 데 아라노아 감독의 〈어 퍼펙트 데이〉(2016)이다.

영화의 배경이 되는 보스니아 내전은 유고연방이 해체되는 과정에서 보스니아계(이슬람교), 세르비아계(세르비아 정교), 크로아티아계(가톨릭) 사이에서 벌어진 민족적, 종교적 반목이 불러온 참사이다. 1995년 미국의 데이튼에서 평화협상이 체결될 때까지 20만 명 이상의 희생자와 약 230만 명의 난민을 만든 것으로 잘 알려져 있다. 영화는 전쟁 후유증에서 채 벗어나지 못하고 있는 어느 마을에 유일한 식수원인 우물 속에 시체 한 구가 빠지게 되면서 한시라도 빨리 물의 오염을 막고자 투입되는 NGO 구호단체요원 맘브루(베니치오 델 토로 분)와 B(팀 로빈스 분)의 좌충우돌하는 하루를 다루고 있다.

필자는 처음에 배우 베니치오 델 토로의 등장이 이 영화의 색깔에 꽤 어울린다고 생각했었다. 그 이유는 보스니아 내전은 치열한 전투가 곳곳에서 벌어지는 살육의 전쟁터이고 베니치오 델 토로의 대표작은 우리에게 너무나 익숙한 〈시카리오〉 시리즈(암살자의 도시, 2015; 데이 오브 솔다도, 2018)이기 때문이다. 전작의 화면 속 모든 공간이 전장(戰場)의 긴장감을 대변해주고 있고 그 속에서 차가운 두뇌 싸움과 화려한 총격전을 보여줬다는 점에서, 보스니아 내전을 배경으로 구호활동을 펼치는 그의 모습이 익숙하게 받아들여질 수 있다고 생각했다. 하지만 다른 한편으로 이와는 상반된 색깔을 가진 팀 로빈스와의 조화가 어떤 모습으로 표현될지 궁금하기도 했던 게 사실이다.

여기에 말하고자 하는 바가 담겨 있다. 제각기 특유의 색깔로 화려함을 뽐내는 요소들이 한데 어울려 적절한 조화를 나타낼 수 있을지에 대한 이야기 말이다. 뛰어난 필모그래피를 자랑하는 배우들을 떠올리면 관객들의 기대치는 당연히 높아질 수밖에 없다. 그런 점에서 스토리 리더로서의 이들의 역할은 필자의 시선에서는 적절한 캐스팅이었다고 생각된다. 〈시카리오: 암살자의 도시〉에서 쉽게 눈빛이 흔들리는 케이트 메이서(에밀리 블런트 분)와 환상의 호흡을 선보인 베니치오 델 토로는 복수의 일념으로 시종일관하는 냉철한 캐릭터를 열연한 바 있다. 마치 먹잇감을 노리는 하이에나의 차가운 눈빛처럼 말이다. 반면 팀 로빈스는 다들 알다시피 처절한 사투를 거치고 살아남은 생존자이다. 그의 이름은 대표작 〈쇼생크 탈출〉(1994)의 그늘에서 아마도 죽을 때까지 벗어날 수 없을 것이다. 바로 이러한 점 때문에 필자는 이야기를 이끌고 가는 두 사람의 역할에 전혀 의문을 달지 않았다. 적어도 영화의 초반까지는 그러했다.

하지만 영화가 중반으로 접어들면서 한 가지 사실을 간과했다는 걸 알게 됐다. 이 영화는 어떤 일들이 어떠한 방향으로 어떻게 나아갈지 그리고 어떻게 해결될지에 대해 쉽게 갈피를 잡기 힘든 전개를 보여주고 있다는 것이다. 다시 말해 영화는 전장 속에서 벌어지는 구호행위를 보여주면서 어떤 일이 발생할 거라는 기대감과 배경에서 뿜어져 나오는 긴장감을 함께 선사하고 있지만, 그럼에도 불구하고 일이 언제 어떻게 해결될지에 대한 미적거림을 동시에 내포하고 있다. 그마저도 관객들이

NGO 구호요원인 맘브루는 꼬리에 꼬리를 물고 벌어지는 답답한 사건들 속에서 '완벽한 하루'를 만들어 내기 위해 고군분투한다.

가진 끈끈한 긴장감을 이어나가기 위한 미장센으로 해석한다면 할 말이 없지만 말이다. 어쨌든 머피의 법칙이 따로 없듯이 계속해서 이리저리 꼬여버리는 사건들은 마치 물과 기름처럼 필자가 기대했던 배우 베니치오 델 토로와 팀 로빈스의 적절한 조화를 방해하는 요소로 작용한다.

　이 영화를 한마디로 표현하자면 '풍요속의 빈곤'이라고 해도 좋겠다. 열심히 최선을 다해 사건을 해결하고자 노력했지만 오히려 엉뚱한 방향으로 일이 흘러가다가 또 엉뚱한 방향으로 해결되어버리는 그런 엉뚱한 이야기. 캐릭터 각각의 개성이 뚜렷하고 그들이 모여 나름의 개성을 뽐내지만 그럼에도 불구하고 배우들의 연기와 전체 이야기가 조화를 이루지 못하고 겉을 맴도는 듯한 진한 아쉬움이 남는 그런 영화. 바로 이런 수식어와 설명이 적절한 영화가 아닐까. 그렇다고 이 영화에 대한 필자의 평가가 부정적인 측면으로만 치우친 건 분명 아니다. 스토리를 풀어가는 과정이 뚜렷하기보다는 무언가 계속 질질 끌어내려 하는 것들이 눈에 보이면서 조금은 억지스러운 면이 보였을 뿐, 그 과정에서 관객과 소통하고자 지속적으로 메시지를 던지고 있는 연출력이 돋보이고 있는 점은 개인적으로 높은 점수를 주고 싶다.

글의 서두에서 작품의 완성도가 뛰어나지만 배우들의 연기보다 감독의 연출력에 찬사를 보낸다고 얘기했던 바로 그 이유이다. 필자가 이렇게 설명하는 이유를 몇 가지 들어보자. 이 영화에는 감독 특유의 미장센이 풍부하게 얽혀 있다. 예를 들어 머피의 법칙과 같이 뭔가 계속해서 꼬여버리는 사건들을 뒤로 하고 '비만 내리지 않으면 괜찮을 것'이라는 B의 말이 입에서 나오기가 무섭게 빗방울이 후드득 쏟아지는 장면을 얘기할 수 있겠다. 여기서 내리는 '비'를 다양한 측면에서 해석할 수 있는데, 오랜 전쟁으로 메마른 땅을 촉촉하게 씻어주는 역할, 요원들이 24시간 동안 고생한 노고를 씻어주는 역할, 전쟁 후유증에 지쳐 고통 받고 있는 주민들의 슬픔을 표현하는 눈물, 마지막으로 우물 속에서 시체를 끌어 올려주는 표면적인 우연한 도움 등이 그것이다. 뿐만 아니라 영화는 화면 속 사건과 사물들에 나름의 의미를 부여해 관객들의 감정을 고조시키고자 노력하기도 한다. 배경이 전쟁터라는 이유 때문도 있겠지만 이를테면 도로 한 가운데 놓여 있는 소의 시체, 니콜라(엘다 로지도빅 분)의 공, 니콜라에게 건네 준 맘브루의 숨겨놓은 비상금 등이 그러한 것들에 해당한다. 이와 같은 요소 때문에 영화를 찬찬히 살펴보면 볼수록 꼬여만 가는 사건들과 무대 위에 놓여 있는 캐릭터의 개성과 역할 하나하나가 마치 이 영화를 '블랙 코미디'로 바라보게끔 만드는 이유가 된다고 할 수 있겠다.

다음으로 화면 곳곳에서 끊임없이 이어지는 긴장감을 들 수 있다. 총을 들고 다니는 소년들이 공을 빼앗아 가는 모습은 전쟁 참사가 남긴 어두운 후유증이다. 아직까지 잔류하고 있는 UN군들의 모습과 행위는 긴장감을 계속 이어가는 요소가 된다. 또한 도로 위 소의 사체 어딘가에 묻혀 있을지도 모르는 지뢰의 존재 역시 관객들에게 적당한 긴장감을 던져준다. 밧줄을 구하기 위해 우연히 일행에 합류시킨 니콜라의 집에서 알게 된 니콜라 가족의 비밀과 도시의 참상이 보여주는 전쟁의 비극 등은 굳이 사건의 발단이 되는 우물 속 시체까지 언급할 필요 없이 화면에서 보이는 모든 것들이 허투루 준비된 것이 아니라는 사실을 대변해 주고 있다.

마지막으로 베니치오 델 토로와 팀 로빈스의 구성을 조화롭게 만들기 위해 투입한 균형적 구성원들을 언급할 수 있겠다. 앞에서 언급한 바와 같이 필자의 사견으로 영화의 스토리에 비춰볼 때 두 배우의 캐스팅은 단면적으로 분명 어울리는 조화를 보인다고 생각하기엔 무리가 따른다. 두 사람 모두가 각자의 개성이 뚜렷한 배우임에도 불구하고 그 개성이 영화 속에서 제대로 묻어나오지 않기 때문이다. 그렇기 때문에 감독은 이 구성의 완성도를 효율적으로 높이기 위해 두 사람 사이에 거리감을 두게 만들고 각각의 개성을 자유롭게 표현할 수 있도록 역할에 알맞은 조연을 투입했다. 카티야(올가 쿠릴렌코 분)와 다미르(페자 스투칸 분)가 바로 그러한 역할이다. 물론 소피(멜라니 티에리 분)와 니콜라도 사건을 이끌고 가는 데 감초 역할을 톡톡히 하고 있지만, 두 사람이 가진 개성을 자연스럽게 드러내는 데 이들이 어울리는 역할을 맡고 있는 인물들이라는 점에서 좋은 구성이라는 생각이다.

하루 종일 답답한 사건들만 발생하는 데 비해 영화의 제목인 〈어 퍼펙트 데이(A Perfect Day)〉는 마치 이를 비웃기라도 하듯이 '완벽함'을 드러내고 있다. 감독 특유의 위트가 드러나는 요소가 아닐 수 없다. 답답하고 속이 터지는 상황이지만 결국 모든 상황들이 웃음으로 마무리될 수 있는 그런 하루, 어쩌면 진정으로 탁월한 제목이라는 생각이다. 여기에 귀에 간간이 들려오는 흥이 넘치는 O.S.T. 또한 이러한 제목에 어울릴 만한 리듬을 들려준다. 페르난도 레온 데 아라노아 감독은 스크린을 통해 단순히 전쟁의 참상을 대변하려 했던 게 아닌 듯하다. 만약 그런 목적이었다면 차라리 처음부터 총알과 피가 난무한 제대로 된 전쟁영화를 찍는 게 더 나았을 것이다. 그는 오히려 전쟁의 참혹한 후유증속에서 구호활동을 하는 이들이 하루 동안 겪는 우여곡절을 통해 사람들이 살아가는 삶의 진솔한 모습을 드러내려 애썼다. 힘들고 어처구니없는 삶이지만 그 속에 웃음이 존재하고 복잡했던 일들이 단순한 해결책으로 풀어져가는 정말 이해되지 않는 엉뚱한 사건들을 화면 속에 담아냈다. 이를 통해 관객들에게 허탈한 웃음과 함께 삶을 살아가는 방식이 이러한 것이라는 해답(解答)을 보여준다. 혹시 이것이 정답(正答)이 아닐지라도 적어도 삶을 헤쳐 나가는 해답은 될 수 있다는 단순하고도 명료한 명제를 던져주면서 말이다.

오마주의 새로움과 가치

좋은 놈 나쁜 놈 이상한 놈(2008)

　영화를 보다보면 가끔씩 어디선가 본 듯한 장면들을 만날 때가 있다.
만약 감독이 그 장면을 의도적으로 연출했다면 이는 원작에 대한 오마
주(hommage)일 가능성이 높다. 오마주는 영화에서 다른 작품에 대한
존경의 의미로 주요 장면이나 대사 등을 인용하는 것을 일컫는다. 〈라라
랜드〉(2016)의 화려한 오프닝 시퀀스에서 〈로슈포르의 숙녀들〉(1967)
을 오마주한 것이라든가, 아카데미 작품상을 수상한 바 있는 영화 〈문라
이트〉(2016)가 왕가위 감독의 영화 〈화양연화〉(2000)의 색감과 구도 등
에서 영향을 받은 것 등이 이에 해당한다. 이는 잘 알려진 원작을 비틀
어 풍자적으로 새로운 메시지를 만들어내는 패러디(parody)와는 또 다

른 의미이다. 이처럼 오마주는 관객들에게 익숙한 장면을 선보이면서도 새로운 의미로 재해석해, 전작에 대한 존경을 드러내는 일종의 연출 장치이다. 이러한 오마주를 작품 전체에서 대놓고 드러낸 영화가 한 편 있다. 누가 봐도 원작이 떠오르지만 단순한 '따라하기'가 아닌 철저한 재해석을 통해 원작에 대한 존경심을 표현했다. 영화 〈달콤한 인생〉(2005)으로 한국판 느와르를 구축하였으며, 이 영화를 통해 한국판 웨스턴 무비를 제대로 구현했다는 평가를 받은 김지운 감독의 영화 〈좋은 놈 나쁜 놈 이상한 놈〉(2008)이다.

영화는 1930년대 만주의 격렬한 모래판을 배경으로 한다. 그 속에서 보물이 묻혀 있는 곳을 알려주는 것으로 추정되는 한 지도를 두고 젊은 혈기의 세 남자가 달려드는 정통 웨스턴 무비를 그리고 있다. 친일파 조선인 갑부인 김판주(송영창 분)로부터 지도를 이용해 돈을 벌어들일 목적으로 의뢰를 받은 박창이(이병헌 분)가 지도 회수를 위해 열차에 올라타는 것으로 영화의 긴 여정이 시작된다. 이와 함께 독립군으로부터 의뢰를 받은 박도원(정우성 분)도 열차에 올라타게 되는데, 정작 카네마루로부터 지도를 가져가는 이는 박창이도 박도원도 아닌 윤태구(송강호 분)이다. 우연히 지도를 얻게 된 윤태구는 지도가 보물이 묻혀 있는 곳을 알려주는 것이라는 사실을 알게 되고, 이를 박창이와 박도원이 뒤쫓게 되면서 영화는 한국판 웨스턴 무비의 서막을 열게 된다.

타이틀에서도 알 수 있듯이, 이 작품은 세르지오 레오네 감독의 1966년 작인 〈석양에 돌아오다〉(1966)를 드러내놓고 오마주했다. 원작은 〈The good, The bad, and The ugly〉라는 제목으로, 김지운 감독의 〈좋

윤태구(송강호 분)는 화면 속에서 잦은 실수와 허점투성이의 인물로 비춰지지만 과거 그는 일명 '손가락 귀신'이라 불렸던 전설의 인물이었다.

은 놈 나쁜 놈 이상한 놈(The good, The bad, The weird)〉과 매우 유사하다. 뿐만 아니라 모든 구성이 원작과 닮아 있다. 영화 〈석양에 돌아오다〉는 미국의 남북전쟁을 배경으로 블론디(클린트 이스트우드 분), 센텐자(리 밴 클리프 분), 투코(엘리 웰라치 분) 세 사람이 돈주머니가 묻힌 비밀의 장소를 찾아 목숨을 담보로 결투를 벌이는 내용을 담고 있기 때문이다.

　구성도 구성이지만 각각의 장면들은 물론, 마지막 세 사람의 삼각 결투 장면까지 제대로 원작을 오마주해 원작이 가진 긴장감을 고스란히 표현하고자 노력했다. 더군다나 이 작품은 원작을 잘 모르더라도 영화의 재미에 푹 빠져들 수 있게끔 충분한 배경을 잘 차려놓았다. 1930년대

만주 벌판을 배경으로 한 세 남자의 이야기는 신선한 스토리에 각각의 캐릭터에 대한 역할까지 제대로 부여했다. 현상금 사냥꾼인 박도원은 훌륭한 외모와 총 솜씨로 일명 '좋은 놈'을 대표한다. 마적단 두목으로 이름을 날리고 있지만 아픈 과거에 매여 있는 박창이는 '나쁜 놈'을, 그리고 조금은 엉뚱하지만 실속은 제대로 차리고 있는 윤태구는 '이상한 놈'으로 표현해, 구성이 전혀 어색하지 않게끔 했다. 여기에 원작을 잘 알고 있는 관객이라면 그와 유사한 구성을 지닌 이 작품을 통해 원작과의 직접적인 비교가 가능하다는 점에서 영화를 관람하는 색다른 재미 또한 얻을 수 있다 하겠다.

여기에 영화는 원작을 그대로 카피하지 않고 내용을 약간씩 비틀어 새로운 해석을 시도하는 데 주저하지 않았다. 사실 '좋은 놈'을 대변하고 있지만 박도원의 화려한 외모와 액션에도 불구하고 실제 관객들이 주안점을 두게 되는 인물은 윤태구라는 점, 여기에 박창이가 악역을 대표하고 있지만 그의 아픈 과거를 부각시켜 완벽한 '나쁜 놈'을 만들어내지는 않은 점 등이 바로 그것이다. 원작과 비교해 왜 군이 'The good'과 'The bad'를 제외하고 'The ugly'만 'The weird'로 바뀌었는지를 생각해볼 필요가 있겠다. 여기서 마지막 장면에 '손가락 귀신'이라 불리는 전설의 인물이 윤태구임을 밝히는데, 그럼에도 불구하고 그가 화면상에서 특별히 보여준 실력이 없다는 점은 사건의 개연성을 떨어뜨리는 단점으로 작용하기도 한다.

이러한 수많은 장점에도 불구하고 영화는 화려한 액션과 스릴에 너무 치중한 나머지 다소 스토리를 잃어버렸다. 영상미는 전체적으로 군더더기가 없을 정도로 화려함을 부각시키고 있지만 정통 한국판 웨스턴 무비를 표방한다는 점에서 충분한 투자가 이뤄졌음에도 그 결과가 관객들로부터 의문점을 받은 건 전혀 이상하지 않다. 박도원이 말을 타고 가면서 더블 배럴 샷건을 핸드스핀으로 돌려 장전하는 장면은 이 영화가 보여주는 액션의 백미이다. 뿐만 아니라 원작의 명장면을 그대로 옮겨온 세 사람의 마지막 삼각 결투 장면은 영화의 하이라이트가 아닐 수 없다. 그럼에도 불구하고 결말이 어설프게 마무리된 점은 아쉬운 부분이다. 원작에서 센텐자가 총에 맞아 쓰러지면서 무덤 속으로 자연스럽게 들어가는 장면이 큰 역할을 해냈다면, 이 영화 〈좋은 놈 나쁜 놈 이상한 놈〉은 그런 의미 있는 장면까지 만들어내지는 못했기 때문이다.

영화는 시간과 장소를 바꾸어 원작을 재해석한 새로운 작품을 만들었고 그 안에서 새로운 의미를 만들어내고자 노력했다. 하지만 아쉽게도 새로운 점은 그다지 보이질 않고 정신없는 총격전만 보다가 러닝 타임이 다 흘러가버린다. 새로운 해석보다 원작에 대한 오마주만 있는 그대로 표현했다고밖에 설명할 수 없는 점이 아쉬운 부분이다. 애초부터 이 작품은 스토리보다는 캐릭터의 개성을 극대화하는 데 노력을 기울였다. 김지운 감독은 이러한 초기 목적을 위해 캐릭터의 특성에 맞춰 스토리를 여러 번 바꿨다는 얘기까지 했으니, 이 작품에서 캐릭터가 가진 역할의 무게감이 한층 더해진다고 하겠다. 그렇기 때문에 오히려 사건 전개의 개연성은 조금 떨어질 수밖에 없다. 현상금 사냥꾼인 박도원이 왜 그렇게 지도에 목을 매고 끝까지 달려드는지 그리고 애초에 박창이와 윤태구 사이의 원한 관계에 목숨을 걸고 끼어들 이유가 부족하지 않았냐는 물음에 대한 설명도 가능할 것 같다.

이러한 점 때문에 관객들은 영화의 결말에 다다라서 굉장한 혼란을 겪게 된다. 우연히 발견한 보물 지도에 대한 세 사람의 집착과 그로 인한 목숨을 건 결투가 긴장감을 제대로 녹아들게 만들었어야 했는데, 시나리오의 부족함 때문인지 혹은 연출력의 부족 때문인지 그 내용에 아쉬움이 더해지기 때문이다. 하지만 원작에 대한 제대로 된 오마주와 캐릭터의 개성을 살린 역할의 무게감, 그리고 그들이 펼치는 화려한 액션만으로도 영화 자체가 힘을 발휘한다는 점이 개인적으로 이 작품에서 만족스러운 부분이라 할 수 있겠다. 김지운 감독만의 독특한 미장센과 화려한 액션, 그리고 쾌감 있는 스릴에 빠져들 수 있는 기회를 제공해준다는 점에서 영화 〈좋은 놈 나쁜 놈 이상한 놈〉은 그 가치를 충분히 더해주는 좋은 작품이라 생각해본다.

계단으로 구획된 사회

기생충(2019)

2019년 날아든 가장 큰 소식 중 하나는 봉준호 감독의 〈기생충〉 (2019)이 칸 영화제 황금종려상을 수상한 것이 아닌가 한다. 한국영화 역사상 최초이기도 하고 무엇보다 우리 영화의 수준을 전 세계적으로 인정받았다는 자부심도 느낄 수 있었으니 말이다. 깐깐하다는 유럽의 심사위원들은 과연 어떤 점에서 이 영화의 매력을 느꼈을까? 그리고 이 영화는 그동안의 수많은 출품작들과 비교해 어떤 차이점을 보여줬을까?

영화는 반지하방에 얹혀사는 기택(송강호 분)네 식구들의 초라한 삶을 사실적으로 보여주는 화면으로 시작한다. 이웃집 와이파이를 찾아

집 안 곳곳을 헤매는 모습에서부터 계단식 구조로 만들어진 화장실 변기와 좁은 복도, 피자 배달 박스를 접어 생계를 잇는 모습과 동네 방역차로부터 흘러나오는 소독약품이 집 안 곳곳에 스며들 수 있게끔 창문을 활짝 열어놓는 모습까지, 영화의 도입부는 이러한 세세한 장면들로 이들의 생활을 노골적으로 드러낸다. 뿐만 아니라 카메라는 이들의 외모와 패션 등을 비롯해 그들의 삶을 사실적으로 표현하고자 집 안 구석구석 훑는다. 가족들의 생계가 척박하고 어려운 사정을 겪고 있음을 드러내며 그 안에 상류사회로의 진출을 열망하는 그들의 마음을 표현하고자 애를 쓰는 장면이다. 이들의 집이 반지하방인 것에서부터 친구의 도움으로 직장을 잡는 과정까지 모든 것들이 그들의 삶의 계층적 위치를 누구나 알기 쉽게 만들어 준다.

영화는 어느 날 기택의 아들 기우(최우식 분)가 친구 민혁(박서준 분)으로부터 부잣집 딸의 과외를 부탁받게 되면서 사건이 전개된다. 기우는 과외를 맡은 후, 그 집의 또 다른 아들 다송(정현준 분)의 정서적 불안 증세 치료를 위해 자신의 여동생 기정(박소담 분)을 미술심리치료를 전공한 엘리트 유학생으로 꾸며 그 집에 발을 들여놓게 만든다. 여기서 더 나아가 기정은 멀쩡한 운전기사를 성적 취향이 괴상한 사람으로 오인시키고 쫓겨나게 만들어 그 자리에 자신의 아버지 기택을 취직시키는가 하면, 오랫동안 집사 역할을 맡아 온 문광(이정은 분)의 유일한 약점인 복숭아 알레르기를 이용해 그녀 또한 집에서 내쫓고 그 자리에 자신의 어머니 충숙(장혜진 분)을 취직시킨다. 여기까지의 이야기 전개는 아주 빠른 템포를 보이며 관객들로 하여금 영화에 대한 집중과 몰입을 자연스레 높여준다 하겠다.

쏟아지는 빗속에서 기택네 식구들은 위에서 아래로 계속해서 계단을 내려간다. 밝은 곳에서 어두운 터널로 그들은 줄곧 아래로 내려가기만 한다.

　여기까지만 보면, 이들 가족은 누가 봐도 제목에 어울리는 기생충 같은 모습이다. 주인집 가족이 캠핑 여행을 떠났을 때, 아주 자연스럽게 가족이 저택에 모여 둘러 앉아 술을 마시며 마음대로 놀고 즐기는 모습을 보는 순간, 관객들은 이들이 부잣집 한 편에 빌붙어 그들의 양분을 뜯어먹고 살아가는 딱 기생충에 어울리는 모습을 하고 있음을 쉽게 판단할 수 있기 때문이다. 그런 점에서 지금까지의 전개는 이렇다 할 특이할 점도 뛰어난 점도 보이지 않으며 단순히 재밌는 집안을 표현하고 있다는 생각밖에는 들지 않는다. 그러한 아늑한 기생충 생활이 언제까지 이어질지 조마조마한 긴장감에 휩싸이는 것 외에는 말이다. 하지만 모든 사건은 여기서부터 새롭게 시작된다. 영화의 재미와 볼거리는 갑자기 치는 번개를 통해 사건의 전환을 알리듯이 집에서 쫓겨난 문광이 잠시 놔두고 온 게 있다며 다시 집을 찾아오는 순간부터이기 때문이다.

영화의 포인트는 누구나 쉽게 짐작할 수 있듯이, '계단'과 '비', 그리고 '냄새'이다. 봉준호 감독은 이러한 요소들을 통해 상류층과 하류층을 구분시키는 단적인 구도를 아주 쉽게 집어넣었다. 카메라는 내내 평면 또는 직선 구도를 유지하며 옆에서 또는 위에서 전체를 스케치하며 입체감 없이 차가운 분위기의 화면을 유지한다. 말 그대로 사선구도나 입체구도를 거의 포함시키지 않아 계층과 계층 사이 수직관계의 오르내림을 극명하게 전달하고자 다양한 장치 등을 이용했다. 대표적인 장치가 바로 계단이다. 1층 거실과 2층 침실을 연결하는 계단도 그렇지만, 기택이 거주하는 집이 반지하방임을 보여주는 것도 그렇고, 무엇보다 이들이 저택에서 몰래 빠져나온 후 빗속을 뚫고 자신들의 집으로 달려갈 때의 모습 또한 그렇다.

쏟아지는 빗속에서 그들은 점점 위에서 아래로 내려간다. 계단을 타고 위에서 아래로, 밝은 곳에서 어두운 터널로, 또 계단을 타고 위에서 아래로, 그들은 계속해서 아래로 내려가기만 한다. 자신들이 원래 있어야 할 곳으로 말이다. 하지만 도착한 자신들의 반지하방 집은 이미 홍수로 물바다가 되어 있다. 높은 곳에 사는 부잣집 저택은 비가 내려도 인디언 천막을 치고 재밌게 놀 정도로 반가운 '비'였다면, 낮은 곳에 사는 반지하방 집은 억수같이 쏟아지는 빗줄기가 온 집 안을 엉망으로 만들 정도의 치명적인 '비'가 되는 것이다. 계층 간 대조적인 삶의 한 면을 보여주는 좋은 요소라고 할 수 있겠다.

뿐만 아니다. 영화는 내내 등장인물의 대사를 통해 '냄새'를 지적한다.

가족들의 냄새가 똑같다고 지적하는 이나 어디서 김 기사 냄새가 난다고 얘기하는 장면, 그 냄새를 행주 삶을 때 나는 냄새 또는 지하철을 타는 사람들 특유의 냄새라고 얘기하는 등 면전에서 대놓고 비꼬듯이 아무렇지 않게 냄새 얘기를 끄집어낸다. 클라이맥스에 가서는 그 냄새가 자신의 운명을 결정짓는 중요한 요소로서 작용하기도 하고 말이다.

영화는 이처럼 여러 요소들을 이용한 계층 묘사를 통해 스스로가 있어야 할 곳과 있지 말아야 할 곳을 철저하게 구분해놓았다. 친구 민혁으로부터 건네받은 수석을 기우가 다시 냇가에 가져다 놓는 장면, 기택이 살인을 저지른 후 저택을 빠져나오다가 '그날 대문을 나올 때 순간 깨달았다. 내가 어디로 가야 하는지…'라고 얘기하는 장면 등은 이 영화의 주제를 명확하게 드러낸다. 영화는 직접적으로 다루고 있는 주제의 스타일과는 달리 굉장히 빠르고 급진적인 전개를 보여준다. 하지만 이야기는 매우 단순하고 간결하다. 그렇기 때문에 관객들이 감독의 메시지를 받아들이는데 전혀 무리가 없다. 누구나 쉽고 누구나 편하게 영화를 이해할 수 있다는 점이 이 영화의 장점이 된다.

마지막 장면에서 기우가 아버지 기택에게 보내는 메시지, '돈을 벌면 제일 먼저 이 집을 사겠습니다. 엄마와 저는 햇살이 잘 보이는 정원에 있을게요. 아버지는 그저 계단만 올라오시면 됩니다.'라고 말하는 것은 이 영화의 메시지가 가장 잘 드러나는 장면이 아닐까 싶다. 계단으로 구획된 사회, 그 계단을 한 칸씩 오르내리는 게 얼마나 힘든 일인지는 우리 모두 온몸으로 느끼며 살고 있다. 〈기생충〉은 우리 사회의 아픈 단면을 뼛속 깊숙이 긁어 보여준 특별한 영화다.

비뚤어진 역사 바로 펴기

2009 로스트 메모리즈(2002)

의외로 이 영화의 존재를 모르는 사람들이 많다. 이 영화의 설정과 유사한 소설이 있다는 걸 모르는 이들은 더 많다. 역사는 한 사회의 변화와 흥망성쇠를 기록한 것이라는 의미만으로도 그 무게가 상당하다. 말 그대로 과거 있었던 사건이나 인물에 대한 사실을 다루는 만큼 우리 삶에 미치는 영향도 크다. 필자는 수학(修學) 과정에서 국사 과목의 비중을 높여야 한다고 생각하는 사람이기도 하다. 과거를 통해 현재를 이해하고 미래를 전망하는 필수불가결한 과목이라고 생각하기 때문이다.

이 영화는 대한민국 역사 속에 뿌리 깊게 남아 있는 상처, 그리고 이웃나라 일본을 바라보는 우리의 시선을 초반부터 강하게 비튼다. 시작부터 관객들의 감정을 거꾸로 솟구치게 만들어 강렬한 인상을 심어주는 영화이기도 하다. 대체 역사(Alternative History)를 다룬 소설가 복거일의 『비명을 찾아서』(1987)와 유사한 설정으로 한때 논란이 있었던 영화, 이시명 감독의 〈2009 로스트 메모리즈〉(2002)이다.

영화는 1909년 10월 26일, 하얼빈 역에서 있었던 안중근 의사의 이토 히로부미 저격이 실패했다는 가정에서 시작된다. 이 사건 이후 동아시아 일대는 일본이 이끄는 대동아 공영권으로 통합되고 우리가 알고 있는 조선은 사라지고 후레이센진으로 불리는 독립을 요구하는 레지스탕스만이 존재하는 암울한 시대가 이어진다. 영화의 초반은 이러한 시대 배경을 설명하기 위한 다양한 장면들로 가득하다. 1909년 조선통감 이토 히로부미 저격 미수사건, 저격수 안중근 현장에서 사살. 1910년 조선 합병, 이토 히로부미 초대총독 위임. 1919년 파고다공원 불법집회 무산. 1932년 상해 홍구공원, 윤봉길 현장에서 사살. 1936년 미일연합군 2차 대전 참전. 1945년 베를린 원폭 투하. 1965년 사쿠라 1호 위성 발사. 여기에 더해 1988년 나고야 올림픽이 개최되고, 2002년은 일본 월드컵이 개최되는 뒤바뀐 역사 말이다. 가슴에 일장기를 단 채 웃고 있는 이동국 선수의 사진은 이를 바라보는 관객들의 가슴을 찢어지게 만든다.

이처럼 대한민국 국민들이 바라보기에 참으로 기가 막힌 영화의 설정은 관객들의 입장에서 전율과 울분을 터뜨리는 장면이 될 수밖에 없다. 한편으로 극의 초반에 강렬한 악센트를 준 관계로 후반으로 갈수록 관객들이 이에 익숙해져 버리는 아쉬움을 남긴다. 하지만 극의 설정과 액션, O.S.T.와 구성, 연출까지 모든 면에서 강렬한 인상을 전해주는 영화라는 필자의 의견은 변함이 없다. 이는 영화의 제작 시기가 적절히 맞아 떨어진 것도 도움이 됐다. 지금에 와서야 한국영화의 전성기를 맞아 어지간한 스펙터클에도 꿈쩍하지 않는 관객들이지만, 당시에는 영화 〈쉬리〉(1999)의 투박한 화면에도 감탄사를 연발하던 시절이었다. 또한 영화가 개봉된 2002년은 FIFA 한일 월드컵이 개최된 해로 보이지 않는 양국의 경쟁의식이 최고조로 치닫는 해이기도 했다. 당연히 관객들의 감정에 영향을 미친 것도 부인할 수 없는 사실이고 말이다.

여러분은 '만약'이라는 가정을 전제로 역사를 뒤집을 수 있다면 어떤 방향으로 뒤집겠는가? 영화는 단순히 '만약 안중근 의사의 이토 히로부미 저격이 실패로 돌아갔다면?'을 전제로 물음을 던지고 있지만, 이때의 '만약'은 결과의 반전을 보여 주기보다는 분명 잘못된 역사라는 점을 상기시키기 위한 도구로 사용되고 있다. 영화는 독립을 하지 못했다면 역사가 어떤 방향으로 흘러갔을까를 보여 주는 게 아니라, 우리가 알고 있는 역사와 사실이 현실이기에 이 역사를 뒤집으려고 하는 이웃나라의 불순한 의도를 비판하고 바로잡고자 하는 것이라 하겠다. 이것이 영화의 주제이자 관객에게 전달하고자 하는 메시지인 것이다.

영화의 특징에 대해 몇 가지 언급해보자. 첫째는 영화의 내용상 판타지 요소를 가미한 점이다. '영고대'와 '월령'이라는 타임슬립 장치를 이용해 타임라인을 형성한 설정은 당시 유행했던 판타지 요소로 관객들에게 신선함을 전달하고자 하는 목적이다. 하지만 필자의 소견으로 이는 오히려 현실성을 반감시키는 역효과를 가져왔다. 특히 영고대와 월령을 이용해 과거로 가는 과정과 장면이 어설프고 어색함은 또 다른 아쉬운 부분이다. 스토리 전개를 위해 반드시 필요한 구성이라고는 하지만 연

광화문 광장 자리에 세워진 도요토미 히데요시 동상. 영화는 동아시아 일대가 일제에 의해 식민지화되고 독립을 요구하는 레지스탕스만이 존재하는 암울한 시대를 그렸다.

출의 측면에서 좀 더 재미를 끌어낼 수 있었으면 하는 아쉬움이 남았다.

둘째는 스토리 설정과 내용의 참신함이다. 앞에서도 언급했듯이 '만약'이라는 전제로 실제 역사를 뒤집는다는 설정은 관객들에게 새로운 느낌을 선사한다. 그 역사가 우리의 아픈 현실을 꼬집고 있다는 점에서 보다 자극적이고 참신한 스토리로 받아들여지기도 한다. 슬픈 역사일수록 반복되지 않도록 절대 잊어서는 안 되고 잊혀서도 안 된다. 그렇기 때문에 영화가 관객들에게 던져주는 메시지는 보편적인 스토리와는 비교가 되지 않을 정도로 그 무게감이 크게 다가온다.

셋째는 배우들의 연기력이다. 우선 언급할 수 있는 부분은 일본 배우들의 출연에 국민의 한 사람으로서 감사를 표하고 싶다는 거다. 내용의 특성상 일본인들이 직접 출연하기에는 큰 결심이 따랐을 것으로 생각된다. 이에 응해 열연한 나카무라 토오루(사이고 쇼지로 역)를 비롯해 미츠이시 켄(히데요 역), 요시무라 미키(유리코 역), 그리고 일본의 저명한 감독인 이마무라 쇼헤이(역사학자 역) 등은 훌륭한 연기력을 선보였다. 나카무라 토오루가 외국인으로서는 처음으로 그해 대종상 영화제에서 남우조연상을 수상한 건 이러한 사실을 뒷받침해준다. 그럼에도 불구하고 아쉬움이 남기도 했다. 주연을 맡은 장동건(사카모토 마사유키 역)과 서진호(오혜린 역) 등의 설익은 연기는 영화가 가진 무게를 감당하기에는 다소 부족하지 않았나 싶다.

넷째는 한층 업그레이드 된 한국 영화의 액션 씬이다. 제작기간 4년에 약 80억 원의 제작비를 투입한 것에 호응하듯이 스크린은 세련된 총격전과 액션 장면을 꽉 채워 선보인다. 특히 극의 초반, 김준환(천호진 분)이 레지스탕스 대원들을 이끌고 이노우에 재단 주최의 박물관 전시회에 잠입하는 장면과 JBI(Japan Bureau of Investigation) 요원들과의 총격전은 군더더기 없는 속도감과 화려한 액션을 가미시켰다. 개인적으로 영화 〈쉬리〉보다 한층 나아진 모습에서 그 사이의 한국영화의 발전상을 그대로 드러냈다고 생각한다.

마지막으로 언급할 수 있는 부분은 연출의 아쉬움이다. 박진감 넘치는 긴장감을 조성한 것까지는 좋았으나 주인공인 사카모토(장동건 분)가 JBI 요원으로서 이노우에 재단의 비밀을 파헤치는 장면부터, 징계를 받고 역으로 레지스탕스 편으로 돌아서기까지의 진행 상황이 급작스럽게 벌어지는 건 다소 부자연스럽다. 특히 비리를 저지른 아버지에 대한 부끄러움이 점차 독립투사로서의 자랑스러움으로 변화되는 심리적 변화를 특정한 미장센을 거친다거나 하는 과정 없이 순식간에 반전시켜버리는 건 연기도 연기지만 연출력의 한계를 드러냈다고 볼 수밖에 없다. 영화는 마지막 장면까지 손에 땀을 쥐고 긴장감을 놓칠 수 없게 만들지만 이러한 부분에서 개인적으로 아쉬움을 남겼다.

영화는 한국에는 아픈 상처, 이웃나라에게는 치욕의 상처, 이 둘 중 어디가 더 아프고 덜 아프고를 따지는 것이 아니다. 그저 올바르게 역사를 바라보는 눈을 가지는 것, 과거를 진심으로 돌이켜보고 현재를 반성하며 미래를 향해 함께 나아가는 것. 그러한 이유만으로도 이 영화는 우리나라뿐만 아니라 영화를 사랑하는 전 세계 관객들이 한번쯤 볼만한 작품이라고 생각한다.

웃음과 풍자가 겨냥하는 것

롤러코스터(2013)

〈아메리칸 스나이퍼〉(2014), 〈모뉴먼츠맨〉(2014), 〈아르고〉(2012), 〈쿵푸허슬〉(2004), 〈유쾌한 도우미〉(2008), 〈여배우는 오늘도〉(2017), 〈허삼관〉(2014). 영화를 좋아하는 사람들이라면 열거한 영화들의 공통점을 금방 눈치 챘을 것 같다. 클린트 이스트우드, 조지 클루니, 벤 에플렉, 주성치, 구혜선, 문소리, 하정우 등 국내에서 할리우드까지 연기력에 연출력까지 갖춘 이들이 만든 영화. 그렇다, 위 영화들은 모두 배우 출신의 감독들이 연기력뿐만 아니라 연출력까지 인정받고자 도전한 작품들이다. 최근에는 이처럼 연기뿐만 아니라 연출에도 도전장을 내밀고 뛰어난 실력을 인정받는 배우들이 증가하는 추세이다. 아마도 그동안 쌓아온 연기 내공과 이해력이 스토리 구성력과 표현력에까지 영향을 미치고 있는 게 아닌 가 싶다. 이번엔 이와 같이 연기와 연출, 두 마리 토끼를 훌륭히 잡아낸 감독의 작품 한 편을 살펴봤으면 한다. 전통 코미디를 표방하고 있지만 그 속에 웃음과 풍자, 해학까지 골고루 집어넣어 관객들이 거부감 없이 자연스럽게 받아들일 수 있도록 연출한 작품. 배우로서 연기력을 인정받고 있는 하정우가 각본과 연출까지 손을 댄 작품, 영화 〈롤러코스터〉(2013)이다.

영화는 '육두문자맨'이라는 조금은 어처구니없는 제목의 영화로 일약 한류 스타가 된 배우 마준규(정경호 분)가 일본 활동 중 갑자기 터진 일본 아이돌 그룹 '시아라' 멤버 메리와의 스캔들과 임신설로 긴급히 한국행 비행기에 오르면서 시작된다. 비행기 안에는 어딘가 이상한 기운을 발산하는 사람들로 가득하다. 조종석에서 아무렇지 않게 음주를 하고 담배를 피우는 기장과 부기장, 근무 중 맥주와 와인을 벌컥대며 마셔대는 승무원들, 신혼여행 중임에도 불구하고 사인을 받기 위해 자신의 브래지어 끈을 서슴없이 풀어달라는 부부와 불경 대신 씨스타의 '나 혼자' 노래 가사를 읊고 있는 스님, 거기에 심장이 약한 이웃 짜사이 항공사 회장에 오버액션을 취하는 여비서까지. 영화는 비행기라는 한정된 공간 안에 특색 있는 인물들을 골고루 배치해 배우 마준규를 둘러싸고 갖가지 상황을 만들어내며 재미난 이야기를 담아낸다. 마준규라는 인물은 영화 '육두문자맨'에서 찰진 욕을 거침없이 해대며 강하고 쿨한 성격의 캐릭터를 연기해 인기를 얻은 인물이다. 하지만 배우의 실제 성격은 비행공포증, 편집증, 결벽증 등으로 가득 차 제법 지질하고 대중을 기피하는 인물로 묘사된다. 여기에 대인관계는 여러 여자들에게 집적대지만 결국엔 끌려 다니는 소심하고 소극적인 인물로 비춰지기도 한다. 이런 그에게 비행기에 탑승한 여러 인물들이 들이대는 다양한 상황들은 상당히 난처한 결과를 만들어내며 마준규를 당혹스럽게 만드는데, 영화는 이러한 상황에서 발생하는 갖가지 이야기들을 재미나게 엮어 웃음과 해학으로 풀어내고 있다.

여기서 다시 한 번 강조하면, 이 영화는 가볍게 보면 단순한 킬링 타임용 영화로 비춰질 수도 있지만, 살짝 비틀어 생각해보면 한 번쯤 심사숙고해볼 만한 다양한 주제와 요소들이 화면과 대사, 연기 곳곳에 삽입되어 있음을 알 수 있다.

첫째는, 출연진 모두가 제각기 개성 있는 연기력을 뽐낸다는 점이다. 앞에서 언급했듯이 비행기라는 한정된 공간 안에서 1시간 30분에 달하는 러닝 타임을 끌고 가기 위해서는 계속해서 사건을 만들어내는 배우들의 역할이 매우 중요하다. 거기에 각각의 역할과 개성을 부여함은 더욱 어려운 부분으로 각본과 연출을 맡은 하정우의 능력이 빛을 발하는 부분이라고 할 수 있겠다.

둘째는, 개성 있는 출연진들이 내뱉는 화려한 대사의 독특함이다. 배우 마준규가 극중에서 찰진 욕으로 사랑받고 있듯이 출연진 모두가 대사와 행동을 통해 관객들로 하여금 언어유희를 통한 새로운 카타르시스를 전달받게끔 만들고 있다. 이를테면 수정과를 고르는데 승무원이 안내를 하면서 "저희가 드리는 수정과에는 '잣'은 들어가 있지 않습니다." 라고 얘기하는 장면이 그렇다. 이처럼 여기서 승무원을 비롯한 여러 인물들은 적어도 일반적인 기준에서는 비정상적인 모습으로 묘사되는데,

영화 〈육두문자맨〉으로 일약 한류 스타가 된 배우 마준규는 한국으로 귀국하는 비행기에서 이상한 기운의 사람들을 만나며 불안에 떨게 된다.

이는 사회적 풍자를 의도한 것으로 관객들에게 이해된다.

셋째는, 누구나 자연스럽게 내뱉고 있는 '욕'이다. 이곳저곳에서 욕설이 난무하지만 감독은 이러한 욕을 듣기 싫거나 거부감이 들도록 표현하지는 않았다. 뜨거운 물수건으로 인해 놀라 욕을 한다거나, 갑자기 흔들리는 비행기로 인해 물을 쏟게 되어 욕을 한다거나, 긴장하여 기장의 착륙 안내를 추락 안내로 잘못 들어 욕을 내뱉거나 하는 장면 등은 하나의 웃음 코드로 자리해 자연스럽게 받아들여지게끔 유도하고 있다. 다만 웃음 코드 자체는 개인적인 호불호가 갈릴 수 있어 이점이 어쩌면 영화의 흥행 실패에 영향을 미쳤다고 본다. 그럼에도 불구하고 필자는 이점이 취향에 따라 장점이 될 수도 있다고 생각한다.

이 영화를 한마디로 표현하자면 일단 '재밌다.' 이 말은 코미디 영화를 지향하는 작품이라는 점에서는 최고의 찬사가 될 수 있다. 반복해서 언급하고 있듯이 영화의 모든 상황은 비행기 안이라는 한정된 공간에서 벌어지기 때문에 무엇보다 연기자들의 대사와 표현력이 중요하게 받아들여진다. 여기서 배우들의 역할은 그 어떤 영화보다도 중요하다. 하지만 각각의 역할들을 잘 배분하고 대사에 욕과 비정상적인 행동들을 자연스럽게 집어넣어 관객들이 지루할 틈을 전혀 주지 않고 있는 점은 분명 영화의 장점이다. 영화의 제목은 〈롤러코스터〉이다. 영화 속 비행기가 오르락내리락 비행하는 모습은 마치 사람들의 인생과도 같다. 모든 이들의 삶이 희로애락의 과정을 거치며 오르막과 내리막을 지나는 것처럼 이 영화도 긴 비행시간을 통해 치열한 삶의 오르내림을 리얼하게 보여주고 있다.

여기서 각 장면마다 관객들의 귓속을 파고드는 O.S.T. 또한 놓치지 말자. 씨스타의 '나 혼자' 편곡은 물론, 푸디토리움으로 활동하고 있는 김정범 감독과의 협업은 관객들에게 제대로 된 현장감과 유머를 선사하는 데 분명 도움이 됐다. 영화는 제18회 부산국제영화제 한국영화 파노라마 부문에 초청됐던 작품이다. 분명 '배우 하정우'의 명성에 힘입은 작품 초청이라고 얘기하지 않을 수 없겠다. 하지만 영화제 측에서는 배우 하정우의 첫 연출 도전 작품이라는 점보다 이 영화의 상업성과 작품성 두 마리 토끼의 매력에 더 높은 점수를 줬다고 이유를 밝힌 바 있다. 그만큼 감독과 배우들 간의 호흡이 잘 맞았다는 측면에서 영화의 완성도가 높다는 이야기이다. 마지막으로 이 영화는 현재의 관점에서 제대로 된 카메오들이 대거 출연했다는 특징 또한 갖고 있다. 이미 〈이터널스〉

출연 확정으로 할리우드 진출을 눈앞에 두고 있는 배우 마동석은 물론, 김성균, 김성수 등이 출연하여 선보인 카메오 연기는 관객들에게 신선한 눈요기 거리를 선사한다. 마냥 웃고 떠들며 생각 없이 시간을 흘려보내는 킬링 타임용 코미디도 좋지만, 그러한 웃음이 지향하는 방향성과 그 속에 내재되어 있는 사회를 바라보는 풍자와 해학의 의미를 깊이 있게 즐길 수 있는 기회를 가질 수 있다는 점에서, 이 영화에 대한 관객들의 만족감은 매우 높을 것으로 생각한다.

등 뒤에서 방아쇠를 당기다

틴커 테일러 솔저 스파이(2011)

화려한 액션도 없다. 심장을 조이는 긴장감도 없다. 손에 땀이 나는 스릴도 없다. 쉽게 드러나는 재미마저 없다. 그런데 묘하게 빠져든다. 연신 하품을 하면서도 눈길은 스크린을 떠날 줄 모른다. 이야기가 아주 천천히 흘러가면서도 하나라도 빠뜨리면 이어갈 수 없을까 두려운 까닭이다. 그만큼 이 영화는 어렵다. 서두를 꺼내기에 앞서 한참을 고민했다. 그럼에도 불구하고 내린 결론은 얘기해볼 만한 영화라는 것이었다. 스톡홀름영화제 국제비평가상 수상에 빛나지만 제목부터 좀처럼 감을 잡기 쉽지 않은 영화, 토마스 알프레드슨 감독의 〈틴커 테일러 솔저 스파이〉(2011)이다.

영화는 1974년에 출판된 동명소설을 원작으로 한다. 훗날 작가인 존 르 카레가 영국의 정보부 MI5와 MI6 요원이었다는 사실이 알려지면서 여론의 주목을 받았다. 영화는 1973년 미국과 소련의 힘겨루기로 국제 정세가 어지러운 냉전시대의 유럽을 다룬다. 전쟁의 최전선에 놓여 있다고 해도 무방한 영국의 정보조직 '서커스' 내 요원들의 암투를 그린 이 작품은 우리가 흔히 스파이물에 기대할 만한 '007 제임스 본드'류의 요소들을 담고 있지는 않다. 화려한 첩보 액션을 기대하고 극장을 찾은 관객들이라면 아마도 백퍼센트 실망할 거라고 확신한다. 그렇다고 치밀한 두뇌 싸움을 보여주는 건 더더욱 아니다. 영상은 오히려 여백의 미를 충분히 활용하며 관객들로 하여금 종잡을 수 없는 물음표를 달게 만든다.

필자가 여백의 미를 강조하는 이유는 영화가 그만큼의 페이크 씬을 가지고 있기 때문이다. 영화를 볼 땐 자연스럽게 미장센을 고려하며 보지만 어느덧 스크린이 막을 내리는 순간 머릿속에 혼란이 오는 것도 사실이다. 반복적으로 등장하는 스마일리(게리 올드만 분)의 호수 수영 장면은 무엇을 의미하는지, 의심스러운 인물들을 체스 말에 붙여놓고 무엇을 하려고 했는지, 또 어떤 의미를 부여하고자 했는지 등 말이다. 차라리 체스 판에서 한두 명 정도는 말을 쓰러뜨려 놓았더라면 좀 더 이해하기 쉬웠을지도 모르겠다.

서커스의 수장인 컨트롤(존 허트 분)의 지시를 받고 짐 프리도(마크 스트롱 분) 요원이 전향 의사를 보인 헝가리 장군과 접촉하는 과정에서 총을 맞고 살해당하는 사건이 발생한다. 이 사건을 계기로 컨트롤과 그의 부하 조지 스마일리가 조직에서 퇴출당하는데, 이후 수뇌부에 일명

'두더쥐'라 불리는 배신자가 있다는 소문이 돌면서 조직 내부에 의심과 분열이 일어난다. 영화는 컨트롤이 병사한 후 수뇌부 내 첩자를 찾아내는 임무를 맡은 스마일리가 수사를 해나가는 과정을 보여준다.

스파이 영화로서 구성은 제법 그럴 듯하다. 숨겨진 정보를 둘러싼 내부 조직의 암투 속에서 언제나 그렇듯 배신자는 있기 마련이니까 말이다. 게다가 이들은 모두 조직의 최고 수뇌부 또는 치열하고 강도 높은 훈련을 받은 정예 요원들이다. 이들에게 조직에 대한 신뢰와 배신은 목숨과도 같은 중요한 문제이다. 달리 말하자면 가족에게 신뢰를 잃고 살아가는 이들이기에 조직이 곧 가족과도 같다는 얘기이다. 서로가 서로를 믿지 못하면 그 조직은 와해되기 쉽다. 영화는 이러한 소문을 둘러싸고 와해된 조직원들 간의 암투를 잔잔한 분위기와 색깔로 그려낸다.

정통 스파이 물로써 제법 긴장감과 스릴을 가미할 법도 한데 감독은 이야기를 풀어나가는 속도에서부터 관객들의 기대치를 확 낮춰 버렸다. 긴장을 만들어내는 구성은 치밀하지만 뭔가 느긋함을 감출 수 없기 때문이다. 앞에서 언급한 페이크 씬은 물론이고 다양한 여백들로 화면을 가득 채우면서 답답함을 금할 수 없을 정도로 느긋하게 스토리를 풀어나간다. 그럼에도 불구하고 영화는 정말 순식간에 지나간다. 한 장면이라도 놓치는 순간, 내용의 연결이 쉽지 않을 정도이다. 미장센, 클리셰, 메타포 등을 따지며 보기엔 감독이 너무나 많은 부분을 꽁꽁 싸매고 옷깃만 살짝 열어둔 셈이다. 그래서 두 눈 크게 뜨고 귀 쫑긋 세우고 집중해야 한다. 한 장면이라도 놓치면 영화 내용조차 이해 못하고 허무하게 끝나버릴 게 뻔하기 때문이다. 주된 원인은 첩보 영화로서 기본적으로 다뤄야 할 액션과 스릴은 배제한 채 다양한 단서에 집중하도록 떡밥을

첩자를 찾아내는 임무를 맡은 피터(베네딕트 컴버배치 분)와 조지(게리 올드만 분). 영국의 정보조직 '서커스' 수뇌부에 배신자가 있다는 첩보로 인해 조직은 의심과 분열에 휩싸인다.

여기저기 흩뿌려 놓았기 때문이다. 사건이 발생하고 진행되는 목적과 이유는 물론, 흘러가는 대사와 배경이 되는 인물, 소품의 세밀함까지 허투루 여길 수 없게끔 만들었다고 해도 과언이 아니다. 폴리아코프(콘스탄틴 카벤스키 분)가 가져오는 소련의 특급 정보에 대한 신뢰가 하늘을 찌르는 위치 크래프트 작전, 칼라가 가지고 간 스마일리의 라이터, 그리고 그 라이터에 새겨진 '조지에게 앤이, 사랑을 담아'라는 문구는 짐 프리도가 살해당하는 첫 장면부터 스마일리가 서커스의 수장으로 복귀하는 마지막 장면에 이르기까지 아주 세밀하게 발을 걸치고 있다고 봐도 무방하다.

전체 분위기를 낮게 깔아버리는 O.S.T. 또한 한 몫 한다. 수사의 발걸음을 따라가는 다양한 곡들은 답답하고 복잡한 마음의 관객들을 안정시켜주는 역할을 한다. 물론 영화 마지막을 장식하는 홀리오 이글레시아스(Julio Iglesias)의 '라 메르(La mer)'는 예외로 남겨두고 말이다. 개인적인 의견으로 영화의 숨은 공신 중 하나가 O.S.T.라고 해도 과언이 아닐 것 같다.

화려한 캐스팅으로 치장된 다양한 캐릭터들도 빼놓을 수 없다. 영화 〈그랜드 부다페스트 호텔〉(2014) 못지않게 초호화 캐스팅을 자랑한다. 다만 〈그랜드 부다페스트 호텔〉이 캐스팅에만 치우치지 않고 각각의 배우들이 제 역할 속에서 절제된 연기를 펼쳤다면, 이 영화의 캐스팅은 조금은 균형이 깨지는 아쉬움을 남겼다. 역할과 절제미를 논하기엔 스토리를 진행시키는 흐름 속에서 방해 요소가 될 뿐이다. 심지어 스토리텔링 자체가 없는 이들도 있다. 누구는 과하고 누구는 부족한데 이는 원작 소설의 짜임새 있는 내용을 제한된 시간 내에 풀어낼 수밖에 없다는 영화적 한계에 기인하기 때문이라고 본다. 주인공 스마일리 역을 맡은 게리 올드만의 연기를 볼 수 있는 건 행운이다. 화려하지 않으면서도 절제된 기운이 느껴진다. 덕분에 이 영화는 영국 박스오피스 1위를 3주 연속 차지했는가 하면, 그해 아카데미 시상식에서 각색상, 음악상과 더불어 남우주연상까지(게리 올드만) 총 3개 부문에 노미네이트되기도 했다.

나름 반전을 만들고자 노력한 흔적도 보인다. 시종일관 눈치껏 퍼시 엘르라인(토비 존스 분)을 의심하게끔 덫을 놓고 있다. 팅커(퍼시 엘르라인), 테일러(빌 헤이든, 콜린 퍼스 분), 솔저(로이 블랜드, 시아란 힌즈 분) 등 다양한 역할과 인물을 늘어놓고 친절히 알려주지만 관객 입장에서는 솔직히 이 각각의 단어들이 극 중 맡은 역할의 성격을 끼워 맞추는

데 사용될 뿐이다. 그렇다고 화면 속 스쳐 지나가는 모든 것들이 영화가 종착역에 다다르며 숨겨진 베일을 조금씩 벗겨주기를 기대한다면 지나치다. 누누이 얘기했지만 영화가 관객의 눈높이를 맞추지 못한다면 예술도 상품도 아닌 감독의 아집일 뿐이다.

마무리가 아쉬운 점 또한 덧붙여야겠다. 의심이 가는 이를 지목하고 약간의 페이크로 관객들에게 반전의 놀람과 감동을 선사했다면, 그 뒤는 어떻게 이어지는 게 신선한 결말이 되는 걸까? '알고 보니 범인은 누구였다!' 여기에 더해, '알고 보니 생각지도 못한 사람이 범인이었다!' 이 것도 아니면, '범인은 과연 누구였을까?' 하고 열린 결말을 만드는 식 등은 이제 너무 식상하다. 이런 흐름이 일반적인 도식화라면 지금껏 이끌어온 차분하고 미스터리한 분위기를 이어가기 위해 뭔가 익숙지 않은 새로운 마무리를 만들 수는 없었던 것일까? 도식적인 결말을 너무나 당연한 것처럼 배치했다는 점과 또 밝혀진 범인을 너무나 쉽게 처리해버리는 장면은 큰 아쉬움으로 남았다. 범인에 대한 스토리텔링을 끝까지 아껴둔 것이 알프레드슨 감독의 의도된 연출이었을지 아직도 궁금함을 감출 수 없다.

필자는 동일한 작품을 여러 번 반복해서 보는 편이다. 이는 해당 작품에서 느껴진 감동과 연출이 작품을 접할 때마다 새롭게 느껴지거나 여러 번 접해도 그 감정이 고스란히 묻어나기 때문이다. 해석 자체가 모호하고 어렵게 느껴진 작품은 아마도 2000년대에 들어서 처음이 아닐까 싶다. 이런 이유로 이 작품을 사람들에게 추천하지 않느냐고 묻는다면 그렇지는 않다. 관객에게 전달력이 높은 작품이 좋은 영화라고 앞서 얘기했지만 어려운 작품일수록 곰곰이 해석하는 묘미 또한 결코 작지 않기 때문이다. 어떨까? 눈 깜박할 새 지나쳐가는 낙엽 위로 코트의 깃을 잔뜩 세운 채 스스로 스파이가 되어보는 것은. 귓가에 흐르는 훌리오 이글레시아스의 '라 메르(La mer)'의 선율이 낙엽 밟는 사부작거리는 소리로 다가와 가을의 정취를 느끼게 해줄지도 모를 일이니 말이다.

미녀를 바라보는 현명한 방법

미녀는 괴로워(2006)

세상은 모든 곳에서 위기다. 눈앞에 닥친 이 위기를 극복하려면 새로운 시각과 현명한 대처 방법이 필요하다. 『우리 문명의 마지막 시간들』(1999)의 저자 톰 하트만은 그의 저서를 통해 현대의 수많은 위기가 오래전부터 관행이 되어온 인류의 잘못된 습관과 행동 때문에 비롯됐다고 말했다. 그리고 그는 이 위기를 극복하는 대안으로 인간이 자연과 조화를 이룰 것을 강조한다. 이러한 그의 세계관은 모든 걸 인위적으로 생각하거나 받아들이지 말고, 자연의 순리대로 바라보고 수용할 것을 요구하는 것이다. 비단 인간 문명의 영속적인 개념을 차치하고라도 이는 인간을 바라보는 사회적 시각에서도 의미하는 바가 있다. 눈으로 보고 이를 우선하여 받아들이는 태도, 즉 이는 인간의 관점에서 얼마나 인위적이고 때로는 권위적이며 이기적인 태도마저도 만들고 있는지를 잘 이해하게끔 한다.

김용화 감독의 흥행작인 〈미녀는 괴로워〉(2006)는 아름다움(美)을 구분하는 인간의 사회적 시각과 태도에 대해 신랄한 비판을 퍼붓는 작품이다. 주인공 한나(김아중 분)는 뛰어난 노래 실력을 갖췄음에도 저주받은 외모와 몸매 때문에 대중 앞에 쉬이 나서지 못하고 미녀 가수 아미(지서윤 분)의 립싱크 가수로 살아간다. 그녀가 온전한 자신의 무대를 가질 기회를 만들지 못하는 건 대중이 바라고 원하는 스타의 모습을 갖추지 못했기 때문이다. 천상의 목소리를 가지고 있다 한들, 사람들의 귀는 눈의 영역 앞에서 비할 바가 아니다. 결국, 마음 곳곳에 상처받은 그녀는 전신 성형수술이라는 나름의 합리적인 선택을 향해 치닫지만, 영화 속에서 성형, 그 자체는 크게 조명을 받는 구석이 못 된다. 화면이 원하는 이야기는 다름 아닌 외모로 인해 상처받고 스타가 되지 못한 이가 자신의 콤플렉스를 극복해 대중 앞에 당당히 나서서 무대 위에 오르는 감동적인 연출만을 필요로 하기 때문이다.

물론, 그 과정에서 한나를 시샘하는 이들의 온갖 시기와 방해가 잇따르고, 그녀는 사람들 앞에서 솔직한 자신의 과거를 고백하고 그녀를 위로하는 대중으로부터 아픔을 치유한다는 감동 스토리로 이어지는 건 당연한 수순이다. 그런데도 영화 속에서 우리가 주목해야 할 부분은 단지 기승전결의 구성과 재미에 그치는 게 아니다. 사실, 이 이야기의 주인공은 한나가 아니라 대중이 되어야 마땅하기 때문이다. 영화가 문제 삼고자 하는 것은 이 주제가 단지 그녀 한 사람의 문제로 그치지 않고 일반적인 사회 구조가 함께 공모하고 있는 문제라는 점을 지적하고 있다. 하지만 영화는 대중의 태도 변화를 숏과 숏 사이에 기술적으로 끼워 넣지 못하고 한순간에 훅 건너뛰는 뉘앙스를 보이는데, 이를 극적으로 깊숙이 다루지 못하고 있다는 점에서 영화에 대한 개인적인 아쉬움이 크다.

콜롬비아의 화가이자 조각가인 페르난도 보테로는 인물을 풍성하게 그리는 그림체를 가졌지만, 누가 봐도 밉고 못생긴 풍채로 보이진 않는다. 그가 만들어낸 이와 같은 표현 방식은 단순히 뚱뚱하다는 표현보다 대상의 특징이나 색감, 질감 등을 효과적으로 드러내기 위한 수단이었기 때문이다. 그의 작품을 보면 사람들의 모습에서 오히려 가볍고 유쾌한 분위기를 느끼게 된다. 어떤 측면에서 그림이 이상하게 보이지 않고 오히려 홍겹고 달콤한 향이 느껴진다는 의견도 있다. 그는 이러한 화풍을 통해 콜롬비아의 사회적 현실을 날카롭게 풍자하기도 했는데, 자신의 그림체가 현실을 직시하는 대중의 시각을 자연스럽게 표현하는 데 유용하게 사용되기 때문이었다.

영화 〈미녀는 괴로워〉도 매체의 표현 방식의 차이만 존재할 뿐, 그 목적과 의미는 유사하다. 누구나 인식하는 '미(美)'에 대한 정의, 그리고 이를 대하는 시각과 태도는 쉽게 변하거나 과거의 아픔을 치유하진 못한다. 한나도 이를 인식하고 인정함으로써 자신이 취할 수 있는 최선의 방법을 택했지만, 그녀가 진정으로 원했던 방식은 결코 아니었을 것이다. 물론, 영화 속에는 이를 강조하는 의미를 담은 몇 가지 역할과 씬이 존재한다. 이를테면 그녀가 짝사랑했던 음반 프로듀서 상준(주진모 분)의 태도가 제 위치에서 그 입장을 드러내고 있는 것이 대표적인 예가 될 수 있

한나(김아중 분)는 전신 성형수술을 통해 상처받은 마음을 치유하려 하지만, 이 또한 진실을 숨겼다는 이유로 대중의 비난을 받게 되자 좌절하고 만다.

다. 완전히 외모를 탈바꿈한 한나는 제니라는 새로운 이름으로 그 앞에 나타나는데, 그녀가 행방이 묘연한 한나의 역할을 대신해주기를 기대했던 그의 눈높이를 충족시켜 주지 못하자, 제니에게 한나가 노래하는 모습이 담긴 영상을 보여주는 장면 말이다.

여기서 제니가 자신의 과거를 부정하듯 그에게 한나의 외모를 비하하는 발언을 하자, 상준은 그녀를 윽박지르며 한나가 자신에게 무척 소중한 사람이었다는 얘기를 쏟아낸다. 상준은 음반 프로듀서로서 한나의 실력을 평가하는 위치에만 서 있었지만, 그런데도 한나의 외모보다 그녀의 노래를 사랑하는 태도와 음악을 표현하는 마음을 더욱 애틋하게 생각하고 있었음을 이해할 수 있다. 이뿐만이 아니다. 누구나 사랑할 수 있는 외모를 가지게 된 한나, 아니 제니는 외모가 바뀌었음에도 세상을 대하는 태도는 이전과 다를 바 없이, 자신의 외모에 취하지 않고 여전히 사람들을 존중하고 자신을 낮추는 마음을 드러낸다. 외모가 바뀌었을지라도 마음이 외모와 동일시되지 않은 건, 겉으로 나타나는 모습보다 진실한 내면이 더 중요하다는 사실을 드러내는 장면이다.

　김용화 감독은 단순히 코미디 장르에 그치기 쉬운 가벼운 소재의 이야기에 누구나 한 번쯤 자신을 들여다볼 수 있는 계기를 마련했다. 여기에 메시지를 꾸며줄 음악을 보다 풍성하게 엮어냈음은 탁월한 선택이 됐다. 한나가 부르는 노래들은 귓가를 노크하는 멜로디를 넘어, 가사 하나하나의 전달력까지 높여줘 그녀의 내면을 대변하는 중요한 매개체로 작용한다. 사람들은 과거에도 그렇고 현재에도 그렇고 한결같이 눈으로 담아내는 피사체의 겉모습을 우선에 둔다. 그리고 우리는 쉽게 그 잣대를 진실한 것으로 믿고 만다. 그럼에도 때로는 각자의 시선에 맞는 나름의 차이가 존재한다는 사실을 이해하는 경우도 있다. 제각기 다른 이들이 모여 살아가는 이 복잡한 사회 속에서, 기준과 취향이 한 방향만을 바라볼 수 있을까. 그 차이가 나름대로 존재하기에 우리는 개성을 만들고 자신의 장단점을 드러내며 살아갈 수 있다. 영화 〈미녀는 괴로워〉는 이러한 사회적 태도의 단면을 쉽게 얘기하는 작품이 결코 아니다. 영화는 타이틀을 통해 주장한다. 왜 군이 '미녀'가 되었음에도 '괴로운' 것인지 말이다. 그 미묘한 차이는 어쩌면 지금까지와는 다른 시선을 통해 영화 속에서 찾아봐야 하지 않을까.

PART 3

삶에 도전하는 **용기**

화려한 사랑의 감정선

라라랜드(2016)

　뮤지컬 영화들은 장르적 특성 상 스토리텔링보다는 음악과 연기의 조화에 무게를 두는 경우가 많다. 같은 이유로 이런 스타일의 작품들에서는 플롯이 영화를 이끌어가는 데 있어 결정적인 역할을 한다. 배우 진 켈리가 감독과 주연을 맡았던 영화 〈사랑은 비를 타고〉(1952)가 대표적이다. 플롯을 적절하게 엮어 관객들로 하여금 각 시퀀스마다의 연출 메시지를 제대로 읽어낼 수 있게끔 하는 것이다. 영화 속에서 진 켈리가 빗속에서 불렀던 'Singing in the rain'의 음률이 관객들에게 좀 더 가까이 다가갈 수 있었던 이유이다. 이 영화 또한 그런 스타일에 가까운 것 같다. 하지만 그 속에서 조금이나마 스토리텔링에 무게를 두고자 노력한 점이 이 영화가 가진 장점이 되었다. 영화 〈위플래쉬〉(2014)로 음악에 대한 열정을 관객들에게 선사한 바 있는 데이미언 셔젤 감독이 뮤지컬의 역동적인 아름다움을 스크린으로 그대로 옮겨왔다. 영화 〈라라랜드〉(2016)이다.

영화는 전형적인 뮤지컬 영화의 스타일을 그대로 품었다. 자동차로 가득 찬 꽉 막힌 도로에서 답답함에 지친 운전자들이 도로로 뛰쳐나와 노래와 춤을 선사하는 첫 장면은 관객들에게 선사하는 음악 선물에 다름없다. 이 장면에서 흐르는 O. S. T. 'Another Day of Sun'은 배우들의 춤과 함께 화려한 오프닝 시퀀스를 관객들에게 보여준다. 수십 명의 배우들이 약 3개월 간 연습한 후 실제 LA의 고속도로를 통제하고 이틀 동안 촬영한 결과물이다. 감독은 이 장면을 통해 단순히 도로의 교통정체에 지친 운전자들의 답답한 속내를 표현한 건 아니다. 오히려 함께 부르는 노래만큼이나 영화의 제목이기도 한 '라라랜드'로 들어가 자신들의 꿈을 이루기 위해 줄을 선 수많은 배우 혹은 가수 지망생들의 속마음을 표현했다고 해석하는 게 옳다.

화려한 오프닝 시퀀스 이후, 화면은 다시 꽉 막힌 도로로 흘러가고 주인공 세바스찬(라이언 고슬링 분)과 미아(엠마 스톤 분)가 우연히 잠시 만나 티격태격하는 모습이 이어진다. 그리고 두 사람은 곧 각자의 일상으로 나뉘게 되는데, 세바스찬은 진정한 재즈 뮤지션의 삶을 꿈꾸지만 아무도 알아주지 않는 재즈에 대한 아쉬움에 빠져 현실과 이상 사이의 경계에서 혼란을 겪고 있는 모습으로 그려진다. 그리고 미아는 커피숍에서 아르바이트를 하며 꿈을 키워가는 배우 지망생으로 꿈을 향한 열망을 키워가지만 계속해서 떨어지는 오디션에 점점 지쳐가는 모습으로 묘사된다. 영화의 제목인 라라랜드(LaLa Land)는 영화의 무대인 미국 로스앤젤레스(LA) 지역을 뜻하는 의미로도 사용되지만, '꿈과 이상을 그리는 세계'라는 의미를 가지기도 한다. 영화는 이처럼 라라랜드를 배경으로 재즈 뮤지션을 꿈꾸는 세바스찬과 배우를 꿈꾸는 미아가 만나 서로 사랑하게 되는 이야기를 아름답게 그려내고 있다.

데이미언 셔젤 감독은 앞서 영화 〈위플래쉬〉를 통해 음악에 대한 열정을 강렬하게 표현한 바 있다. 그만큼이나 이 영화 또한 재즈와 연기라는 예술에 대한 꿈과 열정을 두 연인 간의 사랑을 중심으로 강렬하게 묘사하는 데 중점을 뒀다. 세바스찬이 클럽 사장인 빌(J. K. 시몬스 분)과 캐럴과 재즈의 경계를 놓고 갈등을 빚는 장면은 영화 〈위플래쉬〉에서의 음악적 갈등을 차용한 것으로 해석된다. 뿐만 아니라, '여름' 시퀀스에서 미아가 춤을 추고 세바스찬이 피아노를 연주하는 장면은 〈위플래쉬〉에서 플렛처(J. K. 시몬스 분)가 지휘를 하고 앤드류(마일즈 텔러 분)가 드럼을 연주하는 장면과 비슷하다는 점을 감안할 때 셔젤 감독의 의도적인 연출로 판단된다.

영화는 이처럼 '계절'을 통해 시퀀스를 구분하는 방식으로 스토리텔링을 시도했다. 영화 속 '봄'은 세바스찬과 미아가 서로를 알아가면서 사랑이 싹트기 시작하는 계절이다. 이와 함께 채 영글지 아니한 각자의 꿈이 싹트고 있는 시기로도 해석할 수 있다. '여름'은 각자의 열정이 활활 타오르는 시기로 묘사됐다. 하지만 이 시기는 각자가 현실을 바라보며 타협을 생각하게 되는 시기로 해석될 수도 있다는 점에서 그들의 열정과 대비해 그 열기가 다른 방향으로 움직이고 있음을 깨닫는 시기이기도

미아와 세바스찬은 각자가 꿈꾸는 '라라랜드'로의 입성을 위해 서로를 격려하며 함께 노력한다.

하다. '가을'은 현실과 타협할 수밖에 없는 자신에 대한 불만과 서로에 대한 아쉬움 등이 교차되는 시기이다. 그리고 '겨울'은 서로에 대한 사랑의 감정을 숨긴 채 현실과 타협한 것에 대한 아쉬움을 깨닫는 시기라고 할 수 있다. 하지만 이 시기는 현실에 대한 굴복으로 표현되기보다는 서로의 앞날에 대한 축복과 함께 했던 시간을 되돌아보는 기회를 가진다는 점에서 미련을 해소시켜 주는 깔끔한 마무리로 해석될 수도 있겠다.

영화는 관객들에게 연기와 재즈, 즉 눈에 보이는 것과 귀에 들리는 두 가지에 대한 얘기를 두 주인공들을 통해 풀어나간다. 아마도 적절한 표현이 뮤지컬 형식이었을 것만 같다. 그래서 세바스찬과 미아의 이야기는 어떤 때는 '재즈'에 대해, 어떤 때는 '연기'에 대해 주제를 자연스럽게 바뀌가며 다채로운 이야기들을 화려하게 펼쳐나간다. 이 때문에 관객들은 전혀 지루함 없이 새로운 이야기들을 받아들이기 쉽다. 이를테면 파티에서 나와 미아의 자동차를 찾으러 온 두 사람이 조명 아래에서 노래를 부르며 춤을 추는 장면은 분명 프로페셔널은 아니지만 한편으로는 세련된 아마추어의 실력을 뽐내고 있음을 쉽게 느낄 수 있다. 아마도 이 장면에서 그들이 프로다운 실력을 드러냈다면 오히려 어울리지 않았을 것이다.

영화는 이외에도 연인 간에 발생하는 사소한 오해, 감정 다툼 등을 생생하게 보여준다. 꿈을 소중히 여기라고 자신에게 강요하고 강조했던 세바스찬이 정작 그 자신은 현실과 타협해 꿈이 아닌 다른 것을 좇는 모습에서 미아는 실망을 금치 못한다. 하지만 그녀 또한 현실이 아닌 꿈을 좇는 게 얼마나 허망하고 공허한지를 1인극 공연이 끝난 후 점차 깨닫게 된다. 세바스찬은 기다려도 오지 않았고 공연 대기실에서 몰래 조롱하는 스태프들의 뒷담화만이 들려오고 있었기 때문이다. 이처럼 현실은 꿈과 이상의 너무나 깊은 간극을 드러낸다. 하지만 세바스찬이 캐스팅 디렉터의 전화를 대신 받아 고향으로 돌아간 미아로 하여금 오디션에 참가하게끔 설득하는 장면은 꿈과 현실 사이의 경계를 허물어뜨리며 감정을 최고조로 끌어올리는 장면이 된다.

우린 어디에 있냐고 묻는 미아의 질문에 쉽게 답하지 못하는 세바스찬의 모습은 이 순간 또한 자신들에게 선택권이 주어지지 않은 채 그저 한 곳만 바라볼 수밖에 없는 답답함을 표현하는 장면이다. 그렇게 두 사람은 각자의 꿈을 좇기로 결정하면서 서로 어디에 있던 영원히 사랑할 것이라는 기약 없는 말을 남겼지만 두 사람의 관계는 갈수록 거리가 멀어지고 만다. 이윽고 화면은 5년 후 겨울을 비추는데 이는 미아와 세바스찬이 우연히 다시 만나 '현실이 이랬으면 어땠을까?' 하는 미아의 상상으로 표현된다. 아름다운 상상이 펼쳐졌지만 현실은 언제나 이상과 달랐다. 결국 마지막은 두 사람의 현실에 대한 만족과 서로의 앞날에 대한 축복, 그리고 새로운 음악으로의 끝맺음이다.

영화의 마무리는 각자의 꿈을 소중히 여기며 자신의 위치에서 서로를 응원해주는 역할로 귀결된다. 감독은 그들의 꿈에 대한 열망을 재즈와 연기로 승화시켰다. 그리고 이를 통해 라라랜드가 가진 의미와 역할에 무게를 두고자 했다. 계절로 구분한 시퀀스의 스토리텔링은 각각의 계절에 어울리는 음악과 배우들의 감정선을 생생하게 전달했다는 점에서 뛰어난 연출력이 고스란히 드러난다. 아름다운 음악, 배우들의 춤과 연기, 그리고 연인간의 사랑을 주제로 한 감정선이 풍부하게 전달된 작품, 골든글로브와 아카데미상의 주인공이 될 수밖에 없었던 영화, 〈라라랜드〉였다.

미운 오리 새끼의 화려한 변신

신희극지왕(2019)

주성치 영화의 특징은 시의적절한 웃음과 함께 삶의 고통을 위무하는 해학적 요소가 과하지 않게 들어있다는 데 있다. 그의 대표작인 〈쿵푸허슬〉(2004)은 약자로서 힘없이 당하기만 해왔던 주인공 싱(주성치 분)이 폭력 조직인 도끼파에서 나와 점차 선한 인물로 변화하는 과정을 웃음과 해학을 섞어 한 편의 드라마로 연출한 것이다. 〈소림축구〉(2001) 또한 힘없고 인정받지 못했던 이들이 평생을 바쳤던 무공에 대한 자부심을 축구라는 스포츠에 담아내는 내적 성장 과정을 제대로 그려낸 작품이다. 그 속에서 나름의 카타르시스를 느낄 수 있는 몇몇 장면들을 연출해내는 것 또한 잊지 않고 말이다. 영화 〈서유기, 모험의 시작〉(2013)

은 현장(문장 분)이 부처의 뜻을 깨닫고 삼장법사로 성장하는 과정을 우리가 익히 알고 있는 스토리에 맞춰 잘 표현해냈다. 이처럼 유머와 해학이 적절히 섞인 성장 드라마를 만들어내는 데 익숙한 그가 또 하나의 작품을 가지고 관객들을 찾아왔다. 영화 〈신희극지왕〉(2019)이다.

영화는 배우의 꿈을 안고 10년이 넘도록 단역의 길을 걷고 있는 여몽(악정문 분)의 험난한 인생여정을 조명한다. 연기에 대한 그녀의 열정은 어느 누구에 못지않지만 사람들은 이를 쉽게 인정하지 않고 그녀의 외로운 노력을 외면할 뿐이다. 가족의 차가운 눈총과 친구의 무시, 촬영장에서의 멸시 등을 받으면서도 쉽게 무너지지 않고 남자친구와 함께 잘 견뎌내던 그녀는 사람들의 계속된 외면과 남자친구의 배신 등에 직면하면서 '운명'이라는 현실을 비로소 깨닫게 된다. 그리고 그 현실에 적응할 때쯤 또다시 새로운 기회가 찾아오는데, 영화는 그러한 기회 또한 지난 10년의 인고의 세월이 만들어낸 노력의 결실임을 나름의 의미를 더해 풍성하게 쏟아낸다.

한 인물의 성장 드라마를 알차게 그려내면서도 순간순간 가벼운 웃음으로 주성치 식 연출의 맛을 가득히 채워 넣었다. 하지만 이러한 방식의 유머가 관객들에게 가볍게 다가오지 않음은 우리에게 너무나 익숙한 감정을 매우 보편적인 방법을 통해 그려내고 있기 때문이다. 촬영장으로 이동하는 흔들리는 자동차 안에서 차이코프스키의 명곡인 '백조의 호수'를 들으며 우스꽝스럽게 식사를 하는 그녀의 모습을 슬로우 모션으로 표현한 장면은, 관객들의 자연스러운 웃음을 이끌어냄과 동시에 애처로운 상황을 해학적으로 풀어내는 모습이다.

엑스트라를 태우고 촬영장으로 이동하는 차 안에서 여몽(악정문 분)이 차이코프스키의 '백조의 호수'를 들으며 도시락을 먹는 모습은 영화 속에서 가장 아름다운 장면 중 하나이다.

영화는 세 가지 관점에서 각자의 역할을 조명했다. 주인공 여몽은 자신의 꿈에 대한 믿음과 희망으로 똘똘 뭉친 꾸준한 노력파의 모습을 조명한다. 그녀의 삶은 누가 봐도 비참할 정도로 철저한 외면과 무시로 일관되어 있다. 하지만 그녀는 자신의 삶을 조금도 비관하지 않고 항상 긍정적인 모습으로 현실을 이겨내고자 노력한다. 앞에서 언급한 차이코프스키의 '백조의 호수'는 그녀가 꿈꾸는 이상적인 미래를 에둘러 표현한 장면이다. 오랜 기간 동안 미운 오리 새끼로 외면 받아온 그녀가 곧 백조가 되어 화려한 날갯짓을 해낼 수 있을 거라는 기대가 화면에 고스란히 반영되어 있다.

또 다른 관점은 여몽을 둘러싼 주변인들이 그녀를 바라보고 대하는 모습이다. 촬영장에서의 스태프들은 단역으로 활동하는 그녀를 기계적으로 대할 뿐이다. 여러 역할에 알맞은 연기를 요청하면서도 대충 어림 짐작으로 배우를 선택하는 장면들은 결국 촬영장에서 숨은 보석을 캐내는 데 아무런 관심 없이 그저 눈에 보이는 대로 기계적으로 일하는 현장의 현실적인 부분을 드러낸 것이나 다름없다. 마르코(왕바오창 분)가 옛 명성에서 빠져나오지 못한 채 사람들을 무시하고 제멋대로 행동하는 장면 또한 현실을 돌려 비판하는 장면이다. 여기에 더해 자신을 서비스 직종에 종사하는 이로 표현하며 그녀를 등쳐먹고 있었음을 들킨 남자친구의 항변은 그녀가 처한 어려움을 더욱 나락으로 빠져들게 만드는 역할에 일조한다.

마지막은 감독이 그려내고자 했던 여몽의 미래를 조명하는 모습이다. 감독 주성치는 여몽의 화려한 날갯짓을 극적으로 그려내고자 그녀를 최대한 나락으로 떨어뜨리기 위해 장면 하나하나마다 관객들의 감정을 강하게 긁어댔다. 배달 아르바이트 도중 그녀는 갑자기 일약 스타가 된 친구 소미와 유명 감독을 만나게 된다. 그녀가 아무런 배역이라도 하나만 달라고 요청했지만 입에 담기 힘든 말들로 거절을 당하게 되는데, 우주가 끝날 때까지 배역을 맡기 힘들 거라고 얘기하는 감독과 자신의 비참한 운명을 받아들이라고 조언하는 친구의 말은 그녀가 오랫동안 속에 품어왔던 꿈을 포기하는 데 결정적인 역할을 한다.

여기에 남자친구의 정체를 확인한 후, 귀에 익숙한 '백조의 호수' 음악과 함께 눈을 감고 오토바이를 운전하다가 사고가 날 뻔한 장면은 관객들의 감정이입을 자연스레 불러 모은다. 넘어진 자신을 일으켜 세워주는 이에게 자신은 더 이상 배우가 아니라며 이제 꿈에서 깼다고 얘기하는 그녀의 모습은 관객들의 마음을 더욱 아리게 만들며 지금까지 이끌고 왔던 스토리의 전환을 예고하는 장면이 되기도 한다. 열심히 한다고 항상 보상받는 건 아니라며 결국 자신의 꿈을 포기하고 평범한 일상에 젖어들었지만 감독은 누구나 예상할 수 있는 그녀의 화려한 미래를 뒤늦게 그려냈다.

꿈을 포기하고 부모와 함께 지내고 있던 그녀에게 어느 날 마르코가 찾아와 주성치 감독의 신작 오디션에 도전해보라고 권유하는 모습은 방향의 전환을 제대로 알려주는 장면이다. 여기에 겉으로는 차갑게 대했지만 그녀의 뒤를 든든히 받혀준 부모님의 역할은 그녀에게 전해지는 한줄기 빛이 아닐 수 없다. 사실 그녀의 부모님은 그녀가 단역을 할 때부터 촬영장을 자주 드나들며 그녀의 행보를 묵묵히 지지해주는 역할을 톡톡히 해내고 있었기 때문이다. 그녀의 아버지가 다시는 집에 돌아오지 말라고 외치면서도 한편으로 집 열쇠를 절대 잃어버리지 말라고 당부한다거나 쓸모없는 녀석이라고 외치면서도 비행기 1등석을 예약해주는 모습 등은 이러한 해석을 뒷받침해준다. 촬영장에서 함께 단역배우 일을 했던 미야의 역할이 짧게 끝나버림은 매우 아쉽다. 중간에 결국 그의 정체를 밝히고 잠시 사라지는가 했지만 어떠한 반전이나 역할도 부여받지 못한 채 그냥 흘려보내기엔 역할의 무게감이 뭔가 어색하기만 할 뿐이다.

마지막으로 도전한 오디션을 당당히 통과하고 1년 후 연말 시상식에서 화려하게 성공한 여몽의 단역 시절이 화면에 비치는데 화면과 그녀의 뒷모습을 번갈아 바라보는 아버지의 눈물은 남다르게 다가온다. 결국 화면은 그녀가 당당히 여우주연상을 수상하며 화려한 날갯짓을 펼치는 장면으로 마무리된다. 영화는 여몽이 그동안 참아내고 견뎌왔던 힘든 시절을 지나 결국 미운 오리새끼에서 화려한 백조로 변모하는 과정을 주성치 감독 특유의 웃음과 해학을 통해 재미있게 풀어냈다. 신나는 웃음을 불러오는 스토리는 아닐지라도 감독의 메시지가 분명하고 그 속에서 가볍게 웃음을 지을 수 있는 유머를 간간히 드러내고 있음은 영화가 가진 특유의 색감이다. 미운 오리새끼의 화려한 변신을 보고 싶은 관객 분들에게 차이코프스키의 '백조의 호수'가 제대로 어울리는 이 작품을 조심스레 추천해본다.

막을 올렸으면 끝까지 간다

커튼콜(2016)

생활의 모든 것이 디지털화 되어버린 세상, 누구나 갖고 있는 스마트폰 하나만으로 전화통화는 물론, 사진촬영, 독서, 게임, 음악청취와 영화감상까지 많은 일들을 자유자재로 할 수 있는 세상이다. 하지만 과거 텔레비전이 개발됐을 때 많은 사람들이 라디오는 곧 사라질 것이라 예측했지만 지금까지도 라디오를 찾는 이들이 여전히 존재하듯이, 영화를 비롯한 각종 디지털 콘텐츠가 난무하는 이 순간에도 아날로그의 감성이 묻어나는 연극을 찾는 많은 이들이 존재한다. 지금도 대학로 소극장을 찾으면 연극만이 줄 수 있는 감성을 찾고자 하는 이들을 쉽게 만날 수 있다. 이렇게 옛 감성을 그리워하는 이들에게 꼭 추천하고픈 영화가 있다.

추억과 웃음, 그리고 따뜻한 감성이 묻어나는 영화, 류훈 감독의 〈커튼콜〉(2016)이다.

영화 〈커튼콜〉은 경영난에 부딪혀 존폐의 위기에 놓인 삼류 에로극단 '민기'의 배우들이, 연출자인 민기(장현성 분)를 중심으로 합심해 정극 '햄릿'에 도전하는 이야기를 그리고 있다. 삼류 에로극단이라는 말에서 알 수 있듯이 극단 '민기'의 배우들은 모두 정극 무대에서 인정받지 못하고 쫓겨난 삼류 배우들이다. 생계를 위해 어쩔 수 없이 에로 무대를 택한 그들의 마음속 한편에는 언제나 정극에 대한 아쉬움을 풀지 못한 응어리가 존재한다. 그런 그들에게 연출자 민기는 극단 대표인 최대표(김홍파 분)의 반대를 무릅쓰고 정극 '햄릿'에 도전할 것을 권하고 우여곡절 끝에 연극의 막이 오르게 된다.

이처럼 〈커튼콜〉은 옛 감성을 찾고자 하는 이들에게 어울리는 영화이다. 아무도 모르게 지나가버린 세월 속에서 생계를 위해 또는 습관처럼 익숙한 생활 속에 묻혀 살아가는 이들이 삶의 감성을 다시 찾고자 나름의 혁신을 추진하는 내용을 보여주기 때문이다. 감독을 비롯한 배우들은 과거와 달리 좁아진 연극 무대의 현 주소를 바라보며 비록 디지털이지만 그 감성을 스크린으로나마 다시 찾기를 바라는 마음으로 영화를 만들었다. 이를 통해 잠시나마 연극에 대한 대중들의 관심이 되살아나고 연극만이 전해줄 수 있는 무대의 생기와 배우들의 열정을 다시 일깨워줄 수 있기를 바라는 마음이 아니었을까 싶다.

영화의 주제는 초심(初心)이다. 하지만 현재의 불만족을 떨치기 위해 옛 추억을 되찾는 것이 아니다. 현재를 인정하며 그 속에서 잃어버린 삶의 생기를 되찾자는 것이다. 그건 나이가 들어 젊었던 시절을 그리워하는 것과는 다른 얘기이다. 영화가 주장하는 초심은 그들이 현재를 지탱할 수 있는 힘이다. 옛 추억을 마냥 그리워하며 하루를 힘없이 살아가는 것보다 추억을 다시 내 눈 앞으로 직접 가져와 자신의 무기력한 현재를 또 다른 시각으로 해석하는 것, 이러한 용기와 시도만으로도 현재의 생활에 반전을 일으킬 수 있다.

영화는 '벗느냐 웃기느냐 그것이 문제로다'라는 포스터 문구에서부터 코미디를 지향하고 있지만, 그렇다고 과하고 억지스러운 웃음을 유발하지는 않는다. 신나게 웃어젖힐 수 있는 그런 킬링 타임용 영화를 기대하는 관객들도 있겠지만 과한 웃음을 전달하기엔 영화의 주제가 제법 무겁기 때문이다. 특히 요즘의 관객들은 영화를 바라보는 시각이 한층 높아져 때로는 심한 비틀기를 좋아하지 않기도 한다. 어설프게 반전을 꾀한다거나 억지스러운 웃음을 주려고 하다간 오히려 SNS 등 소셜 네트워크를 통해 뭇매를 맞을 수도 있다. 결국 저예산 영화라는 측면에서 볼 때 적당한 웃음과 적절한 주제로 관객들에게 다가가는 것도 현명한 연출 방법이 될 수 있다 하겠다.

영화는 소외된 사람들, 흔히 말하는 루저(Loser)들의 이야기를 다루고 있지만 캐스팅만큼은 전혀 그렇지 않다. 이른바 잘 나가는 대한민국 연기파 배우들을 모두 모았다고 해도 과언이 아니기 때문이다. 드라마 〈시그널〉(2016)과 영화 〈쎄시봉〉(2015)에서 명연기를 펼친 바 있는 배우 장현성과 〈인천상륙작전〉(2016), 〈조선마술사〉(2015)의 박철민이 주연을 맡았으며, 연극계의 살아 있는 전설이라 불리는 전무송을 비롯해 〈부산행〉(2016), 〈낭만닥터 김사부〉(2016)의 장혁진, 뮤지컬 〈하드

삼류 에로극단 '민기'의 배우들은 연출자인 민기(장현성 분)를 중심으로 합심해 정극 '햄릿'에 도전한다. 하지만 그들의 도전 앞에 놓여 있는 건 웃음으로 가득한 가시밭길뿐이다.

락카페〉(2008)와 〈달마야 놀자〉(2009)의 서호철, 〈태양의 후예〉(2016)의 이이경, 그리고 배우 김옥빈의 동생으로 잘 알려진 채서진 등이 무대 위에서 뛰어난 연기를 보여준다. 이들은 모두 실제 연극 또는 뮤지컬 등을 통해 무대의 무게를 경험해 본 배우들이다.

　다양한 영화들을 원하는 대로 접할 수 있고 천만관객을 이끌어낸 영화들도 심심찮게 보는 시대다. 그만큼 관객들의 눈높이도 높아져 열린 결말 또는 생각지도 못한 반전을 기대하는 이들도 많아졌다. 하지만 영화 〈커튼콜〉의 결말은 쉽게 예측이 가능하다. 어떠한 반전도 열린 결말도 기대하지 않는 게 좋다. 영화적 재미를 추구하기 위해 극적인 연출을 시도하는 것도 신선하겠지만 아직까지 대한민국 관객들의 시선은 이와 같은 주제를 담고 있는 영화에게 해피엔딩을 기대한다. 결말이 어느 정도 예측한 방향대로 흘러가기 때문에 사람들의 실망이 클 수도 있겠다. 하지만 우리는 그동안 스크린이 아닌 현실에서 해피엔딩이 아닌 모습들을 자주 보아왔다. 영화 속에서라도 해피엔딩을 봤으면 하는 게 영화를 찾는 관객들의 솔직한 심정이 아닐까.

한국 영화는 오랫동안 대내외적으로 소재와 기술력의 한계를 지적받아 왔다. 하지만 현재는 각종 특수효과와 풍부한 소재를 바탕으로 다양성을 갖춘 영화들이 제법 나오는 듯하다. 한때 방송 열풍을 불러일으킨 드라마 〈도깨비〉(2016)를 봐도 색다른 소재와 화면만으로 많은 시청자들을 브라운관 앞으로 끌어 모을 수 있었고, 영화 〈당신, 거기 있어 줄래요〉(2016)의 경우 주인공의 시간여행이라는 독특한 소재로 관객들의 사랑을 받았다. 〈스타워즈〉와 같은 할리우드 블록버스터 영화들을 보며 마냥 부러워했던 과거와는 달리 이제 대한민국의 영상 콘텐츠도 점차 그 한계를 벗어나고 있는 것이다.

이런 영화들의 풍년 속에서 영화 〈커튼콜〉이 가지는 무게는 남다르다. 스타급 배우들과 각종 특수효과, 폭력과 욕설은 물론 우리 사회의 어두운 단면을 주제로 한 자극적인 소재가 아닌 지친 사람들의 옛 감성을 자극하는 따뜻한 영화라는 점에 새로운 의미를 부여할 수 있기 때문이다. 그렇다고 이 영화가 무작정 감성만을 좇고 있는 건 아니다. 연극 '햄릿'의 막이 올라간 후 의도치 않게 벌어지는 일들로 점차 산으로 가는 연극의 내용과 허둥대는 배우들의 모습 등이 여러 웃음을 적절히 만들어낸다. 이 와중에 민기가 내뱉는 '막을 올렸으면 끝까지 간다.'는 말은 책임 회피가 만연한 대한민국 사회에 던지는 강렬한 메시지라 할 만하다.

영화 〈커튼콜〉은 작은 영화이다. 예산과 규모가 너무 작아 개봉을 할 수 있을지조차 불투명했다. 이 때문에 개봉 당시 상영관을 충분히 잡지 못했다. 할리우드 영화들과 고예산 영화의 홍수 속에서 비록 저예산이긴 하지만 관객들에게 연극의 따뜻한 감성을 다시 끄집어내고자 했던 감독과 제작진, 그리고 적은 개런티를 감수하고 출연한 배우들의 마음이 한데 모였다는 점에서 이 영화의 가치는 무궁무진하다고 생각된다.

진정한 승자는 대중으로부터

파운더(2017)

누구나 그렇듯 위인전을 많이 읽으며 성공 스토리를 갈망하던 때가 있었다. 우리가 역사를 읽고 해석하는 것 또한 누군가의 행적을 따르는 일이 아닌가 싶다. 결국 미래는 과거를 해석하고 이를 현재에 반영해 어떤 방향으로 나아갈지를 결정하는 일이다. 과거를 돌이켜보고 해석하는 첫 단계가 중요한 이유이기도 하다. 이를 해석하고 풀어내는 방식에서 차이가 있을 수 있지만 이는 반드시 실화가 아닐지라도 가능하다. 하나의 인물을 만들어내고 현실적 배경과 결부시켜 하나의 표상을 창조하는 것 또한 나름의 의미와 가치가 주어지기 때문이다.

필자가 좋아하는 영화 〈포레스트 검프〉(1994)가 좋은 사례이다. 불편

한 다리와 남들보다 조금 떨어지는 지능을 가진 외톨이 소년이지만 아들에게 헌신적이고 강인한 어머니의 보살핌으로 사회의 편견과 괴롭힘을 견뎌내고 성공한 인물의 스토리를 만들어냈다. 실존 인물이 아닐지라도 제대로 된 삶의 표상을 그려내고 있다는 점에서 필자는 이 영화의 가치를 인정하는 편이다. 반면에 이를 뒤집어보는 또 다른 측면도 생각해볼 수 있다. 지금 얘기하고자 하는 영화는 실존 인물을 그리고 있지만 그 인물의 행적과 스토리의 가치에 대해서는 조금은 시각을 달리할 가능성도 있는 작품이다. 존 리 행콕 감독은 성공 스토리의 이면을 리얼하게 묘사하고 싶었던 것 같다. 영화 〈파운더〉(2017)이다.

영화는 고객에게 멀티믹서를 판매하기 위해 애쓰는 주인공 레이 크록(마이클 키튼 분)의 모습에서 시작한다. 여기서 주목할 점은 적어도 이 순간만큼은 관객이 3인칭 또는 전지적 시점에서 그를 바라보지 않고, 그와 대화를 나누는 위치에 서 있다는 것이다. 그는 이 가게에 왜 축 다섯 개짜리의 멀티믹서가 필요한지를 나름의 논리를 펼치며 설명한다. 이를 위해 닭과 계란의 우선순위를 꺼내기도 하면서 말이다. 그는 밀크셰이크가 잘 팔리지 않기 때문에 축 한 개짜리로 충분한 게 아니라, 만약 축 다섯 개짜리를 가지고 있다면 회전율이 빠르기 때문에 주문이 증가할 것이라는 사실을 강조한다. 영화는 이처럼 관객들에게 수요와 공급의 중요성에 대한 이야기를 끄집어내는데, 이는 주인공 레이 크록의 신념과 메시지를 전달하는 중요한 장면이 된다. 감독은 실존 인물을 바탕으로 한 이 이야기의 주제를 영화의 주된 장면과 함께 자연스럽게 연결시켜 메시지 전달력을 높였다. 물론 하나하나의 설명까지도 실제로 있었던 일인지 제대로 확인할 길은 없다. 중요한 건 우리는 지금 수요와 공급, 그리고 회전율의 중요성에 대해 얘기를 하고 있다는 점이다. 여기서 말하는 회전율, 그게 바로 이 영화가 얘기하고자 하는 맥도날드와 같은 거대 패스트푸드가 생겨난 이유이기 때문이다.

영화는 문전박대를 당한 레이 크록의 모습과 거리에 넘쳐나는 젊은이들의 트렌드를 절묘하게 비교시킨다. 그리고 숙소에서 그가 켠 LP의 내용과 화면을 연결시키며 레이 크록이 평소 지향하는 점을 관객들에게 주입시키려 한다. 재능이 있어도 성공하지 못하면 천재성도 소용이 없으며, 세상은 정상적으로 교육받은 바보들로 가득하다는 이야기. 그리고 결론은 오로지 끈기와 결단만이 힘을 발휘한다는 이야기가 흘러나온다. 그가 어떤 방향성을 가지고 방문 판매에 힘을 쏟고 있는지를 대변해주는 장면이 아닐 수 없다.

여기까지 본다면 영화는 레이 크록의 성공 스토리를 전달하기 위해 그가 어떤 인물이었는지를 자연스럽게 풀어내려고 애를 쓰는 듯 보인다. 마치 어떤 고난을 겪었고 어떻게 이를 견디고 이겨내며 성공의 길에 접어들게 됐는지를 나열하며 그러한 배경과 환경을 만들어놓는 데에 치중하는 것 같다. 영화가 이야기하는 레이 크록은 적어도 끈기를 가지고 최선을 다해 노력하며 주변의 사소함까지 놓치지 않고 희망을 가지고 살아가는 인물이란 것이다.

어느 날 그는 본사와 전화통화를 하는 과정에서 우연히 어느 업소에서 6개의 멀티믹서를 동시에 주문한 것을 확인한다. 영화의 성공 스토리가 막을 올리기 시작하는 이 장면에서 관객들이 이를 이해하는 건 결코 어렵지 않다. 햄버거를 먹으며 행복한 표정을 짓는 사람들의 얼굴을 슬

레이 크록(마이클 키튼 분)은 오로지 끈기와 결단만이 힘을 발휘한다는 믿음으로 전 세계 햄버거 업계에 전무후무한 역사를 만들어냈다.

로우 모션으로 조명한 장면이나 초기 설립자인 맥도날드 형제(딕 맥도날드, 맥 맥도날드)의 생산 시스템을 화면에 자세히 담는 장면, 그리고 다양한 메뉴를 판매했지만 약 87%의 매출이 햄버거와 감자튀김, 음료 세 가지에 집중됨을 발견하고 현재의 시스템을 만들게 됐다는 그들의 자세한 대화를 통해서 말이다. 관객들은 이를 통해 현재 맥도날드의 패스트푸드 생산 시스템이 탄생한 과정을 자연스럽게 이해하게 된다.

하지만 영화의 제대로 된 시작은 중반이 채 되기도 전부터 시작된 맥도날드 형제와 레이 크록 사이의 잦은 의견 충돌이다. 감독은 이때부터 연출 방향이 애초부터 이 의견 충돌에 맞춰져 있음을 공공연히 드러낸다. 이를테면 메뉴판에 광고를 집어넣고자 하는 레이 크록의 상업주의를 맥도날드 형제가 못마땅하게 여긴다거나, 레이 크록이 수차례 전화를 빨리 끊어버리며 그의 다혈질적인 모습을 드러내는 장면 등을 자주 집어넣은 장면 등이 바로 그것이다. 감독은 이와 함께 레이 크록이 각 프랜차이즈의 품질 관리에 세심하게 신경을 쓰는 모습까지 함께 표현하고자 애를 쓰기도 한다. 법원에는 깃발이, 교회에는 십자가가 있다는 얘기를 하며 맥도날드의 골든 아치가 어떤 가치를 지니고 있는지를 강력하게 주장하는 모습을 보여주면서 말이다. 물론 프레드 터너(저스틴 랜델브룩 분)와 같이 맥도날드의 발전에 중요한 영향을 미친 사람들을 간간이 소개하는 것도 잊지 않았다.

이러한 과정을 통해 영화는 시스템을 개발하고 노하우를 제공한 맥도날드 형제에 초점을 맞추기보다 맥도날드의 패스트푸드 시스템을 확장시키고 프랜차이즈를 통해 사세를 키운 레이 크록의 주장에 좀 더 설득력을 부여한다. 피닉스에만 세워져 있던 골든 아치를 여러 프랜차이즈에 반영시키는 모습과 각 프랜차이즈마다 품질을 관리하는 매니저를 두는 시스템 개선 노력, 자금난으로 인스타믹스라는 우유가 들어가지 않은 밀크셰이크 파우더를 도입하는 장면에 이르기까지. 모든 게 레이 크록의 노력과 추진력에 초점을 맞추는 모습 등이 영화의 방향에 큰 영향을 미친다.

여기서 관객들의 머릿속에 혼란이 오기 시작한다. 감독이라면 영화의 방향과 의견을 분명히 제시할 필요성이 있을 텐데, 감독인 존 리 행콕은 이 작품을 통해 충분히 객관적인 위인전 한 편을 만들고 있는 것처럼 느껴지기 때문이다. 위인의 일대기를 객관적으로 제시할 테니 판단과 평가는 관객이 하시라? 뭐 이런 기분이랄까. 영화의 오르내림이 미화적인 부분에서 비판적인 부분까지 꽤 심하게 요동치고 있음이 의도된 연출일 지라도 크게 공감가지는 않는 게 사실이다. 또한 실제 팩트를 제시하고 있음에도 사업을 확장시켜가는 과정이 너무 순식간이고 그에 따라 너무 많은 얘기를 담으려 하는 게 어설프게 보이는 것도 사실이고 말이다. 그 러한 점에서 영화에 대한 개인적인 아쉬움은 컸다.

영화의 타이틀은 파운더(Founder)이다. 말 그대로 '설립자'라는 뜻인 데, 이 부분은 영화 스토리 내에서 꽤나 중의적인 표현으로 사용될 수 있 다. 누가 과연 맥도날드 프랜차이즈의 진정한 설립자일까? 기술과 아이 디어를 개발한 맥도날드 형제일까, 아니면 이를 발전시켜 현재의 시스 템과 시장을 만들어 낸 레이 크록일까? 이 질문에 대한 답을 어느 쪽으 로 무게를 두느냐에 따라 영화의 방향과 해석이 달리 흘러갈 수 있다는 점에 감독의 연출 지향점이 바뀌는 건 당연하다. 그럼에도 불구하고 영 화의 무게 추는 사실 우리가 다 알고 있는 승자인 레이 크록에게로 치우 치는 걸 충분히 느낄 수 있다. 이 부분은 그가 딕 맥도날드(닉 오퍼맨 분)와 화장실에서 나눈 대화에서 이해된다. 왜 처음에 시스템을 오픈했 을 때 그냥 통째로 훔치지 않았느냐는 딕의 질문에, 레이는 '맥도날드'라 는 브랜드 상표권의 중요성을 인정했기 때문이라는 대답을 하는데, 이 는 샌 버나디노 가게에서 맥도날드의 간판이 해체되는 장면으로 이어지 면서 레이 크록과 맥도날드 형제간의 대결에서 두 형제가 패배했음을 간접적으로 보여주기 때문이다.

영화의 첫 장면에 이어 마지막 장면 또한 레이 크록의 얼굴을 클로즈 업하며 관객들을 향해 대화를 나누는 장면이 제시된다. 분명 '끈기'라는 한 단어를 강조하며 그가 진정한 승자가 됐음을 관객들에게 충분히 인지시키고자 노력하고 있다. 영화는 그가 어떤 인생을 살아왔고 어떤 인물인지를 관객들에게 설명해주는 방식으로 마무리되지만, 필자는 감독이 이에 대한 평가는 관객들 스스로 냉정하게 바라보고 판단해야 한다는 여지를 남기고 있다고 생각한다. 실존 인물의 인생과 누구나 알고 있는 세계적인 프랜차이즈에 대한 이야기를 그리고 있음에도 불구하고 이에 대한 객관적인 시각과 평가가 필요하다는 생각이 들기 때문이기도 하다. 한 인물의 성공 스토리를 그리고 있지만 그 과정에 포함된 객관적이고 진솔한 목소리를 접할 수 있는 열린 시각을 가지고 있는 분들이 있다면, 이 영화 〈파운더〉를 조심스레 추천해본다.

불확실성에 맞서는 용기

다이버전트(2014)

  소설이나 만화 등 원작에 기반을 둔 영화들이 제법 있다. 이들의 실사
화는 원작의 재미와 느낌을 감독의 연출 메시지와 함께 얼마나 제대로
차별화시켜 내느냐가 성공의 관건이 된다. 물론 영화를 통해 원작의 인
기를 그대로 이어가고자 하는 욕심 또한 존재하기 마련이고 말이다. 그
런 의미에서 필자가 원작을 실사화한 영화 중 높은 점수를 주는 작품은
잭 스나이더 감독의 영화 〈왓치맨〉(2009)이다. 〈왓치맨〉은 앨런 무어
가 집필하고 데이브 기번스가 삽화를 그린 그래픽 노블을 원작으로 한
다. 대중을 감시하는 국가적 체제와 그 속에서 활동하는 히어로들의 고
뇌와 현실을 날카로운 시선으로 그려내고 있다는 점에서 그 작품성을

인정받는 작품이다. 이번엔 이처럼 체제에 대한 거시적 비판을 다룬 소설을 원작으로 하는 작품 한 편을 얘기해볼까 한다. 정치적으로 강요받는 사회, 사회적으로 억압받고 있는 대중들을 날카로운 시선으로 그려냈다. 영화 〈다이버전트〉(2014)이다.

영화는 전쟁 등을 이유로 황폐해진 미래 세계를 배경으로 몇 안 남은 인류의 거점 도시 중 하나인 시카고에서 벌어지는 일들을 다룬다. 인류 멸망을 막기 위해 구성된 시험 도시 '시카고'는 순수한 유전자를 지닌 이들을 대상으로 개인 성향에 따라 다섯 개의 분파로 나뉘어 각각의 역할을 수행하며 운영되는 도시이다. 이웃에 헌신하는 이타적인 성향을 가지고 있어 주로 정치, 행정 분야를 담당하는 이들의 집단인 '애브니게이션(Abnegation)', 다정하고 화목하며 친절한 성향을 가져 농업 분야에 종사하는 '애머티(Amity)', 정직하고 질서를 추구하는 성향을 가져 주로 사법계에 종사하는 '캔더(Candor)', 용감하고 대담한 성향으로 군인, 경찰 등 치안 분야에 주로 종사하는 '돈트리스(Dauntless)', 마지막으로 논리적이고 학구적인 성향으로 학술, 연구 분야에 종사하는 '에러다이트(Erudite)'가 바로 그들이다.

하지만 유전자 기술로 이들을 제어할 수는 있어도 어느 곳에서나 예외가 있듯이 다섯 개 분파에 속하지 못하는 이들이 존재하기 마련인데, 영화 속에서는 이들을 가리켜 바로 '다이버전트(Divergent)'라고 부른다. 용어의 의미에서도 알 수 있듯이 영화 속 세계는 정해진 틀 속에서 생각하고 행동하고 성장해야 하는 현실을 보여주고 있어, 이들 어디에도 속하지 않는 이들을 말 그대로 사회적인 골칫덩이로 취급한다. 즉, 이

외의 성향은 사회에서 필요 없다는 전제 하에 제거해야 할 대상으로 취급하는 것이다. 이는 우리가 속한 하나의 '사회'라는 집단을 벗어나는 성향을 불필요하게 여긴다는 점에서 실제 사회에서의 정치적, 사회적 현실을 날카롭게 상징하는 부분이기도 하다. 여기서 영화는 주인공 트리스(쉐일린 우들리 분)가 자신이 다이버전트에 속함을 인지하면서 사회의 강압과 체제에 굴복하지 않고 정해진 틀을 벗어나려는 의지를 표현하는 데 주력한다.

이 영화는 다섯 개의 분파로 구성된 하나의 실험적 사회 체제 속에서 '나는 누구인가', '어디에 속하는가'라는 질문을 계속해서 관객들에게 제시한다. 뿐만 아니라 사회 속에서 내가 어떻게 살아가야 하는지, 어떠한 방향으로 나아가야 하는지, 어떠한 역할을 수행해야 하는지를 되돌아볼 수 있는 기회를 만들어준다는 점에서 판타지 세계를 통해 현실 세계의 실제 모습을 제대로 반영하고 있다고 할 수 있다. 또한 하나의 공동체에 속하지 못하면 즉시 제외되어 버리는 현실과 하기 싫어도 운명에 따라 어쩔 수 없이 할 수밖에 없는 현실 등을 지적하며 우리가 속한 현실 사회를 강하게 비판한다. 그런 점에서 이는 사회 비판에 대한 강한 메타포를 함유하고 있다고 생각할 수 있겠다. 특히, 이 영화는 성인을 대상으로 하기보다 성장하고 있는 젊은이들을 대상으로 그 메시지를 표현하고 있다는 점에서 기존의 〈메이즈 러너〉(2014) 시리즈와 비슷한 스타일을 보여주기도 한다. 아직 현실 사회에 나오지 않은, 즉 현실에 물들지 않은 순수한 젊은이들이 사회에 첫 발을 내딛기 전, 자신의 잠재력을 어떠한 방향으로 발휘할 수 있는지를 사회 체제의 시각에서 바라보기보다 젊은이들의 자유로운 시선에서 바라보고 해석할 수 있다는 점에서 그 현실감

영화는 주인공 트리스가 자신이 '다이버전트'임을 인지하면서 사회의 강압과 체제에 굴복하지 않고 정해진 틀을 벗어나려는 의지를 표현하는 데 주력한다.

이 보다 더 생생하게 드러난다고 얘기할 수 있을 것이다.

필자가 이 영화를 보면서 가장 주안점을 둔 부분은 크게 두 가지이다.

첫째는, 주인공 트리스 역을 맡은 배우 쉐일린 우들리의 연기력이다. 어떠한 분파에도 속하지 않은 성격을 표현하는 건 여간 어려운 일이 아니다. 영화 속 다이버전트는 질서와 복종을 요구하는 정치적 체제 속에서 자유와 혼돈을 택하는 일종의 금기시 되는 존재이기에 다섯 개의 분파를 벗어나면서도 어느 정도 중립적이고 약간은 예외적인 연기력을 보여야 했다. 개인적으로 쉐일린 우들리는 돈트리스에 가까운 면을 보이긴 하지만, 통제를 벗어나려는 다이버전트로서의 본능에 충실한 표현과 연기를 제대로 해냈다고 생각한다. 뿐만 아니라 이러한 연기력은 〈인서

전트〉(2015)와 〈얼리전트〉(2016)로까지 이어져 관객들에게 원작인 소설에서 느꼈던 감정을 그대로 선사하는 결과를 가져왔다.

둘째는, 규율과 통제를 요구하는 사회 체제에 대한 반항을 표현하는 타 영화들과의 차별성이다. 필자가 보았던 〈왓치맨〉과 〈아키라〉(1988)는 물론, 이 영화와 유사한 세계관을 가지고 있는 〈메이즈 러너〉, 〈헝거게임〉(2012) 시리즈에 이르기까지, 그동안 많은 작품들이 거대 체제를 구축하여 시민들을 한데 분류하고 통제하는 사회의 모습을 보여준 바 있다. 그 속에서 〈왓치맨〉과 〈아키라〉가 체제의 옳고 그름에 대한 고민을 제각기 통제의 주도 세력인 히어로와 통제의 대상이 되는 청소년의 시각에서 보여줬다면, 〈메이즈 러너〉와 〈헝거게임〉은 통제의 대상인 청년들이 체제에 대한 의문을 제기하고 이로부터 무조건적으로 벗어나려는 의지와 행위 자체를 보여줬다. 그리고 이 영화 〈다이버전트〉는 이들과 비교해 새로운 세력의 등장을 통해 체제의 정당성을 스스로 무너뜨리려는 시도를 한다는 점에서 타 영화들과의 일정한 차별성을 보여준다고 볼 수 있다.

영화는 미래에 대한 고민을 안고 있는 젊은이들이라면 누구나 공감할 수 있는 도전성과 표현력을 함께 내포하고 있다. 사회에 첫 발을 내딛기 직전의 젊은이들이 두려움과 불확실성 속에서 자신의 자리가 어디에 속할지를 함께 고민하고 격려해준다는 점에서 영화의 메시지는 분명하다고 할 수 있을 것이다. 특히, 어디에도 속하지 못한다든가, 또는 아무도 하고 싶어 하지 않는 일을 시도하고자 하는 이들의 입장에서 그 가치를 표현하는 데 주력하고자 하는 내용과 연출은 분명 다양한 관점에서 인정받을 수 있는 메시지를 담고 있다고 봐도 좋겠다. 다만 우리의 적나라한 현실을 제대로 표현하고 있음에도 불구하고, 영화의 스토리를 풀어 내기 위해 시리즈가 더해 갈수록 그 메시지의 힘이 다소 약해진다는 점 이 흠이라면 흠이라고 할 수 있다.

청춘(靑春)은 아무것도 결정되지 않았기 때문에 더 큰 가능성을 내포 하고 있다. 불확실한 미래에 대한 두려움에 첫 발을 내딛지 못하고 있는 청춘들이 있다면, 이 영화 〈다이버전트〉가 작은 위로와 함께 하나의 열 쇠를 제시해줄 수도 있을 것이다.

인류의 근원을 찾아서

에이리언: 커버넌트(2017)

영화를 보는 두 가지 유형이 있다. 한 번 본 영화는 다시는 안 보는 이와 한 번 봤던 영화를 여러 번 보는 이. 필자는 후자의 유형에 속한다. 적어도 한 영화를 여러 번 봐야 그 영화를 제대로 이해할 수 있다고 생각하기 때문이다. 외국 영화는 더더욱 그렇다. 외국어를 잘 알지 못하면 자막을 읽는 데 집중할 수밖에 없으니까. 현지인도 빠르게 지나가는 장면마다의 내용과 구성을 쉽게 이해하지 못하는데 하물며 외국어를 잘 모르는 평범한 이들은 더하지 않을까? 물론 필자도 그렇다. 영화를 한 번만 보면 줄거리를 좇는데 급급할 뿐 기억 속에 남는 건 별로 없기 때문이다. 이런 관점에서 보면 하나의 영화를 여러 번 보는 것도 나쁘지 않다.

처음에 미처 못보고 지나쳐 버린 장면이라든가, 화면의 구성, 그리고 어쩌면 배우들의 목덜미로 흘러내리는 땀방울 하나까지 발견하고 느끼며 영화를 새롭게 바라볼 수 있게 되는지도 모른다. 이런 생각을 가지고 여러 번 곱씹어 봐야 제대로 이해할 수 있는 영화 한 편을 얘기하고자 한다. 거장 리들리 스콧 감독이 오랜 만에 다시 꺼내든 영화 〈에이리언: 커버넌트〉(2017)다.

〈에이리언〉(1979)이 처음 공개됐을 때 사람들은 그동안 보지 못했던 새로운 형태의 공포에 열광했다. 그도 그럴 것이 당시는 조지 루카스 감독이 〈스타워즈 4: 새로운 희망〉(1977)을 선보이며 사람들에게 우주에 대한 환상을 선사한 뒤였다. 뿐만 아니라 1979년은 1966년 이후 NBC방송을 통해 잘 알려진 〈스타트랙〉 시리즈가 로버트 와이즈 감독에 의해 영화로 제작된 해이기도 했다. 리들리 스콧 감독 역시 이러한 분위기에 제대로 편승했다. 그는 우주를 배경으로 하는 새로운 영화를 기획하던 중, 스위스의 초현실주의 화가 H. R. 기거의 화보집 '네크로노미콘'을 보고 그에게 새로운 크리쳐의 디자인을 맡기게 된다. 우리가 알고 있는 에이리언은 그렇게 탄생했다.

여기서 잠시 네크로노미콘에 대해 알아보자. 원래 네크로노미콘은 하워드 필립스 러브크래프트(1890~1937)의 소설 '크툴루 신화'에 등장하는 가상의 책이다. 이 가상의 책은 신화 내에서 오래된 역사를 소환하는 방법을 담고 있다. 필자가 얘기하고자 하는 건 사실 네크로노미콘이 아니라 이 책을 가지고 얘기를 풀어나가는 크툴루 신화이다. 크툴루 신화는 지구 역사를 되돌아 봤을 때 인류보다 훨씬 강력하고 고도의 문명을 가진 존재가 다른 별들로부터 지구로 날아와 이 세상을 지배했었다는 설정을 배경으로 한다. 더군다나 이 종족은 하나가 아니며, 수많은 여러 종족들이 지구를 번갈아 지배하며 흥망을 되풀이했다. 지구에는 이들이 살았던 흔적들이 곳곳에 남아 있으며, 이들은 현재 잠시 동안 지구를 떠나 있을 뿐 언제든지 다시 돌아올 수 있는 여지를 가지고 있다.

영화 〈에이리언〉은 H. R. 기거의 네크로노미콘 화보집에서 시작하면서부터 일찌감치 이 크툴루 신화를 배경으로 만들어졌다. 얼핏 보면 그럴듯해 보이는 크툴루 신화의 세계관은 타카야 요시키의 만화 〈강식장갑 가이버〉(1985~현재)에도 영향을 미쳤다. 외계로부터 온 강림자들이 전투에 가장 적합한 생물을 개발하기 위해 지구로 와 여러 생체실험을 거듭했고 미생물에서부터 공룡 등을 거쳐 마지막에 인류를 만들었다는 설정을 가지고 있다. 만화는 강림자의 존재를 알아 챈 국제 조직이 그들이 남긴 강식장갑과 함께 그들을 찾아 우주로 떠나는 내용을 담고 있다. 참고로 1985년부터 연재가 시작되어 현재까지 계속 이어지고 있는 아주 대단한 만화가 아닐 수 없다.

다시 이야기를 〈에이리언: 커버넌트〉로 돌려 보자. 영화는 식민지 개척을 위해 적합한 행성을 찾아 우주로 떠난 커버넌트 호가 우연히 목적지와 다른 어느 행성으로부터 갑작스런 신호를 받아 항로를 변경하면서 벌어지는 이야기를 다룬다. 줄거리 소개는 이걸로 충분할 듯하다. 우리는 이미 30년 넘게 이 영화를 보며 에이리언이 무엇인지 잘 알고 있으니 말이다. 그리고 지난 2012년 프리퀄(prequel)인 〈프로메테우스〉(2012)도 이미 접했다. 또한 이 영화는 친절하게도 제목에 '에이리언'이라고 적어 놨다. 그러니 갑작스런 신호를 받아 항로를 변경하면서 벌어지는 사건은 당연히 에이리언을 만나는 내용이라는 걸 쉽게 추측할 수 있다.

이 영화는 거장 리들리 스콧 감독의 작품이지만, 개인적으로 전 작품인 〈프로메테우스〉와 〈에이리언〉을 이어보려는 노력 이외에 그 이상도 이하도 아니다. 조금은 냉정하게 들릴 수도 있겠지만 하나의 독립된 영화로서 기대치를 충족시키지 못했다는 얘기이다. 다들 알고 있겠지만 〈에이리언〉 시리즈는 〈스타워즈〉 시리즈와 함께 연결된 줄거리를 시간 순서와 무관하게 공개하는 방식을 택했다. 야구로 치자면 4회와 6회, 7회, 8회를 먼저 보여주고 1회와 2회를 뒤늦게 제시하는 형식이다. 〈스타워즈〉 시리즈의 경우, 에피소드 4편(1977), 5편(1980), 6편(1983)을 먼저 공개하고 1편(1999), 2편(2002), 3편(2005)을 뒤늦게 만들었다. 〈에이리언〉 시리즈 또한 처음에는 1편(1979), 2편(1986), 3편(1992), 4편(1997)의 순서대로 개봉했으나 2000년대에 들어서 〈프로메테우스〉와 〈에이리언: 커버넌트〉가 공개되면서 관객들의 머릿속 시리즈의 순서가 엉켜버렸다. 이런 식으로 만들어진 영화들은 관객의 궁금증을 증폭시키는 효과를 가진다.

제작자의 입장에서 보면 제작 여건상 부득이 순서를 뒤바꾸는 경우도 있을 것이다. 하지만 어떠한 경우이든 간에 결론은 왜 그랬을까 하는 궁금증 유발일 뿐이다. 뜬금없지만 이번에는 축구로 비유해보자. 전반전은 1 대 0으로 마쳤는데 후반전을 놓친 사이, 경기는 연장전까지 가서 1 대 1로 마감됐다고 한다. 이 경우 사람들이 과연 후반전을 다시 찾아보고 싶어 할까? 축구를 좋아하는 팬덤의 경우 그럴 가능성이 높겠지만 일반적인 경우라면 쉽게 그러지는 않을 것 같다. 경기의 결과가 중요한 스포츠 경기에서 결론이 1 대 1임을 다 알고 있는 상황에서 어떻게 1 대 1

"가끔은 창조를 하려면 파괴를 해야 한다."고 말하는 AI 데이빗. 영화의 주제와 내용을 압축하는 빼어난 대사와 장면이다.

동점이 됐는지 다시 찾아보는 이들이 얼마나 될까?

자, 〈에이리언: 커버넌트〉는 후반전 같은 영화이다. 패색이 짙던 전반전 경기가 후반전에서 어떻게 1 대 1이 되어 연장전까지 가게 됐는지 그게 궁금하다. 앞서 말한 바와 같이 후반전을 궁금해 하는 관객을 찾기가 그리 쉽지만은 않기에 나름 짜임새 있게 시리즈 속 제 역할을 하고자 신경 써서 만들었다는 느낌은 분명히 있다. 하지만 이 과정에서 영화는 한 가지 문제점을 안게 된다. 이야기의 연계성에 치중한 나머지 독립된 영화 자체로서 갖춰야 할 부분을 놓치고 만 것이다. 다시 말 해 앞과 뒤의 연결고리에 치중한 나머지 자신이 그 유명한 에이리언 영화라는 사실을 잊었다는 얘기이다. 그것도 〈프로메테우스〉와의 차별성을 드러내지 못한 채 말이다. 제목에서 볼 수 있듯이 〈프로메테우스〉는 〈에이리언〉의 프리퀄임을 스스로 낮추려 애썼지만, 이 영화 〈에이리언: 커버넌트)는 에이리언 영화임을 제목에 빤히 나타냈다. 그렇기 때문에 아쉬움이 더 진할 수밖에 없다.

영화는 AI(Artificial Intelligence)인 데이빗(마이클 패스벤더 분)과 커버넌트 호 승무원들과의 사투를 그려내고 있다. 뭔가 이상하지 않은가? 보통은 에이리언과 승무원들 간의 사투를 그리는데, 인간이 만들어 낸 데이빗과 사투를 벌인다니 말이다. 이 영화에서 에이리언은 철저하게 조연이다. 물론 승무원들을 직접적으로 공격하는 건 에이리언이지만 영화의 갈등 요소는 모두 데이빗으로부터 시작된다. 데이빗과 웨이랜드(가이 피어스 분), 데이빗과 대니엘스(캐서린 워터스턴 분), 데이빗과 월터(마이클 패스벤더 분). 심지어 데이빗과 에이리언까지. 카메라의 시선이 면대면(face to face)을 중심으로 움직이면서 화면은 데이빗과 각 등장인물 간의 갈등 구조를 최고조로 몰고 간다. 그럼에도 불구하고 필자가 얘기한 독립된 영화로서의 부족한 점은 무엇일까? 기존의 에이리언 시리즈가 모두 에이리언과 승무원들 간의 대결에 치중한 모습을 보인 건 분명하다. 특별한 내용과 주제를 드러내기보다는 에이리언의 기괴한 모습에 관객들이 놀라거나 그저 외계 생물과 싸우고 대결하는 스토리가 전부일지 모른다. 하지만 그 이면에는 에이리언과 등장인물 사이의 짜임새 있는 스토리 라인이 각각 형성되어 있었다. 특히 영화 〈에이리언〉의 경우 주인공 리플리(시고니 위버 분)가 여전사로 변모하는 과정이 매우 인상적이며 AI 애쉬(이안 홈 분)와의 갈등 구조 또한 영화 속에서 상당한 무게감을 보여줬다. 에이리언은 그 모습만으로도 관객들에게 공포감을 주고 있으며 이와 동시에 지능이 높은 외계 존재로서 인간과 고도의 두뇌 대결을 벌이는 재미까지 그려냈다.

반면, 이 영화 〈에이리언: 커버넌트〉는 그런 게 부족하다. 등장인물 간의 스토리 라인도 약할 뿐 아니라 AI 월터와 데이빗 사이의 갈등 구조는 기대에 못 미친다. 필자는 영화를 보며 제작진이 오히려 이 두 AI 사이의 갈등 구조를 재미나게 엮기를 바랐지만 결국 영화의 마무리는 두 AI를 마치 영화 〈터미네이터 2〉(1991)의 T-101(아놀드 슈왈제네거 분)과 T-1000(로버트 패트릭 분) 관계로 만들어 버렸다. 그나마 재미도 없다. 덕분에 영화 〈신비한 동물사전〉(2016)에서 오러로 큰 역할을 맡았던 캐서린 워터스턴은 이 영화에서 시고니 위버를 뛰어넘을 기회를 잃고 말았다. 소수의 등장인물들은 그저 희생양에 불과했고 우리에게 친숙한 에이리언은 화면에서 큰 영향력을 발휘하지 못했다. 그럼에도 이 때문에 영화의 가치가 떨어지는 건 결코 아니다. 〈에이리언: 커버넌트〉는 그 존재만으로 〈프로메테우스〉와 〈에이리언〉 사이의 가교 역할 만큼은 충분히 해내고 있기 때문이다. 앞에서 언급했던 캐서린 워터스턴은 이전 작품들과는 다른 연기 변신을 시도하며 엉킨 시퀀스를 해소시키기 위한 노력을 아끼지 않는다. 또한 영화 속 각각의 장면들은 결국 〈에이리언〉으로 이어지기 위한 아이템들을 여럿 포함한다. 다시 말해 줄거리를 늘어놓고 앞과 뒤를 강제로 갖다 붙이는 전개방식이 아니라 장면 하나하나에 아이템을 자연스레 배치해 둠으로써 관객들로 하여금 아, 저거 그때 봤던 그건데 하며 부드럽게 뒷 스토리와 연결되게끔 하고 있다는 얘기이다. AI 월터와 데이빗으로 분한 마이클 패스밴더의 연기 또한 소름 끼칠 정도로 객관적이다. "가끔은 창조를 하려면 파괴를 해야 한다"고 또박또박 말하는 AI 데이빗의 표정과 대사는 앞에서 얘기한 크툴루 신화 속 네크로노미콘과 이어지면서 동시에 이 영화의 모든 내용을 대변해주는 장면이라고 할 수 있을 것이다.

영화의 시초인 〈프로메테우스〉를 처음 접했을 때 필자는 가장 인상적인 장면으로 엔딩 크레딧을 꼽았다. 엔딩 크레딧 라인에서 귓가에 흐른 쇼팽의 프렐류드 Op.28. 15번 '빗방울 전주곡' 멜로디는 영화를 보는 내내 엉켜있던 필자의 머릿속을 한꺼번에 해소시켜 주었다. 빗방울 전주곡은 쇼팽의 프렐류드 중 꽤 길면서 잔잔함을 선사해주는 곡으로 유명하다. 하지만 한편으로 그 잔잔함 속에 강렬한 울림이 있는 곡이기도 하다. 다만 감독은 왜 엔딩 크레딧에서(정확히 말하자면 "엔딩 크레딧에서도"라고 얘기해야 하지만) 굳이 이 음악을 선택했을까 궁금했다. 그것도 에이리언의 탄생을 예고하는 마지막 장면 이후에 말이다. 이 음악이 과연 폭풍후가 몰아친 후를 의미하는 건지, 아니면 폭풍후가 몰아치기 직전의 고요함을 암시하고자 한 건지 아직도 궁금하다. 어찌됐건 인류의 근원에서부터 시작된 〈에이리언〉 시리즈의 여정이 계속해서 순탄하게 지속되길 바랄 뿐이다.

거칠게 피어난 야생화처럼

와일드 로즈(2018)

꿈을 향한 길은 언제나 외롭고 힘들다. 선택의 길은 두 가지가 마련되어 있다. '용기'와 '포기'가 바로 그것이다. 어떤 길을 선택하건 간에 가능성을 비교해보기 마련이다. 이를 신경 쓰지 않고 앞을 향해 꾸준히 노력하고 도전하는 건 바로 '용기'이다. 이와 반대로 확률이란 수치를 냉정히 따져보고 '포기'라는 선택을 할 수도 있다. 어떤 길을 택하던 뒤돌아보지 않고 끝까지 꾸준하게 나아가는 게 중요하다. 그 선택과 용기가 자신에게 인생이란 새로운 길을 열어줄 것이기 때문이다. 여기 이 평범하면서도 진리처럼 들려오는 한 문장을 감동적인 영상과 아름다운 멜로디로 잔잔하게 표현한 작품이 있다. 영화 〈와일드 로즈〉(2018)이다.

컨트리 음악에 대한 신뢰가 깊은 주인공 덕분에 귓가에 들려오는 멜로디는 대부분 컨트리 음악이 차지했다. 여기에 수잔나(소피 오코네도 분)의 아이들이 덧붙인 웨스턴 미(美)까지 더해진다면 보다 꽉 찬 멜로디로 화면이 더욱 풍성해진다. 주인공인 로즈 린(제시 버클리 분)은 음악에 대한 조예가 깊은 게 아니다. 그저 컨트리 음악에 대한 열정과 집착이 강할 뿐이다. 하지만 화면은 그녀가 무턱대고 열정만을 보여주는 게 아니란 걸 관객들에게 금세 드러낸다. 충분한 실력을 갖춘 스코틀랜드 글래스고 지역의 한 전과자에게 꿈의 무대인 미국 내슈빌로 향하는 길은 그리 쉽지 않다. 그럼에도 포기하지 않고 자신의 길을 꿋꿋이 걷고자 노력함은 그녀만의 힘이다.

수잔나의 도움을 받아 밥 해리스에게 보내기 위한 영상을 찍는 모습은 컨트리풍도 화려함도 그 어떤 것도 배제시킨 채 담백한 아름다움만을 남겼다. 화면 곳곳에 깔끔한 목소리만을 담아 가사와 함께 짙은 호소력이 묻어 나온다. 그녀가 가진 실력뿐만 아니라 그녀가 지금까지 이끌고 온 불량하고 어설픈 엄마로서의 모습을 싹 지워버리는 화면이 아닐 수 없다. 그 와중에도 영상은 양쪽의 집안을 대조시키며 로즈의 처지를 극명하게 드러내려 애를 쓴다. 수잔나의 집이 밝은 햇빛으로 가득한 반면 로즈의 집은 붉은 백열등으로 언제나 어둡다거나, 아이들의 삶과 표정이 대비되는 모습 또한 이를 대변한다. 단순히 자신의 열정을 불태우기 위해 노래를 불렀던 지난날과는 달리, 로즈에게도 노래를 불러야만 하는 이유와 목적이 분명해지는 시점이 되기도 한다.

재판을 성공적으로 끝내고 그랜드 올 오프리 바에서 환호와 함께 소리 높여 노래 부르는 로즈의 모습은 자유를 향한 송가이다. 단순히 전자 발찌를 떼고 가수의 꿈을 내슈빌에서 키워나갈 수 있다는 기쁨보다는 자신이 있어야 할 곳으로 돌아왔다는 기쁨이 보다 더 간접적으로 표현되고 있기 때문이다. 그럼에도 불구하고 런던의 BBC에서 드디어 밥 해리스를 만났을 때 목소리는 가졌지만 하고 싶은 말이 무엇인지 질문을 받은 건 그녀에게 주어진 새로운 숙제가 됐다. 기회는 주어졌고 그 일을 해낼 수 있고 없음은 그녀가 앞으로 풀어야 할 과제임을 감안할 때 앞으로 닥칠 그녀의 여정이 결코 순탄치만은 않을 것임 또한 함께 보여주기 때문이다.

영화는 그녀의 두 가지 선택을 놓고 계속해서 저울질한다. 컨트리 가수로 성공해 내슈빌로 가고자 하는 그녀의 오랜 갈망과 그동안 자신의 실수로 상처를 준 아이들에게 제대로 된 엄마 역할을 해내는 것 말이다. 언제나 그렇듯 상반된 두 가지 삶은 그녀를 시험대에 올려두고 고민에 빠지게 하고, 관객들은 어느 쪽 편을 들던 그녀의 선택을 존중할 수밖에 없게끔 만들어 버린다. 감독 톰 하퍼는 이처럼 조금은 익숙한 한 여성의 내적 성장 스토리를 적절한 연출과 섞어 관객들에게 좀 더 가깝게 다가갈 수 있도록 유도하는데, 이때 계속된 저울질이 그녀를 어떤 방향으로 이끌고 가는지를 살펴보는 것 자체가 영화의 강점이 됨은 물론이다.

책임감을 가지란 것이지 희망을 뺏으려던 건 아니었다는 엄마의 말은 그래서 더욱 무게가 실린다. 준비된 파티 무대를 제대로 망쳐버리고 결국 모든 사실을 실토한 후 본래의 삶으로 돌아갔던 건 그녀의 선택이었지만 그녀가 원했던 건 결코 아니었기 때문이다. 야생화처럼 거칠게 피어난 그녀의 삶이었지만 영화를 해피엔딩으로 끝맺을 자격은 충분하다.

그곳에 다다르면 나의 길을 알아볼 거라고 외치는 주인공 로즈 린(제시 버클리 분)의 목소리에는 굳은 다짐과 함께 확신에 깃든 힘이 느껴진다.

자신에게 무엇이 중요하고 무엇을 갈망하고 있는지를 충분히 보여주고 있어서이다. 영화는 관객들에게 다양한 기법을 통해 메시지를 애써 설명하려 들기보다는, 우리에게 익숙한 스토리를 잔잔하게 깔아놓아 삶의 거친 환경을 보다 따뜻한 시선으로 바라볼 수 있게끔 만들어준다.

　개인적으로 로즈가 엄마의 도움을 받아 내슈빌로 떠나는 여정까지가 적절했다고 봤다. 또 다른 여정을 풀어놓는 건 관객들을 새로운 감성으로 감싸줘야 하는 부담감만 안겨주기 때문이다. 오히려 그토록 갈망하고 바래왔던 내슈빌을 향한 발걸음을 내딛는 장면만으로도 아름다운 갈무리가 될 수 있을 거란 생각이 강했다. 하지만 감독은 내슈빌로 이어지는 그녀의 도전을 좀 더 들여다보고 이를 보다 아름답게 가꿀 수 있다고 생각했던 것 같다. 보다 더 단단해지고 보다 더 거칠게 다듬어지는 그녀의 삶을 조명하고픈 마음을 내비친 것 같기도 하다. 영화의 클라이맥스는 무대를 옮겨 또 다른 삶을 향한 발걸음을 서두르는 그녀의 흔적을 여러 각도에서 뒤쫓는다.

아니나 다를까 투어를 살짝 빠져나와 그랜드 올 오프리 홀에서 혼자 부르는 그녀의 무대는 영화의 클라이맥스 장면이 됐다. 그곳에 다다르면 나의 길을 알아볼 거라고 외치는 그녀의 목소리에는 굳은 다짐과 함께 확신이 깃든 힘이 있다. 결국 그곳에 다다라서야 자신이 어디로 향해야 할지 그 길을 깨달았다는 감독이 주는 메시지는 관객의 가슴을 울컥거리게 만들며 한 편의 감동을 선사해준다. 영화는 이처럼 스토리 전체에 흠을 주지 않고도 해피엔딩으로 끝을 맺을 수 있도록 관객들에게 좋은 길잡이가 되어주는 장면을 풍성하게 마련했다. 삶의 방향이 어디로 향하든 자신에게 주어진 삶과 길을 어떻게 받아들이냐에 따라 그게 해답이 될 수 있다는 자신감을 던지기도 하고 말이다. 삶에 대한 깊은 성찰과 거울에 비친 내면을 들여다볼 수 있게끔 만들어주는 영화로 손색이 없음은 물론이다.

믿음과 불신의 경계에서

오블리비언(2013)

인류의 발전은 왕성한 호기심에서 비롯되었다. 불과 도구의 발견에서 부터 현대 과학의 출발점이 된 모든 사건들은 현상을 바라보는 인류의 의구심에서 시작되었다고 해도 과언이 아니다. 이를 내가 알고 있는 것에 대한 믿음을 무너뜨릴 용기와 준비가 되어 있는지에 달려 있다고 해도 좋겠다. 오랫동안 보고 듣고 이해하고 있었던 모든 것들이 한 순간에 무너진다면 과연 인류는 이 같은 진실을 마주하게 됐을 때 어떤 행동을 할 수 있을 것인가. 그 원초적인 질문에 대답을 다룬 영화가 있다. 이 영화는 겉으로는 SF 액션 블록버스터를 표방하지만 속으로는 진실과 거짓에 대한 인류의 내면적 고뇌를 세밀하게 파고드는 작품이다. 〈탑건: 매버릭〉(2020)으로 관객의 기대치를 한껏 올려놓은 조셉 코신스키 감독의 2013년 작, 〈오블리비언〉이다.

영화는 갑자기 나타난 외계인들이 달을 파괴하고 지구를 침공한 암울한 미래 세계를 그리고 있다. 인류는 불투명해진 전세를 뒤집기 위해 이들에게 핵무기를 사용하였고 그 결과 지구는 방사능으로 황폐화되어 더 이상 인류가 살지 못하는 곳으로 변해버렸다. 남은 인류는 지구 밖의 테트 통제본부 정거장에 잠시 머문 후 새로운 행성인 토성의 두 번째 달, 타이탄으로 이주하는 방식으로 살아간다. 지구에 남은 마지막 요원인 정찰병 잭 하퍼(톰 크루즈 분)는 통제요원인 비카(안드레아 라이즈보로 분)와 함께 자신이 맡은 구역에서 바닷물을 에너지로 바꾸는 시설을 관리하고 있다. 영화는 주인공 잭이 임무 수행 도중 정체불명의 우주선을 발견하게 되면서 일어나는 사건의 내막을 밝히는 데 주력한다.

영화는 등장인물의 성격과 역할 등을 강하게 드러내면서 믿음과 불신의 양 갈래 노선을 선명하게 대조시킨다. 주인공 잭은 기억 속 한 편에 남아 있는 과거의 지구에 대해 미련을 갖고 살아가는 인물이다. 화면은 잭이 '밥'이라고 부르는 테이블 인형을 우주선에 항시 배치해 놓고 있는 모습을 비추거나, 뉴욕 양키스 모자를 즐겨 착용하고 껌을 씹으며 임무를 수행하는 모습을 자연스럽게 담아낸다. 그리고 그는 과거에 자신이 봤었던 2017년 슈퍼볼 결승전 얘기를 하거나 자신만의 파라다이스를 만들어 가끔씩 그곳에 들러 LP판을 듣고 휴식을 취하기도 하는 등 사라진 기억 속에 희미하게 남겨진 과거에 집착하는 인물로 묘사된다. 반면, 통제요원 비카는 지극히 현실적인 인물로 비춰진다. 영화의 초반, 잭이 침

지구에 남은 마지막 정찰병인 잭 하퍼는 사라진 기억 속에 희미하게 남겨진 옛 지구의 아름다움에 대한 향수를 가지고 있는 인물이다.

대에서 일어나면서 자신의 꿈 이야기를 하는데, 그때 그녀가 자신은 '어떤 일에도 회의나 의문을 갖지 않는다.'고 얘기하는 장면이 대표적 장면이다. 자신과 다른 성향을 지녔음을 우회적으로 돌려 표현한 대사라고 할 수 있다. 영화의 초반이기에 그냥 흘러가는 이 대사에 관객들이 집중하는 게 쉬운 일은 아니지만, 이 대사를 캐치한 관객이 있다면 향후 영화의 인물 구도가 어떤 방향으로 진행될지를 짐작하는 건 그리 어려운 일은 아니다.

이렇게 대비되는 인물 구도는 대사와 행동에도 자연스레 영향을 미쳤다. 잭이 하늘을 바라보며 '전쟁에서 이겼는데, 왜 우리가 지구를 떠나야 하지?'라고 반문하는 대사는 영화 전개의 매우 중요한 열쇠를 쥐고 있다. 뿐만 아니라 저절로 싹을 틔운 식물을 봤을 때 이를 따뜻한 시선으로 바라보는 잭과 달리, 이를 바로 밖으로 던져버리는 비카의 서슴없는 행동은 곧 타이탄 행성으로 떠날 날만 기다리며 더 이상 지구에 정을 두지 않으려고 하는 그녀의 속마음을 대변하는 모습이다.

영화는 이러한 대조적 인물 구도에 급작스레 줄리아(올가 쿠릴렌코 분)를 투입시키며 흔들리는 잭의 믿음에 더욱 균열을 일으킨다. 결국 잭이 그동안 가져왔던 과거에 대한 향수와 그리움 등은 진실과 거짓에 대한 호기심 또는 의구심으로 귀결되며 관객들로 하여금 현실을 새로운 시각으로 바라보게 만드는 반전의 계기를 제공한다. 이는 종교적인 관점에서도 해석이 가능한데 인류는 오랜 기간 동안 보이지 않는 것을 믿을 것인가 믿지 않을 것인가에 대한 선택을 두고 때로는 전쟁으로, 때로는 계급화된 사회를 만들어 내기도 했기 때문이다. 여기서 계급화된 사회를 신뢰를 통해 믿음을 이끌어내는 계층과, 믿음을 관리하는 계층, 그리고 믿음에 이끌려가는 계층으로 분류한다면, 주인공 잭과 비카는 시스템에 대한 믿음을 관리하는 계층으로, 사령관 샐리(멜리사 레오 분)는 지시에 따라 살아남은 약탈자들을 감시하며 자신의 행위에 정당성을 부여하는 믿음을 이끌어내는 계층의 대표적 인물로 설명할 수 있다. 여기에 조셉 코신스키 감독은 잭과 비카를 구분하는 장치를 집어넣어 믿음을 관리하는 계층의 역할에 큰 의미를 부여해 영화의 메시지를 확대하고자 노력했다.

이러한 연출 장치를 통해 잭은 믿음에 균열을 일으키는 호기심 강한 인물로, 비카는 믿음에 대한 신뢰를 전혀 배신하지 않는 인물로 둘을 극명하게 갈라놓고 있는 것이다. 줄리아와 함께 약탈자들에게 붙잡혔을 때, 말콤(모건 프리먼 분)이 잭을 향해 '자넨 호기심이 많더군.'이라고 얘기를 하는데 여기서 언급되는 호기심은 결국 믿음에 균열을 일으킨다는 측면에서 혼란을 일으킬 수 있는 중요한 요소로 작용한다. 하지만 영화에서는 그러한 균열 하나하나가 현실을 새롭게 바라볼 수 있는 열쇠를 제시한다는 측면에서 긍정적인 요소로 받아들여진다고 할 수 있다.

영화의 제목은 오블리비언(Oblivion)이다. 말 그대로 '의식하지 못하는 상태', '망각'이라는 의미를 내포하고 있는 만큼, 영화에서 등장하는 인물들이 스스로 현실을 제대로 의식하지 못하고 무언가 진실을 망각하고 있음을 우회적으로 돌려 얘기하고 있다 하겠다. 하지만 중요한 반전 요소가 될 수도 있는 제목을 이렇게 직접적으로 대놓고 표현한 건 어울리지 않는 방법이 아닐까 싶다. 눈에 보이는 사실은 외계침공 후 인류와 그들 사이에 치열한 전쟁이 있었고 결국 외계인들과의 전쟁에서 인류가 이겼다는 사실인데, 이를 돌려 보면 누가 봐도 현실이 그와 같지 않다는 사실을 쉽게 이해할 수 있기 때문이다. 다시 말해 영화의 포스터, 제목, 등장인물, 사건 배경 등만 눈여겨 확인하면 현실이 어떻게 흘러가고 있는지 누구나 쉽게 눈치 챌 수 있다는 측면에서 영화의 스토리텔링 구조가 꽤 허술한 부분을 가지고 있음을 알 수 있다.

영화는 믿음과 불신의 경계에 서서 옳고 그름이 어느 쪽에 치우치고 있는지를 깨닫는 것이 중요하다는 사실을 관객들에게 진지하게 반문한다. 이를 통해 진실과 거짓의 메시지에 대한 내면적 탐구를 시도하고 있다는 점에 영화의 가치가 존재한다고 생각된다. 눈으로 직접 보고 귀에 들리는 현실에 대해 스스로 반문해 본 관객들이 있다면 이 영화 〈오블리비언〉이 그 질문에 대한 진지한 답을 제시해줄 수 있을 것이다.

그립고 그리워 아쉬움으로 남은 노래

보헤미안 랩소디(2018)

한동안 전 세계가 난리였던 적이 있다. 아니 어쩌면 지금까지도 그 열기에 빠져 있는지도 모르겠다. 곁에 있으면 존재의 고마움을 모르고 곁을 떠나고 나면 빈자리에 허전함을 느끼는 건 연인들의 사랑만 그런 것은 아니다. 매체의 영향력이 이렇게나 크다는 걸 새삼 깨닫게 된 계기가 되기도 했다. 우리 곁을 떠난 지 수십 년이 지난 지금, 팬들은 여전히 그의 빈자리를 그리워한다. 락 밴드 '퀸'의 메인 보컬 '프레디 머큐리'의 이야기다. 필자 또한 퀸의 오랜 팬이다. 늘 타고 다니는 자동차 오디오에는 지금도 퀸의 음악들로 가득하다. 그중 'Bohemian Rhapsody', 'We are the champion', 'Love of my life', 'Too much love will kill you'를 특히 즐겨 듣곤 한다. 그래서 무척이나 보고 싶었고 짬을 내어서라도 상영관으로 달려가 그 열기를 경험하고 싶었다. 브라이언 싱어와 덱스터 플레처가 번갈아 감독을 맡는 우여곡절을 겪어야 했던 영화, 〈보헤미안 랩소디〉(2018)를 얘기하고자 한다.

이 영화는 영국의 전설적인 락 밴드 퀸의 탄생과 인기를 그린 영화이다. 아니, 퀸의 메인 보컬, 프레디 머큐리(라미 말렉 분)의 일대기를 조명한 영화이다. 아니 아니, 프레디 머큐리의 사랑 이야기를 아름답게 그려낸 영화이다. 아니 그것도 아니, 프레디 머큐리의 성(性) 정체성과 에이즈 환자로서의 투병, 그리고 죽음에 이르기까지의 애처로운 삶을 감동적으로 그려내는 뭐 그런… 영화인걸까? 도대체 이 영화의 정체는 무엇일까? 감독은 관객에게 무엇을 보여주고 어떤 메시지를 전달하고자 했던 걸까? 솔직히 필자는 아직까지도 맘에 드는 답을 찾지 못했다. 허나 134분간의 러닝 타임 동안 앞에서 언급한 모든 것들을 아우르길 바랐다면 분명 이 영화는 길을 잃고 배가 산으로 올라가는 우를 범하지 않을 수 없었을 것임이 분명하다.

필자가 이렇게 얘기하는 이유는 개인적으로 이 영화가 밴드 퀸의 많은 음악들을 〈맘마미아〉(2008)처럼 풀어내길 원했기 때문이다. 그렇다고 뮤지컬 스타일의 소개 방식을 원한 건 아니다. 다양한 이야기를 담고 있는 퀸의 음악들이 곡의 가사만큼이나 퀸 멤버들의 실생활 속에서 자연스럽게 흘러나오기를 기대했다는 얘기다. 하지만 영화는 퀸의 주옥같은 명곡들을 일일이 조명해내지는 못했다. 차기 음반 제작을 위해 한적한 시골에 자리 잡고 합숙생활을 하며 'Bohemian Rhapsody'와 'Love of my life' 등을 탄생시키는 과정은 나름 상세하게 표현됐지만 영화의 큰 틀에서 비춰보면 너무 뜬금없었던 것도 사실이다. 이후 브라이언 메이(귈림 리 분)를 통해 'We will rock you'를 만들어내는 장면만큼은 그나마 과하지도 부족하지도 않게 적절했던 것 같다. 이도저도 아닌 건 영화 〈파운더〉(2016)와 많이 닮았다. 감독이 A와 B, 둘 중 무엇을 말하고자 하는지를 분명하게 제시했어야 했다. 너무 많은 얘기를 한 번에 하려 하다보니 우선순위가 정해지고 그 때문에 잘려나가는 게 많았다. 결국 관객들이 볼 수 있었던 건 눈 감고 코끼리 다리 만지기에 불과했다.

프레디 머큐리의 사생활은 차라리 끄집어내지 않았으면 어땠을까? 그의 양성애와 에이즈에 조명을 맞추고자 했으면 차라리 강하게 밀고 나가던가. 사실에 입각한 이야기를 다루면서도 흥행 수익성을 고려하지 않을 수 없었을 테니 그 심정은 이해가지만 영화를 보면 솔직히 안 하느니만 못한 게 사실이다. 더군다나 12세 관람등급을 받고나니 스토리의 표현 범위는 더욱 제한을 받지 않을 수 없다. 폴(엘렌 리치 분)과 키스를 한 번 한 것만으로 프레디는 마치 트리거 현상을 겪은 것마냥 성(性) 정체성의 혼란에 빠져 버린다. 그나마 짐(아론 맥쿠스커 분)의 등장 이후 폴은 닭 쫓던 개 지붕 쳐다보는 꼴이 되고 말았다. 그렇다고 짐이 동성애자로서 프레디의 인생에서 큰 영향을 미치는 역할을 보여주지도 못한다. 실제 짐은 프레디의 삶 속에서 큰 무게와 위치를 가진 인물인데, 영화에서는 너무나 뜬금없이 등장했다가 사라지고 또다시 등장하기를 반복한다. 프레디의 부모 앞에서 두 사람이 손을 꼭 잡는 장면은 너무나 스토리의 연계성 없이 제시되어 당혹스럽기 짝이 없다.

영화는 중반까지만 해도 영화 〈댓 씽 유 두〉(1997)를 좇아가려 애를

영화는 락 밴드 '퀸'보다는 싱어 프레디 머큐리의 삶에 초점을 맞춤으로써 그들의 음악을 기대했던 관객들에게 아쉬움을 안겼다.

쓰는 것처럼 보인다. 밴드의 멤버 영입 과정과 매니저의 등장, 대형 기획사와의 계약, 갑작스런 스타 탄생, 음반 제작과 전국 투어, 매니저와의 불화, 멤버 간 불화에 이르기까지 모든 과정들이 너무나 많이 닮아 있다. 영화 〈댓 씽 유두〉는 통통 튀는 노래만큼이나 재미있고 유쾌하게 잘 만들어진 영화였다. 하지만 〈보헤미안 랩소디〉는 이를 조금은 어설프게 뒤따랐다. 그게 참 아쉽고 또 아쉽다.

1985년 7월 개최된 '라이브 에이드(Live Aid)' 공연 장면은 많은 이들이 극찬하고 있는 영화의 백미이다. 아마도 이 장면 때문에 많은 분들이 이 영화를 사랑하고 있는 게 아닐까 싶다. 필자는 퀸의 라이브 에이드 공연 장면을 영화를 관람하기 전 이미 시청한 바 있다. 이는 유튜브에서도 쉽게 찾아볼 수 있어 결코 어렵지 않은 일이다. 그러고 나서 상영관에서 영화를 접했을 때 그 감흥은 상당히 반감됐다. 개인적으로 앞으로 영화를 찾아볼 분들과 이미 보신 분들은 모두 이 영상을 가급적 검색하지 않기를 권한다. 약 7만여 명의 관중에 둘러싸인 웸블리 스타디움의 열기와 프레디 머큐리의 퍼포먼스가 머릿속에서 지워지지 않아 영화 속 화면에서 받는 느낌이 크게 반감될 것이기 때문이다. 공연의 새로운 매력은커녕 라미 말렉의 연기 또한 아쉽기 그지없다. 물론 프레디 머큐리의 생전 모습과 무대에서의 열정, 그리고 생생한 표현력 등을 어느 정도 살려냈다 하더라도 그 부분은 여전히 아쉬움이 남는 게 사실이다.

나머지 멤버들의 역할은 영화 속에서 전혀 배려 받지 못했다. 브라이언 메이와 존 디콘(조셉 마젤로 분), 로저 테일러(벤 하디 분)가 이렇게까지 찬밥 대우를 받을 존재였던가? 다시 한 번 얘기하지만, 이 영화는 프레디 머큐리의 자서전인지 락 밴드 퀸의 자서전인지 정체가 참 모호하다. 정체성과 방향성을 함께 잃으니 영화는 계속해서 산으로 간다. 프레디가 스마일 밴드에 들어오고 나서부터 그는 스스로 스타를 자청한다. 그런 이유 때문에 라미 말렉의 연기는 무척 뛰어남에도 불구하고 개인적으로 전혀 자연스럽지 않다. 실존 인물인 프레디 머큐리를 제대로 카피하면서도 티가 나지 않도록 배우의 색깔을 입히는 게 중요하다고 생각하지만 여기서는 그런 모습이 부족했기 때문이다.

수많은 명곡들을 최대한 많이 담아내지 못한 건 또 다른 개인적인 아쉬움이다. 각각의 곡들이 탄생하는 과정 또한 불분명하다. 영화의 제목이 왜 '보헤미안 랩소디'인지도 의문이다. 이 모든 것들이 안타깝게도 퀸의 음악에 매료되어 있던 그리고 잔뜩 기대를 하고 상영관을 찾았던 관객들의 기대를 충분히 채워주지는 못한다. 그나마 현실적인 만족감은 인터뷰 장면이다. 당시 프레디의 심리적 압박감을 제대로 표현했다. 다채로운 그래픽을 적절히 활용해 질문의 답을 찾거나 회피하기 위한 혼란적인 모습을 잘 나타내고 있어서다. 거침없는 표현에서 화를 내거나 신경질적인 모습으로 점차 이어지는 연기가 꽤나 자연스럽다.

영화 종반까지 제대로 된 공연 장면은 극히 드문데, 미국 투어의 상승 추세를 너무 쉽게 흘려보내는 데 급급한 것 또한 아쉽다. 개인적으로 이 때부터 영화의 콘셉트가 '음악'이라기보다는 프레디 개인의 '성장기'를 그려나가는 것으로 명확한 방향을 잡았다는 생각이 들었다. 아마도 '라이브 에이드' 공연 장면의 감흥을 최대한 끌어올리고자 하는 감독의 포석이었다고 생각되는데, 흥행을 생각하고 보면 꽤 적절한 신의 한 수였다고 생각된다.

계속된 아쉬움 속에서 필자는 제작 도중 브라이언 싱어 감독의 하차가 가장 아쉽다. 설령 그가 마무리를 했을지라도 방향을 못 잡고 우왕좌왕했을 수도 있겠지만, 필자가 보아온 브라이언 싱어 감독의 작품들은 적어도 어중간한 스타일을 좋아하지 않음을 느낄 수 있게 해주었기 때문이다. 사실 그 또한 맥락을 뒤바꾸는 능력이 있는지 모르겠지만 적어도 한 인물의 일대기를 감독의 개성이 배어나지 않은 채 있는 그대로 보여주는 건 분명 답답해하지 않았을까 조심스러운 추측을 해본다. 마무리에 호불호가 있겠으나 필자는 영화가 일대기에 초점을 맞출 거였다면 차라리 그의 사망까지 이야기를 끌고 가 관객들의 눈물을 있는 힘껏 끄집어내는 것도 좋았을 것 같다.

이야기를 정리해보면 영화에 대한 지나친 기대로 인해 거듭된 진한 아쉬움이 영화의 가치를 과도하게 낮춰버린 게 아닐까 솔직히 우려된다. 하지만 그러함에도 필자는 이 영화 〈보헤미안 랩소디〉를 사람들에게 추천하고 싶다. 그건 이 영화가 허구를 그린 '픽션(fiction)'이 아닌 '논픽션(nonfiction)'영화이기 때문이다. 약간의 편집과 터치가 있다 한들 많은 부분 사실에 기초하고 있고, 무엇보다 전설적인 천재 작곡가 겸 싱어로 남아 있는 프레디 머큐리의 삶을 간접적으로 느끼고 이해할 수 있는 기회가 되기 때문이다. 이 영화는 이점 하나만으로도 볼만한 가치가 충분하다.

사실 뭐니 뭐니 해도 영화의 좋고 나쁨은 관객의 반응을 고스란히 담고 있는 흥행 성적이 좌우한다. 배급사의 배급력, 상영관 개수 등의 간접적 영향도 부정할 수 없겠지만, 이제 관객들 또한 영화의 수준을 읽고 평가할 수 있는 위치에 도달했음 또한 인정할 수밖에 없다. 그렇기 때문에 영화의 흥행 성적은 그 자체만으로도 존중하고 또 한 번쯤 접해볼 위력을 갖추게 만들었다. 필자와 같이 프레디 머큐리의 삶과 음악을 존중하는 마음과 열정을 간직하신 분들이 있다면, 이 영화 〈보헤미안 랩소디〉와 함께 시간을 나눠보시길 권한다.

나를 찾아 떠나는 여행

월터의 상상은 현실이 된다(2013)

영화를 보면 원작의 제목과 번역된 제목의 차이가 큰 영화들이 제법 있다. 이러한 번역은 관객들에게 건네는 메시지 또는 감성적인 느낌의 차이를 발생시킨다는 점에서 개인적으로 포스터 제작 못지않게 매우 중요한 작업이라는 생각이다. 〈파도가 지나간 자리〉(2016)가 그랬다. 원제는 〈The light between oceans〉로 원작인 베스트셀러의 제목은 『바다 사이 등대』였다. 필자는 이를 두고, 베스트셀러인 소설이 '등대의 역할'에 초점을 맞췄다면, 영화는 사건의 전환이 발생할 때마다 화면에 등장하는 '파도의 흔적'에 초점을 맞췄다고 해석한 바 있다. 이처럼 원제를 어떻게 번역하느냐에 따라 영화의 주된 내용과 메시지, 배우들의 표현력, 관객들이 느끼는 감정 등이 변화될 수 있다는 점에서 이 과정은 매우 중요하다. 이번에는 이처럼 원작의 제목과 번역된 제목의 느낌이 사뭇 다른 영화 한 편을 소개하고자 한다. 제대로 된 번역이냐 아니냐를 떠나서 그리고 어떤 게 더 어울리는 제목인지를 떠나서, 원작의 제목과 번역된 제목이 관객에게 전해주는 메시지와 느낌을 비교해보는 시간이 되면 좋을 것 같다. 미국에서 능력 있는 코미디 배우로 명성을 떨치고 있는 벤 스틸러가 직접 연출과 주연을 맡았다. 영화 〈월터의 상상은 현실이 된다〉(2013)이다.

　필자가 이 영화를 처음 접했을 때는 한 해의 마지막 날이었다. 당시 오랜 친구와 함께 영화를 보고 나오면서 많은 생각에 잠겼던 기억이 난다. 올바른 삶을 살고 있는지에 대한 객관적인 판단과 평가를 받기보다 지금 내가 살고 있는 '순간'에 대한 제대로 된 해석을 시도했다고나 할까. 남들의 시선으로 판단하고 평가하는 내 삶의 겉모습이 아니라, 나 자신의 삶을 제대로 해석해본 적이 있는지 스스로 의문을 제기하며 삶의 나침반을 새롭게 정리하는 기회를 가졌던 것 같다.

　영화는 16년째 '라이프(LIFE)'라는 잡지사에서 포토 에디터로 일하며 가끔씩 자신만의 상상에 빠지는 걸 좋아하는 평범한 주인공 월터 미티(벤 스틸러 분)의 생활을 그린다. 어느 날 잡지사가 온라인 전문으로 방향을 새롭게 전환하게 되면서 내부 인력의 구조조정을 하게 되고 이와 함께 우연히 사라진 마지막 호의 표지 사진 필름을 찾기 위해 주인공 월터가 사진작가 숀 오코넬(숀 펜 분)을 찾아 여행을 하는 내용을 담았다. 영화를 보면서 처음에 들었던 의문은 인생을 새로이 돌아보게 만드는 기회를 진지하고 아름답게 그린 영화인데 군이 코미디 배우를 캐스팅할 필요가 있었을까 하는 것이었다. 물론 벤 스틸러와 크리스틴 위그의 연기가 영화와 맞지 않는다는 얘기는 아니다. 지금 다시 영화를 돌이켜보면 그들이 코미디 전문 배우이기 때문에 오히려 제대로 된 연기를 펼치는 기회가 됐다는 생각이다. 코미디 배우들은 흔히 남을 웃겨야 하는 이들로서 직업의 특성상 사람들의 감정을 누구보다 잘 이해하고 해석하는 실력이 풍부하기 때문이다. 사람들을 잘 이해하는 만큼 감정을 컨트롤하고 풍부하게 채워 넣을 수 있는 장점이 있다는 점에서, 인생의 희로애락을 풍부하게 다뤄 표현해야 하는 이 작품에서 그들의 캐스팅이 어느 영화보다 적절하다는 생각이다.

여기서 다시 영화의 제목 얘기를 해보자. 번역된 제목인 〈월터의 상상은 현실이 된다〉를 찬찬히 뜯어보면 너무나 직설적인 표현인 것은 사실이다. 영화의 제목만 보면 월터가 난관에 직면했을 때마다 상상해온 모든 것들은 그가 부닥친 현실로부터 벗어나고픈 상상력의 힘을 표현하는 것으로 이해할 수 있다. 하지만 사실 그의 상상력은 현실과의 괴리를 여실히 보여준다는 점에서 일종의 해결할 수 없는 답답한 현실을 벗어나고 싶어 하는 도피성 상상이라고 봐도 좋을 것 같다. 다시 말해, 제목만 놓고 보면 월터의 상상은 매우 긍정적이고 현실에서 얻지 못하는 자신감을 위한 파워업 도구로 사용되는 순간이 아닐 수 없지만, 원제를 고려한 채 실제 영화 속에서 그가 때때로 가지는 상상을 살펴보면, 그의 상상은 오히려 현실을 부정하고 힘을 잃게 만드는 정반대의 작용을 한다는 사실이다. 그런 점에서 볼 때 필자는 영화의 번역된 제목이 결코 반갑지만은 않다. 영화의 원제는 〈The secret life of Walter Mitty(월터 미

힘들게 자신을 찾아온 월터에게 숀 오코넬은 사진을 찍어 영원히 간직하는 행위보다 '순간'의 아름다움을 눈에 담는 것이 보다 소중하다는 사실을 일깨워준다.

티의 비밀스러운 삶〉〉이다. 문장 자체는 판타지 영화의 느낌이 강하게 묻어나지만, 사실 이 영화는 이 시대 어른들을 위한 성장 드라마라고 봐도 무방하다. 평범한 인생을 살아온 한 남자가 직장을 잃고 퇴사를 눈앞에 둔 순간에 이르러, 자신의 지나온 삶을 돌아보고 이를 새롭게 해석하며 그 가치를 스스로 찾아나서는 여행을 떠나는 내용이기 때문이다. 16년간의 직장 생활 동안 너무나 익숙하게 출퇴근을 반복하면서 삶의 가치를 느끼지 못하고 살아왔지만 마지막 호의 25번 필름을 찾기 위한 여정을 통해 삶의 고귀한 가치를 제대로 느낄 수 있기 때문이기도 하다. 필자는 그 무게를 통해 자신의 생각과 삶을 살아가는 자세를 변화시킨다는 점에서 이 영화가 진정 어른들을 위한 제대로 된 성장 드라마가 아닐까 하는 생각이 들었다.

주인공 월터가 25번 필름을 찾아 떠나는 여행은 그동안 만나지 못했던 사진작가 숀 오코넬을 찾아가는 여정이다. 영화 속 배경에 담긴 그린란드와 아이슬란드, 히말라야 등의 풍경은 주인공 월터의 16년간의 삶의 미(美)를 그대로 반영한다. 비록 화려하지는 않지만 평범하고도 아름다운 자연의 모습을 통해 깨끗하고 맑은 자연 그대로의 아름다움을 물씬 풍겨내고 있다고 설명할 수 있을 것 같다.

히말라야에서 결국 조우하게 된 숀 오코넬은 사람들의 눈에 잘 띄지 않는 눈표범을 찾아 그곳으로 향했다. 오랜 기다림 끝에 드디어 만나게 된 눈표범을 앞에 두고 숀이 사진을 찍지 않고 그냥 쳐다만 보고 있자 월터는 왜 셔터를 누르지 않느냐고 그에게 물어본다. 그때 숀은 아름다움을 있는 그대로 눈에 담아 이 순간에 머무르기 위해서라고 답한다. 사진을 찍어 영원히 간직하는 행위보다 '순간'의 아름다움을 눈에 담는 것이 보다 소중한 시간임을 잘 설명하는 대목이다.

수많은 여정을 거친 후 정신적으로 보다 성장한 월터는 직장으로 돌아온 후 예전에 비해 상상보다 현실에 좀 더 머무르고 있는 자신을 발견한다. 이 순간 오랜 여행 끝에 얻어낸 25번 사진은 더 이상 자신에게 필요치 않다. 그는 사진의 내용을 보지도 않은 채 '라이프'지의 마지막 호를 위해 당당히 사진을 건네고 발걸음을 돌려 나온다. 결국 거리의 가판대에서 마지막 호를 접하며 25번 사진의 정체를 마주하게 되는 영화의 마지막 장면은 관객들로 하여금 이 영화가 던지는 메시지의 의미를 깨닫게 만든다.

영화는 이 25번 사진이 상징하는 의미처럼 주인공 월터 미티를 통해 지금 이 순간에도 묵묵히 자신의 자리를 지키고 있는 수많은 평범한 사람들의 삶의 가치를 조명한다. 그리고 이를 통해 현실에 존재하지 않는 상상 속 아름다움의 실체를 이해하고, 현실 속 평범한 일상의 소중함을 깨달을 수 있도록 관객들에게 메시지를 전달하고 있다 하겠다. 반복된 일상의 지친 하루에 기대어 그 가치를 미처 놓치고 있는 자신을 발견하게 된다면, 〈월터의 상상은 현실이 된다〉가 새로운 깨달음으로 다가올 수 있을 것이다.

나와 세상을 이해하는 시각

크로니클(2012)

누구나 한번쯤 꾸는 꿈이 있다. 내가 만약 슈퍼맨이 된다면? 또는 요즘 흥행 돌풍을 계속 이어가는 마블의 히어로 중 한 명이 될 수 있다면? H. G. 웰스의 소설 〈투명인간〉을 베이스로 이러한 상상을 확장시킨 영화 〈할로우맨〉(2000)은 아이들의 시각이 아닌 어른의 객관적이고 냉혹한 관점에서 이와 같은 질문에 대한 답변을 내놓기도 했다. 과연 나 자신이 일반인의 평범한 능력을 넘어선 힘을 갖게 된다면 어떤 인생을 살아갈까? 이 질문에 대한 답은 히어로 영화에 열광하는 지금의 나이에도 불구하고 여전히 쉽게 대답하기 어려운 난제가 아닐 수 없다.

이러한 생각에 다다르자 머릿속에 문득 떠오른 한 편의 영화가 있다.

평범한 학생들이 우연한 기회에 엄청난 초능력을 갖게 되는 이야기. 단순하고 평범하고 무엇보다 식상한 주제임에도 불구하고 전혀 조미료 없이 이를 매우 사실적으로 다뤄 현실감마저 꽤 높은 영화. 골든 라즈베리 시상식 최악의 감독상 수상의 악몽으로부터 아직 벗어나지 못하고 있는 조쉬 트랭크 감독의 영화 〈크로니클〉(2012)이다.

주위의 평범한 사람들이 갑자기 엄청난 초능력을 갖게 되는 이야기를 떠올리면 사실 가장 먼저 연상호 감독의 〈염력〉(2017)이 떠오른다. 뭐 나름 신선한 배경으로 시작했지만 소시민의 삶을 대변하고자 했던 스토리의 한계를 넘어서지 못한 점이 흥행 실패로 이어졌다. 그에 비해 〈크로니클〉은 매우 현실적인 스토리를 보여줘 흡사 다큐멘터리에 가깝다고 얘기해도 무방할 정도이다.

주목할 점은 영화의 대부분이 핸드헬드 촬영기법을 차용하고 있지만 정확히 말해 완벽한 핸드헬드라고 보기엔 어렵다. 핸드헬드 촬영기법의 장점을 잘 이용하려면 화면의 생동감이 카메라에 포함돼야 한다. 여기서 화면의 생동감이란 대상을 안정적으로 렌즈로 담지 않고 사람의 눈높이와 시선에 맞춰 보다 익숙한 각도, 즉 촬영하기엔 좀 어색한 각도를 담아낸다거나 혹은 걸음걸이마다 카메라의 흔들림을 통해 스스로 안정감을 떨어뜨리는 일 등을 말한다. 그런 측면에서 이 영화의 핸드헬드 촬영은 너무나 안정적이고 억지스럽다. 앞에서 흡사 다큐멘터리에 가깝다고 해도 무방하다고 얘기했던 바로 그 이유이다. 다큐멘터리는 팩트를 대상으로 이를 관객의 눈높이와 시선이 아닌 카메라와 감독의 연출 시각에서 탐사를 하는 방식을 취하는 특징을 가진다. 그렇기 때문에 현실을 다루지만 오히려 화면의 생동감은 떨어지는 단점이 있는데 이 영화 또한 스토리의 흐름에 비해 카메라 움직임이 꽤 차분하게 흘러간다.

이쯤 되면 감독이 굳이 왜 이 스토리를 핸드헬드 기법으로 촬영했는지 그 이유가 궁금하게 된다. 추측하기로는 연출의 최종 지향점이 '현실감 전달'에 있기 때문으로 판단된다. 염력이라는 초현실적인 능력을 보여주고 싶지만 현실과 동떨어진 요소를 관객들이 나름 사실감 있게 받아들이기를 원했기 때문이라는 것이다. 이런 관점에서 이 작품을 바라본다면 영화의 재미는 적어도 중반까지는 꽤 반감된다. 감독은 현실감이 떨어지는 소재를 다루면서 현실감을 높이기 위해 '재미'를 줄였다. 아이들이 자신의 능력을 받아들이고 이해하는 과정을 소개하는 데 무려 영화 분량의 절반 정도를 할애하고 있다. 영화의 전개는 '실제 현실에서 이런 일들이 발생한다면?'을 가정하고 이를 어떻게 받아들이고 활용할까에 초점을 모은다. 자, 이제 글의 서두에서 던졌던 질문으로 다시 돌아왔다. 과연 여러분들이라면 어떻게 하겠는가? 이 능력을 어디에 어떻게 사용하겠는가? 영화는 이러한 질문을 시종일관 관객에게 던지고 있다.

이를 위해 영화는 사전에 적절한 배경을 깔아놓았다. 첫째는 주인공들이 하나같이 지질한 루저의 생활을 하고 있다는 사실이다. 주인공 대부분이 학교에서 그리고 친구들 사이에서 아웃사이더로 지내며 열등생의 면모를 드러내고 있다. 집안 환경이 화목하지 않거나 친구들 사이에서도 선뜻 나서지 못하는 스타일이다. 감독은 이렇게 주인공들을 자신감이 위축된 상황 속에 놓아 새로운 능력이 생겼을 때 이들이 어떻게 변할지를 극명하게 대비되도록 사건을 구성했다.

둘째는 선과 악의 경계선을 명확히 제시하고 있음을 들 수 있다. 세

앤드류(데인 드한 분)는 자신을 못난이로 만들어 버리는 친구들, 자신의 입장을 무시하는 아빠, 병에 걸려 앓고 있는 엄마 등 답답한 환경 속에서 분노를 풀어버릴 대상을 찾는다.

명의 주인공들이 주어진 능력을 컨트롤할 수 있게 된 후 과연 선악의 경계를 구분할 수 있을지, 아니면 이를 넘어설지를 궁금하게 만든다. 대표적인 사례가 크랙션을 울리며 뒤따라오는 자동차를 한 순간에 밀쳐내 호수에 빠뜨리는 사건이다. 갑작스레 벌어진 사고지만 이를 계기로 이들은 스스로 지켜야 할 선을 분명히하고자 노력하는 모습을 보여준다. 이는 자신들이 가진 능력이 사용하기에 따라서 위험성을 내포하고 있다는 걸 깨닫는 순간의 표현이다. 하지만 영화는 시간이 흐를수록 이러한 경계선이 점점 희미해져 감을 보여주는데, 마술 파티는 이들이 이 경계선에서 흔들리고 있음을 드러내는 대표적인 에피소드라고 할 수 있다. 사람들의 관심과 흥미를 이끌기 위한 이벤트였지만 아슬아슬하게도 자신들의 능력을 사람들 앞에서 과감하게 드러낸 사건이기 때문이다.

셋째는 앤드류(데인 드한 분)와 아빠 사이의 불통과 가정의 불화이다. 엄마를 둘러싸고 서로의 입장을 부정하며 각자의 주장을 굽히지 않는 양쪽의 상황은 결국 앤드류의 분노가 폭발하게 되는 계기가 된다. 자신을 지질한 못난이로 만들어 버리는 친구들, 자신의 환경과 입장을 무시하는 아빠, 병중에 있는 엄마 등 말만 들어도 답답하게 여겨지는 이러한 환경 속에서 아무런 힘도 능력도 없던 앤드류가 갑자기 무엇이든 할 수 있는 능력을 갖게 되고, 그 답답함을 해소할 수 있는, 아니 끓어오르는 분노의 족쇄를 풀어버릴 대상을 찾게 되는 계기 말이다. 이는 갑자기 거미를 잡아 죽여 버리는 장면에서 드디어 방아쇠를 당기게 된다고 볼 수 있을 것이다.

앤드류의 분노에 트리거 현상을 보여주는 장면을 혹자는 스티브(마이클 B. 조던 분)의 우연한 죽음으로 얘기할 수도 있을 것이다. 분명 선과 악의 경계에서 흔들리던 앤드류가 이때부터 어두운 힘의 측면으로 확연히 등을 돌렸기 때문이다. 그러나 필자는 이를 다른 시각으로 보았다. 오히려 스티브의 죽음은 앤드류가 맷(알렉스 러셀 분)과 노선을 달리하게 되는 사건으로 작용한다는 거다. 필자는 이때부터 이 영화의 전개가 일본의 거장 오토모 가츠히로의 〈아키라〉(1988)와 비슷하다고 판단한다. 앤드류의 각성은 〈아키라〉의 테츠오(사사키 노조무 분)가 스스로 힘을 각성하고 분노를 표출하는 과정과 닮았다. 폭주하는 앤드류와 이를 막으려는 친구 맷의 전투 장면 또한 테츠오와 친구 카네다(이와타 미츠오)의 대결과 매우 흡사하다. 결국 스스로 포식자를 자처하다가 오히려 잡아먹히는 것까지도 말이다. 하지만 오토모 가츠히로가 〈아키라〉

를 통해 관객들에게 페시미즘에 가까운 세계관 혹은 디스토피아적인 미래를 제시한 것에 비해, 영화 〈크로니클〉은 그러한 거시적인 세계관에까지 접근한 영화는 아니다. 〈아키라〉는 창조적인 미래를 위해 위기와 고통을 수반하고 그 체제의 파괴가 필요함을 주장했지만, 〈크로니클〉은 세계관의 제시보다는 선과 악의 경계에 대한 질문을 던지고 있다는 점에서 다른 시각을 선사했다.

영화의 또 다른 시각은 종반까지의 긴장과 스펙터클을 뒤로 한 채 마무리가 단순하고 도식적이란 점을 들 수 있겠다. 개인적으로 이런 신선한 스토리야말로 제대로 된 반전이 필요하다고 생각한다. 관객의 예측에 반하여 뒤통수를 때리는 반전이 아니라, '아 이렇게 뒤집어 볼 수도 있구나' 하고 다시 한 번 생각해 보게 만드는 그러한 반전 말이다. 이런 시각으로 접근하자면 매우 아쉬운 결말이 아닐 수 없다. 앞에서도 얘기했지만 이 영화는 자아에 대한 깨달음, 거대한 세계관의 파괴, 혹은 능력에 대한 각성을 주장하는 영화가 아니다. 아마도 감독은 나를 바라보는 시선에 대한 '이해'와 환경을 인식하고 수용하는 '과정'에 주목한 게 아닐까 싶다. 달리 말하면 내가 어떤 능력을 가졌을 때 통제 가능한 범위 내에서 적절히 사용해야 한다는 권선징악적인 교훈은 이제 유치하게 다가올 뿐이다. 진정한 힘은 나를 이해하는 것에서부터 시작된다. 나를 받아들이고 다스리는 과정, 그것의 중요함이 이 영화의 타이틀이 'Chronicle'임을 드러내는 진정한 이유가 아닐까.

꿈과 꿈 사이에 놓인 두 가지 의미

라스트 나잇 인 소호(2021)

어릴 적 꿈이 미래에 대한 기대에 가득 차 온갖 희망을 품고 다채롭게 변화하던 때가 있었다. 작고 예쁘게만 시작된 그 꿈은 언제나 머릿속에서 충만하게 빛을 발했다. 하지만 이내 이 '꿈'이 현실을 마주하고 반드시 달가운 것은 아니라는 사실을 이해하고 나면, 누구나 눈앞에 커다란 벽을 맞이하게 된다. 이게 어찌 된 일일까. 꿈은 밝은 미래를 담아내야 하는데, 이처럼 때론 '악몽'에 몸서리치고 소리를 지르며 깨어나고는 하니까 말이다. 희망을 품었던 그 '꿈'이 차츰 '현실'이 되어가면서 우린 때로는 어떠한 성취감도 아닌 강렬한 충격의 두려움에 사로잡히곤 한다. 이 어색하고 부자연스러운 결합은 절대 어울리지 않지만, 눈앞에서 구체적으로 그 모습을 드러낼 줄 안다. 에드가 라이트 감독은 사람들의 머릿속에서 재구성되는 이미지를 화면에 구체화하는 데 탁월한 실력을 갖췄다. 마치 그의 작품 중 〈새벽의 황당한 저주〉(2004)와 같이, 일상생활에서 마주하는 '공포'의 이미지를 화면에 새롭게 재구성해낸 것처럼 말이다. 다시 말하자면, 영화 속에서 이러한 연출 기교는 어떤 특정한 형상을 담아내는데, 우리가 이를 쉽게 이해하고 수용할 수 있는 건 마치 앞에서 언급한 '꿈'의 이미지를 중의적인 해석으로 이해하고자 하는 노력과 무관하지 않다.

영화 〈라스트 나잇 인 소호〉(2021)는 그의 이와 같은 기교가 화면 속 여러 요소를 통해 이전보다 좀 더 구체화된 모습을 갖게 되는 작품이다. 영화는 엘리(토마신 맥켄지 분)가 할머니와 함께 살던 집을 떠나 런던의 한 예술학교에서 공부할 기회를 얻게 되면서 시작된다. 꿈과 희망을 품고 시작한 이야기는 그녀의 '패션'을 바라보는 꿈을 이상적으로 표출하고, 그런데도 화면은 가끔씩 보는 이로 하여금 익숙지 않은 기시감을 유발해 스릴러 장르로의 선회를 의심하게 만들기도 한다. 대사, 시선, 사운드, 주변 인물 등 곳곳에 놓인 여러 요소를 통해 날카롭게 표현되는 이러한 기시감은 엘리 자신이 찾고자 하는 하나의 도피처로 이어진다. 어울리지 않는 어색함과 런던의 소호에 처음 발을 들인 그녀가 모든 것에 대해 느끼는 두려움이 처음으로 한곳에 모이는 장면이기도 하다. 화면 속에서 명암이 급격하게 구분되고 어둡고 붉게 비치는 60년대 네온사인의 특징을 쉽게 찾을 수 있는 건, 이야기를 이미지로 받아들이는 데 꽤 흥밋거리를 던져주는 모습이다. 여기에 관객에게 들려주는 사운드는 마치 알프레드 히치콕이 〈사이코〉(1960)를 통해 풀어낸 그것처럼 보는 이의 귓가를 강하게 쳐대고, 이러한 요소가 서로 조화를 이뤄 보는 이의 판단을 흐리게 만드는 역할을 하기도 한다.

시간과 공간을 명확하게 하나의 씬 안에서 분리하지 않고 모호한 성격을 간직하고 있는 것도 에드가 라이트 감독의 연출이 갖는 장점이다. 서사를 이미지로 나타내기 위해 다양한 요소를 활용함으로써 조화를 이뤄내는 그만의 힘은 주인공 엘리가 자신의 내면을 밖으로 어렵게 드러내는 장면에서 더욱 극대화된다. 그녀가 무의식적으로 샌디(안야 테일러 조이 분)의 흔적을 좇는 것, 이 행위 하나만으로 영화는 미스터리한 이야기를 선보이며 관객이 영화의 이야기를 따라가는 재미를 극대화하는 모습이다. 예를 들어, 그녀가 단지 밤마다 만나는 꿈을 통해 그녀의 과거를 엿보고 그녀의 의상을 '복고' 트렌드에 녹여내 현실에 끄집어내고 그녀의 헤어스타일과 의상까지 모두 따라가고자 한 것이 그렇다. 결국, 화면 속에 비치는 엘리의 모습은 그녀가 샌디의 꿈을 좇는 매력에 흠뻑 빠지게 되면서, 이를 자신이 오래전부터 꿈꿔 온 런던에서의 생활로 받아들이게 되는 것에 부합한다. 여기서 우리가 '미스터리'를 논할 수 있는 건, 샌디가 풀어내는 과거의 이야기가 현실 속 엘리의 현재에 그대로 투영되어 나타나고 있기 때문이다. 이는 관객에게 또 다른 기시감을 선사하는 여지를 만들게 되는데, 각각의 사건이 만드는 두 개의 시공간이 감독의 메시지를 담고 조화를 이뤄 명확하게 구분되는 것도 장점이라 하겠다.

타이틀이 말하는 '라스트 나잇 인 소호'에서 '나잇(Night)'은 한마디로 '악몽', 즉 나이트메어(Nightmare)의 의미로 확장되기도 한다. 그러니까 그녀의 남자친구 존(마이클 아자오 분)이 엘리가 일하는 술집에 찾아와 "도시에 오는 건 어쩌면 '악몽'이 될 수도 있어."라고 얘기하는 그 부분 말이다. 정확히 말하면, 샌디의 꿈을 흠모했던 그녀가 샌디의 꿈이 눈앞에서 무너지는 모습을 경험한 이후부터라고 할 수 있겠다. 에드가 라이트 감독은 주인공 엘리가 과거로부터 전달받은 '공포'의 형상을 통해 심리적인 압박감을 감당하는 모습을 스릴러 장르를 이용해 매우 사실적으로 표현하고자 했다. 아마도 이를 사람들의 내면에 자리하는 여러 시각에서의 공포로 형상화 또는 시각화하는 데도 많은 공을 들인 게 아닌가 싶을 정도다. 이는 때마침 할로윈 파티를 맞이해 그녀가 분장을 한 것과 동시에, 존을 자신의 집까지 데려와 샌디의 죽음을 간접적으로 경험하게 한 것과 일치하는 부분이다. 엘리는 이후부터 자신의 얼굴, 즉 외모와 표정을 통해 변화된 그녀의 내면을 밖으로 돌출하려 한다. 할로윈이 지나간 이후에 분장을 지우고 나서도, 그녀의 눈이 여전히 할로윈 못지않은 검은 테두리를 유지하고 있는 것 말이다. 할로윈을 기점으로 바뀌어버린 그녀의 얼굴과 표정은 결국 샌디가 죽은 이후의 시점을 명확하게 구분하는 것이라 하겠다.

어쩌면 이는 감독이 처음부터 얘기하고자 했던 메시지가 명확하게 이미지로 형상화되어 강조되는 국면으로 볼 수 있다. 그녀와 하나의 시선을 공유한 엘리 또한 그녀와 마찬가지로 영혼을 잃어버려, 죽음을 맞이한 샌디의 영혼을 찾아 나서고 있음을 암시하는 것처럼 말이다. 엘리가 계속해서 마주하게 되는 과거 남성들의 환영은 샌디의 영혼을 대변하는 것처럼 보이지만, 그런데도 이야기의 결말에 이르러 장르의 획일적인 마무리를 굳이 끌어들인 건 아쉬운 부분이다. 샌디의 영혼을 잠식한 그

엘리(토마신 맥켄지 분)는 샌디(안야 테일러 조이 분)의 꿈과 열정을 흠모해왔지만, 그녀의 비극적인 결말을 간접 경험한 이후 계속해서 악몽에 시달리게 된다.

들이 현재까지도 그 영역을 넓혀가고 있고 엘리의 영혼까지 넘보는 것처럼 보였다가, 오히려 결말에 가까워지면서 해석의 반전을 나름의 디테일로 무마시킨 것도 마찬가지다. 잭(맷 스미스 분)으로 착각했던 이가 그녀를 끌어내려 했던 경찰 린제이(테렌스 스탬프 분)였다는 사실, 그리고 경찰의 질문에 샌디의 성(姓)이 무엇인지 모른다는 사실을 그녀가 인지하게 되면서 이야기가 더 뻗어 나가지 못하는 것도 같은 이유가 된다. '라스트 나잇' 씬의 고조에 있어 콜린스(다이아나 리그 분) 부인 방에서 담배를 발견했을 때의 그 기분은 어떨까. 호흡의 길이, 그리고 이의 연속된 유지가 얼마나 중요한지를 드러내는 좋은 교본이라는 생각이다.

앞에서 말한 '꿈'의 중의적 표현, 그리고 이를 담아내는 '공포'의 겉면

이 마무리 장면과 연결되는 것도 이 부분에서다. 결국, 우리가 성장하며 겪게 되는 것들, 그 속에서 때론 쓰러지며 상처받게 되는 모든 것들이 자신의 거친 성장을 수식한다는 사실을 이해하게 될 때, '공포'를 견뎌내는 것도 어쩌면 '꿈'이 가진 의미에 부합하게 된다는 사실 말이다. 물론 영화 속에서 보인 것처럼 샌디가 콜린스 부인과 연결돼 장르 속 긴장과 재미를 고조시킬 수도 있겠다. 혹은 처음으로 런던에 건너와 기숙사 생활에서 마주한 낯섦이 엄마로부터 이어진 엘리 자신의 유전병을 더욱 악화시켰을 수도 있을 것이다. 영화 속 마무리에서 이는 분명 긍정적인 사건으로 상징되지만 말이다. 하지만 어느 쪽으로 해석되건 간에, 엘리의 심리적 성장을 자연스레 눈여겨보는 방향으로 이해한다면 이는 감독의 의도와는 상관없이 모두에게 유리한 결말이 될 것이다. 성장을 마주하는 시기는 분명 상승과 추락이 반복해서 쌓여가는 것이기에, 에드가 라이트 감독이 간단하고 명료하지만 누구나 직접 마주하기 힘들고, 그럼에도 결국엔 직시해야만 하는 '꿈'을 '공포'로 해석하는 데 탁월한 연출을 펼쳤다는 생각이다. 이 속에서 두 단어를 이해하고 이를 풀어가는 현실적 지혜를 얻을 수 있다면, 영화 〈라스트 나잇 인 소호〉가 이에 대한 적절한 해답을 선사하고 있는 게 아닐까.

PART 4

영웅의 길은
멀고도 험하다

누군가 우리를 감시하고 있다

왓치맨(2009)

영화를 자주 보는 사람으로서 장르를 가리지는 않는다. 서스펜스, 스릴러, 코미디, 멜로 등 취향을 막론하고 다양한 장르를 접하려고 노력한다. 심지어 개인적으로 민감한 공포물까지도 심심치 않게 본다. 그렇게 무서움을 타지는 않는 편이지만 필자가 무서워하는 게 하나 있다. 그건 바로 지나간 과거는 절대 돌아오지 않는다는 사실을 은연중에 깨닫는 것이다. 좋지 않은 기억으로 남아 있는 과거를 굳이 되새길 필요는 없지만 좋았던 기억으로 남은 추억들은 가끔씩 꺼내어 보고 싶을 때가 있지 않은가. 그래서 사람들은 사진과 영상을 찍고 앨범을 만들어 간직하곤 한다. 하지만 그마저도 기억의 한 순간을 편집한 것일 뿐 그때의 생생함과 감정을 그대로 복원하는 데는 한계가 있다. 그게 바로 우리 모두가 살고 있는 현실적인 삶이다.

여기 지나간 과거에 얽매어 현실을 헤매고 있는 히어로들이 있다. 잘 나가던 과거의 화려함에 빠져 현실을 직시하지 못하고 허공에 손을 뻗은 채 그저 허우적대고 있다. 우리에게 이미 식상해져 버린 초인적인 히어로의 모습은 분명 아니다. 한때 사람들을 위해 자신을 희생하고자 했지만, 지금은 한없이 초라한 모습으로 우리와 똑같은 평범한 인간으로 전락한 영웅들의 이야기. 이제 진짜 히어로의 삶을 들여다볼 때가 왔다. 영화 〈왓치맨〉(2009)이다.

히어로의 능력과 고뇌를 다룬 이야기들이 많지만 사실 그들을 둘러싼 사람들의 시선은 항상 곱지만은 않았다. 그들의 초인적인 능력을 두고 사람들이 항상 경외의 눈빛으로 바라볼 거라고 생각한다면 그건 큰 오산이다. 적어도 우리가 보아왔던 히어로들은 일반인들 속에 자연스럽게 섞이지 못하고 다소 동떨어진 삶의 방식을 유지해왔다. 사람들이 히어로의 능력을 우러러보는 것이 아니라 그들의 능력을 견제하고자 애쓰기 때문이다. 관점의 차이가 있을 수 있겠지만 그들에 비해 상대적으로 나약한 존재로서 그들의 보호를 받고 있음에도 불구하고 말이다.

새롭게 리부팅되고 있는 DC 시네마틱 유니버스를 살펴보면, 슈퍼맨은 정부와 협조하고자 애를 쓰지만 정작 정부는 슈퍼맨이 폭주하게 될 경우 이를 막을 나름의 대책이 필요하다는 속내를 드러낸다. 영화 〈수어사이드 스쿼드〉(2016)에서 잠시 모습을 드러냈던 아만다 블레이크 월러(비올라 데이비스 분)가 태스크 포스 X의 수장을 맡아 수어사이드 스쿼

2대 나이트 아울(패트릭 윌슨 분)은 로어세크(잭키 얼 헤일리 분)와 함께 옛 동료였던 코미디언(제프리 딘 모건 분)의 죽음을 파헤치기 위해 함께 수사에 나선다.

드를 지휘하는 것이 대표적 사례이다. 마블 시네마틱 유니버스를 살펴봐도 사정은 크게 다르지 않다. 영화 〈캡틴아메리카: 시빌 워〉(2016)에서는 어벤져스 멤버들의 실수로 무고한 시민들이 피해를 입자 정부는 소코비아 협정을 통해 히어로들의 활동을 통제하려는 모습을 보인다. 히어로 가족의 활약을 담은 애니메이션 〈인크레더블〉(2004)에서는 주인공 미스터 인크레더블(크레이그 넬슨 분)이 자살하려는 남자를 구해줬음에도 불구하고 자살할 자유를 방해했다는 명목으로 고소를 당하는 사건이 발생하면서, 역시 정부가 히어로들의 활동을 자제시키는 모습을 그리고 있다. 결국 히어로의 활약을 그린 대부분의 영화 혹은 애니메이션은 사람들 스스로 힘을 가진 히어로들을 통제하고 견제하려는 모습을 보이며 히어로들과 대립각을 세우는 장면을 많이 보여준다.

〈왓치맨〉 또한 시민들과 히어로들이 서로 대립각을 세우는 모습은 여타의 스토리와 다를 바 없다. 하지만 그 과정이 히어로의 능력을 견제하는 문제에서 나오지 않고, 히어로 스스로 자신의 역할에 몰입해 사람들 위에서 세상을 통제하려는 모습에서 나온다는 점에서 지금까지와는 다른 차이점이라고 할 수 있겠다. 그렇다고 영화의 메시지가 감시자로서의 히어로들을 통제할 방법을 찾아야 한다는 것은 아니다. 오히려 자경단을 자처한 히어로의 능력과 역할에 좀 더 많은 무게를 실었다고 보는 게 타당하지 않을까 싶다.

영화의 배경은 미국과 러시아(구 소비에트연방) 사이의 핵전쟁이 임박한 암울한 냉전시대다. 잭 스나이더 감독은 시대의 아픔과 상황을 이러쿵저러쿵 늘어놓지 않았다. 그는 국가가 국민을 지배하는 억압된 삶의 모습을 영화 초반 슬로우 모션으로 표현한 오프닝 크레딧(Opening Credit)에서 강렬하게 보여줬다. 시민들과 대립한 군인들의 날카로운 총구에 하얀색 꽃을 꽂아주는 소녀의 모습과 그와 동시에 총구에서 총알이 발사되는 다소 충격적인 장면은 이 영화에서 가장 기억에 남을 정도로 시대의 암울한 상황을 가장 절실하고도 날카롭게 대변해주는 장면이 아닐까 생각해본다.

영화 〈왓치맨〉은 이렇듯 차가운 냉전시대에 길을 잃고 방황하는 히어로들이 과거의 명성과 영광을 그리워하며 사람들의 냉혹한 시선을 견디며 살아가는 모습을 보여준다. 이와 같은 배경 속에서 영화를 이끌고 가는 열쇠가 되는 오지맨디아스(매튜 구드 분)의 객기는 냉전시대에 핵전쟁의 위협을 벗어나기 위해 왓치맨으로서 자신이 해야 할 일을 한다는 과시 욕망과 오만함 등이 뒤섞인 결과라고 할 수 있다. 이는 '감시자들은 누가 감시하나'라는 간단하지 않은 문제를 내포한다.

여기서 '왓치맨'에 대해 상세히 짚어보자. 영화 〈왓치맨〉은 앨런 무어가 집필하고 데이브 기번스가 삽화를 그린 그래픽 노블을 원작으로 한다. 대중을 감시하는 체제에 대한 비판은 이 작품 외에도 수없이 많지만, 이를 히어로물과 결합해 뒤틀린 미국 사회를 살아가는 히어로의 고뇌와 현실을 날카롭게 보여줬다는 점에서 대중의 평은 높은 편이다. 영화 속에서 왓치맨은 가면으로 얼굴을 가린 채 자경단을 자처하며 행동해 온 히어로 집단을 말한다. 1대 히어로 집단은 '미닛맨(Minutemen)'이라는 이름으로 활동했고, 시간이 흘러 2대 히어로 집단이 '왓치맨'이라는 이름으로 활동하였다. '진성장'이라 불리는 물리학 실험 사고로 초능력을 얻게 된 닥터 맨해튼(빌리 크루덥 분)을 제외한 나머지 멤버들인 로어셰크(잭키 얼 헤일리 분), 코미디언(제프리 딘 모건 분), 2대 실크스펙터(말린 애커맨 분), 2대 나이트아울(패트릭 윌슨 분), 오지맨디아스 등은 모두 평범한 사람들이다.

영화는 누군가가 코미디언을 살해하는 장면으로 시작된다. 경찰은 이를 단순한 강도 살인으로 결론짓지만, 이를 수상히 여긴 로어셰크가 왓치맨으로서의 행동을 재개, 사건을 본격적으로 수사하게 되면서 내막이 서서히 드러나게 된다. 스토리를 이끌어가는 리더인 로어셰크가 코미디언의 죽음이 단순한 살인이 아닌 왓치맨의 목숨을 노린 표적 살인이었음을 밝혀내면서 이를 옛 동료들에게 알리며 벌어지는 사건을 영화는 다루고 있다.

영화 〈왓치맨〉은 일반적인 영화에서 보기 힘든 기술적인 표현을 많이 사용했다. 그중 하나는, 영화의 시선이 줌인, 줌아웃 동작을 많이 사용하고 있다는 점이다. 특히 필자가 유난히 많다고 느낀 줌아웃 움직임은 화면에 내레이션 또는 배우들의 대사를 우선 배열해 관객들의 시선과 귀를 한 곳에 모은 후, 숨겨진 화면을 전체적으로 천천히 드러나게 하는 방식으로 사용되었다. 이러한 기법은 관객들의 두뇌를 오롯이 장면에 집중시키게 만드는 효과가 있다. 영화는 이처럼 눈으로 따라가는 화면보다 무거운 톤의 내레이션과 배우들의 대사 등 청각적 요소를 적절히 배치해 둠으로써 관객들에게 스토리와 구성에 좀 더 집중할 수 있도록 배려한다. 하지만 그렇다고 화면이 부족한 건 아니다. 화면 자체도 개인적으로 아름답다는 표현을 할 수 있을 정도로 충분히 역동적이다. 전반적으로 어두운 색채를 띠면서 전형적인 DC의 분위기를 그대로 보여주고 있지만 스크린이 던지는 메시지는 결코 어둡지 않다.

다음으로, 영화는 특이하게도 전혀 다른 내용의 애니메이션을 가져와 이를 액자식 구성으로 엮었다. 영화에서 중요한 구심점 역할을 하는 신문가판대와 한 흑인 소년이 읽고 있는 〈검은 수송선 이야기(Tales of the Black Freighter)〉는 영화의 스토리와 전혀 닮지 않았다. 하지만 애니메이션의 전체적인 맥락은 영화 속 분위기를 충분히 대변해주고 있으며 이와 동시에 자아에 빠진 선장의 모습 또한 구원을 기다리는 왓치맨의 모습과 일치하고 있음을 어렵게나마 이해할 수 있다. 연출 과정에서 액자식 구성을 가져온 건 단순히 카메라로 나타내기 힘든 부분을 붓으로 대신한 게 아니다. 감독은 오히려 카메라 연출이 아닌 애니메이션만이 나타낼 수 있는 붓 터치를 통해 표현 가능한 감정을 최대한 나타내고자 했다. 실제 애니메이션의 움직임은 제법 거친데 역경을 어떻게든 이겨내고자 하는 선장의 의지와 자아에 몰입되어 악의 편으로 들어서는 감정의 곡선은 모두 거친 붓놀림을 통해 얻어낸 결과이다.

영화는 이런 독특한 연출 기법을 통해 왓치맨 개개인의 운명과 감정을 스토리 형식으로 관객들에게 늘어놓고 있다. 코미디언의 죽음으로 시작된 이야기는 닥터 맨해튼의 사고, 로어셰크의 어릴 적 상처, 실크스펙터의 가족사, 나이트아울의 고통 등으로 이어지며 왓치맨의 탄생과 성장사를 소개한다. 필자가 나머지 한 명을 언급하지 않은 이유는 영화를 보면 쉽게 이해할 수 있을 것이다. 오지맨디아스의 인터뷰 장면에서 비가 내리고 있는 창밖 풍경을 캐치한 분이 있다면 그 분의 관찰력에 높은 점수를 줄 것이다.

영화는 처음부터 끝까지 핵전쟁의 위험을 경고한다. 미국과 러시아의 대치가 극에 달한 사회적 긴장감 속에서 이를 해소하기 위한 방안이 필요하게 되고 그 과정에서 부득이 다수의 희생이 발생했을 때 왓치맨들은 둘로 나뉜다. 침묵을 원하는 자와 이를 막으려는 자. 영화는 끝까지 암울한 분위기를 놓지 못한다. 많은 이들의 희생으로 다시 찾은 평화, 그게 인류에게 과연 어떤 의미가 있을까.

글의 서두에서 필자는 가장 무서워하는 것이 흘러간 과거가 다시 돌아오지 못한다는 사실을 은연중에 인지할 때라고 얘기했었다. 영화 〈왓치맨〉에서 1대 실크스펙터는 이렇게 얘기한다. 나이는 늙어갈수록 어두워지지만 과거는 오히려 밝아지는 법이라고. 왓치맨들은 과거에 미련을 남긴 나머지 잘못된 과거를 좇으려고 노력했다. 이는 사건의 발단이 된 코미디언의 죽음과 오지맨디아스의 판단으로 제한된 건 아니다. 오히려 다른 멤버들의 현실 또한 이들과 다르지 않았음은 나이트아울과 코미디언이 나누는 대화에서 쉽게 엿볼 수 있다. 시위대 진압 과정에서 아메리칸드림이 어떻게 됐느냐는 나이트아울의 질문에 코미디언이 우리가 원하던 그 아메리칸드림은 지금 여기 실현됐지 않느냐고 반문하는 바로 그 장면이다.

마무리는 O.S.T.이다. 하지만 클로징 크레딧(Closing Credit)은 아니다. 왓치맨들의 전투가 마무리되는 장면에서 흘러나오는 작곡가 타일러 베이츠(Tyler Bates)의 레퀴엠(Requiem). 나이트아울의 비행선 아치가 하늘에서 내려오고 나이트아울과 실크스펙터가 뒤돌아보는 장면에서 홀로 쓸쓸히 남아 스포트라이트를 받고 있는 오지맨디아스의 모습은 승자의 모습과는 전혀 다른 분위기를 풍긴다. 여기에 흐르는 레퀴엠의 육중한 무게감은 마치 오지맨디아스의 어깨 위로 내려앉은 듯 무겁고도 강렬한 목소리로 관객들을 사로잡는다. 진혼곡을 뜻하는 곡의 제목이 참으로 어울리는 장면이 아닐 수 없다.

그래픽 노블 〈왓치맨〉은 히어로를 다룬 내용치고는 꽤나 복잡하고 무거운 주제를 다뤘다. 잭 스나이더 감독은 여기에 복잡한 연출기법을 더해 관객들의 머리를 더욱 뒤흔드는 결과물을 만들어냈다. 복잡한 주제와 복잡한 연출이 만났지만 그 안에 내재된 메시지만큼은 간결하고 강렬하다. 앞서 언급한 유베날리스의 '감시자들은 누가 감시하나(Who watches the Watchmen?)'라는 문장은 영화의 색깔을 그대로 드러내는 문장이 아닐 수 없다. 우주는 고요하고 태초는 풍요로웠다. 시간은 쉼 없이 역동적이다. 흘러간 과거를 향해 손을 내밀기보다는 그 흐름에 자연스럽게 몸을 맡기는 것이 차라리 좋은 선택은 아닐지.

올라갈 땐 안 보였던 그 꽃이

싱글라이더(2016)

삶은 누구에게나 치열한 것이다. 때로는 희열을 동반하기도 하지만 한편으로는 커다란 좌절과 슬픔을 안겨주기도 한다. 그 과정에서 멈춰 설 수도 포기할 수도 없게끔 만드는 것, 삶은 그렇게 인생의 희로애락을 모두 안겨주면서도 잠시의 쉴 틈도 없이 계속해서 앞으로 달려가게끔 만든다. 그게 누구에게나 공평하게 주어진 치열한 삶의 연속인 것이다. 이 시대 가장들에게는 이러한 치열한 삶의 현장에서 주변까지 챙겨야 하는 책임과 의무까지 주어진다. 앞을 향해 달려가는 법만 배워왔을 뿐 잠시 멈춰 서서 주변을 돌아볼 여유를 즐기는 법까지 배우지는 못했다. 만약 이미 지나가버린 과거에 미련을 남겨두고 있다면 자신의 삶을 되돌아보고 정리할 시간이 필요하다 하겠다. 이 영화, 한 남자의 회고록을 제대로 그려냈지만 거기에 더하여 관객들에게 진한 여운과 삶의 교훈까지 던져주고 있다. 이주영 감독의 영화 〈싱글라이더〉(2016)이다.

　증권회사의 지점장으로 누가 봐도 부러울 만한 성공가도만을 달린 사나이 강재훈(이병헌 분)은 어느 날 회사가 고객들을 속이고 1조가 넘는 거대 규모의 부실채권을 팔았다는 사실을 알게 되면서 자책에 빠진다. 고객들은 판매를 적극적으로 권유한 지점을 탓하고 자신은 그 죄책감에 어쩔 줄 몰라 하루하루 버텨내기가 버겁기만 하다. 이 와중에 2년 전 영어 교육을 위해 호주로 떠나보낸 아내와 아들이 돌아올 때가 되었는데도 불구하고 계속 미적거리는 모습을 보이자 그는 아내의 그런 행동을 못마땅해 한다.

　안팎으로 버거운 삶의 무게에 흔들릴 무렵, 그는 어느 날 그동안 챙겨 보지 못했던 가족들을 만나러 홀연히 가족들이 살고 있는 호주로 향한다. 그렇게 연락도 없이 찾아간 아내의 모습은 너무나 낯설다. 이웃집 남자와 친하게 지내고 있는 모습, 자신에게 한마디 얘기도 없이 현지에서 시립교향악단 오디션을 보고 있는 모습. 그렇게 예전과는 또 다른 삶을 준비하고 있는 그녀의 모습에서 낯설음을 느끼게 된다. 결국 그는 그녀에게 찾아왔다는 말을 하지 못하고 계속해서 그녀와 아들의 생활을 엿보며 주변을 배회하게 되는데, 충격적인 마지막 장면은 대단한 반전일지 몰라도 이 영화가 마지막까지 밀고 나아가는 주된 정조와 그 여운에 비하면 아무것도 아니다.

　영화는 초반부터 분위기를 낮게 깔아 관객들의 집중도를 고조시킨다.

증권사 지점장으로 성공가도만 달려온 강재훈은 삶이 송두리째 무너지는 실패를 맛보고서야 자신의 인생을 되돌아본다. "부실채권을 고객에게 팔고 그 덕으로 승진도 하고, 아내와 자식을 호주로 보냈지만 결국엔 직장도 잃고 아내와 자식도 잃고 나 자신까지 잃게 됐어요."

사건의 발생으로 분위기를 형성시키고 이를 통해 인물의 내면에 집중하게 만든다. 하지만 이를 통해 얻고자 하는 건 내면의 이해, 그 자체에 있는 게 아니라 앞으로 전개될 상황을 위한 배경을 깔아놓는 역할도 한다. 이를 증명이라도 하듯이 갑작스런 호주 방문에 이웃과 남다른 관계를 보이는 낯선 아내의 모습, 그리고 혼자 워킹홀리데이를 와 그의 주변을 맴도는 한국인 소녀 지나(안소희 분)가 등장한다. 사건은 그렇게 여러 삶을 연속적으로 비추지만 화면은 믿기지 않을 정도로 정적이다. 신기한 건 그렇게 정적인 화면이 호주를 배경으로 한 주변을 둘러봤을 땐 너무나 매력적일 정도로 어울린다는 사실이다.

사건 전개의 큰 틀은 두 가지이다. 그는 아내 몰래 호주로 와 깜짝 방문을 하지만 아내 앞에 선뜻 나서지 못하고 그녀의 주위를 배회한다. 관객들은 단지 아내의 외도로 의심되는 상황이 그렇게 만들었다고 생각할지 몰라도, 사실 그는 이 순간 분노가 아니라 이런 상황에 이르게 되기까지 자신이 지나온 삶에 대한 후회와 질책을 함축시키고 있다고 보는 게 옳을 것이다. 아내는 언제나 그에게 메시지를 던지고 있었다. 과거를 회상하는 장면에서 '매일매일 쉬지 않고 노력하는 거 그거 힘들고 귀찮아.'라고 하는 말은 에둘러 표현한 아내의 투정이 아닐 수 없다. 여기서 눈여겨볼 수 있는 건 배우 공효진(이수진 역)의 격정적이지 않고 투명한 감정이 이끌어내는 분위기이다. 감정을 최소한으로 낮춰 순간의 공기 흐름을 잔잔하게 바꿔놓은 그녀의 차분한 연기력 또한 관객들에게 안정적인 분위기를 선사하는 데 큰 도움이 된다.

두 번째는 그의 주변을 맴도는 지나의 역할이다. 그녀는 재훈이 아내의 사생활을 들여다보는 와중에 계속해서 끼어드는 역할로 화면에 무리를 제공하지만 알고 보면 마지막 장면의 충격을 선사하기 위한 복선이나 다름없다. 불필요한 요소로 느껴지지만 전혀 그렇지 않고 결국은 재훈이 그녀를 통해 속마음을 털어놓고 감정을 쏟아낼 수 있었기 때문이다. 결국 그녀의 존재는 아내에게도 자식에게도 쉽게 열지 못했던 그의 속마음을 관객들에게 쏟아내는 기회를 제공하고 이를 받아들이는 역할을 대신하는 것으로 이해해도 좋을 것이다. 재훈이 그녀에게 건네는 말이 무겁게 다가오는 건 그런 이유 때문이다.

"나도 내가 알고 있는 일에 한 번도 의심을 해본 적이 없었어요. 부실채권을 고객들에게 팔고 그 덕으로 승진도 하고, 아내와 자식을 호주로 보냈지만 결국엔 직장도 잃고 아내와 자식도 잃고 나 자신까지 잃게 됐어요."

영화는 보는 내내 관객들에게 많은 생각을 하게끔 만든다. 눈에 비치는 대로 그저 기러기 아빠로서 헌신했지만 결국엔 안팎으로 다 뺏기고 이용만 당한 건지, 아니면 우리가 모르는 반전의 묘미 또는 오해의 소지가 있었던 건지 계속해서 단서를 찾게 된다. 전지적 시점에서 이야기를 들여다보고 있지만 스토리 전개는 재훈의 시선에 계속해서 머무른다. 중요한 건 화면은 계속해서 재훈의 어깨에 놓인 외로움과 좌절을 극대화하려 노력한다는 것이다. 카메라 워크, 발걸음, 배경음악, 화창한 날씨, 모든 게 우울하진 않지만 보이지 않는 슬픔과 탄식 속에 묻혀 있다고 해도 과언이 아니다. 영화는 이처럼 매우 천천히 흘러가지만 스토리와 카메라 워크를 들여다봤을 땐 전개 속도가 꽤 빠른 편이다. 이러한 전개가 화면을 읽어내기에 숨 가쁘게 만들지 몰라도 이방인으로서 이병헌의 고독을 표현하는 데에는 크게 무리를 주지는 않는다.

영화의 거의 종반부에 다다라서야 재훈은 울음을 터뜨리며 감정을 대놓고 드러낸다. 매일매일 엄마와 진우(양유진 분)가 즐겁게 지냈으면 좋겠다는 말과 함께. 여기서 울음의 의미는 반전의 의미를 이해했다는 걸 뜻하기도 하지만 재훈 스스로 모든 걸 내려놨다는 뜻도 내포되어 있다. 앞에서 얘기한 과거에 대한 후회와 자신에 대한 질책이 함축되어 있는 것이다. 재훈은 영화의 초반에 환전을 하려다가 돈을 뺏긴 지나에게 '너무 좋은 것에는 항상 거짓이 있는 법이에요.'라며 충고의 말을 한다. 하지만 이 말에는 자신에 대한 질책도 담겨 있었다. 밖으로는 완벽한 직장생활이라고 생각했지만 결국엔 고객들에게 허울만 좋은 부실채권을 팔아버린 셈이고, 안으로는 완벽한 가정생활이라고 생각했지만 결국엔 아내의 외도를 발생시킬 여지를 만들어 준 꼴이 되고 말았기 때문이다. 그럼에도 그는 마지막 울음을 통해 이 모든 것들을 내려놓고 혼자만의 여행을 떠난다. 영화가 시작하기 전 관객들에게 전달한 영화의 메시지는 따로 있었다.

'올라갈 땐 안보였던 그 꽃이 내려올 땐 보였다.'

영화는 잔잔한 듯 때로는 강렬하게, 솔직한 듯하지만 때로는 뒤집어 버리는 묘한 매력을 갖고 있다. 반전의 강렬함도 중요하지만 재훈의 표정에 숨어 있는 무거운 감정의 매력이 어쩌면 가장 솔직한 감정의 표현이 아닐까 생각한다. 눈에 보이는 잔잔함보다 감정의 격정적인 울림이 진한 여운으로 남는 영화, 〈싱글라이더〉였다.

치밀하게 설계된 3부작의 대단원

글래스(2018)

흔히 '3부작'을 일컫는 '트릴로지(Trilogy)'에는 '비극의 3부작', 또는 '(밀접하게 연관된) 셋, 3요소, 3인조'라는 의미가 있다. 여기서 지금 얘기하고자 하는 영화와 관련이 있는 단어들이 보인다. '비극'이라는 것과 '밀접하게 연관된' 것이라는 의미가 눈에 띄는데 이를 조합해 해석해보면 결국 트릴로지는 '제각기 나뉜 세 가지 이야기가 서로 밀접하게 연관되어 흘러가는 하나의 비극'이라고 해석할 수 있겠다.

이번 영화는 이러한 관점을 가지고 접근해도 좋을 것 같다. 그런데 영화에 대한 평단과 관객의 평가는 꽤 호불호가 나뉜다. 감독의 연출 방향을 읽으려는 '해석에서의 차이'와 스토리 이해를 위한 '미장센들의 연결고리 찾기'에서 조금 어려운 점이 있기 때문이다. 한편으로 그렇기 때문에 이를 찾아보고 해석하는 게 나름의 의미를 가질 수도 있겠다. 이 작품의 특이함은 〈스타워즈〉 시리즈처럼 애초부터 시리즈를 염두에 두고 시작했으나 마무리하기까지의 시간이 꽤 걸렸다는 점이다. 감독의 의도인지 아니면 영화계가 가진 현실적인 장벽 때문인지는 알 길이 없다. 어쨌든 덕분에 관객들의 관심이 높아졌다는 점에서 영화적 재미와 이야깃거리들이 좀 더 늘어난 건 사실이다. 〈식스센스〉(1999)로 최고의 반전 영화의 매력을 선사하여 큰 사랑을 받기도 했지만, 〈해프닝〉(2008)에서 당혹감과 실망감도 안겨준 바 있는 괴짜 감독 M. 나이트 샤말란 감독의 영화 〈글래스〉(2018)이다.

영화 〈글래스〉는 앞에서 얘기한 바와 같이 관객들의 호불호가 극명하게 갈리는 작품이다. 1편인 〈언브레이커블〉(2000)과 2편인 〈23아이덴티티〉(2016)에 이은 세 번째 작품이라는 점에서 앞의 두 영화와 맥락을 공유하지만 등장인물과 배경만 이어질 뿐 직접적으로 연결되는 내용은 크게 없다. 그래서 세 편을 모두 보지 않고 하나씩 선택해 관람하더라도 내용을 이해하는 데 무리는 없다. 그러나 세 번째 영화 〈글래스〉를 통해 전체 '트릴로지'의 맥락을 살펴보려면 앞의 두 편을 접하고 보는 것을 추천한다. 좀 더 깊이 있는 이해에 도움이 될 것이기 때문이다.

2000년에 제작된 〈언브레이커블〉은 평범한 인물이었던 데이빗 던(브루스 윌리스 분)이 자신의 숨겨진 능력을 각성하게 되기까지의 내용을 그렸고, 2016년에 제작된 〈23아이덴티티〉는 23개의 인격을 가진 해리성 인격장애자 케빈 웬델 크럼(제임스 맥어보이 분)이 각기 다른 인격들의 충돌 사이에서 24번째 인격인 일명 '비스트'를 창조하게 되는 과정을 보여줬다. 하지만 영화 〈글래스〉는 주인공인 엘리야 프라이스(사무엘 L. 잭슨 분)의 등장과 역할을 조명하지는 않는다. 오히려 그가 지난 20여 년간 기획하고 창조해낸 '히어로'와 '빌런'의 존재를 세상에 어떻게 극적으로 노출시킬 것인가에 대한 그의 설계와 목적에 초점을 맞추고 있다고 볼 수 있다. 이러한 점에서 앞의 두 편을 먼저 보는 게 전체 맥락을 이해하는 데 도움이 된다.

1편인 〈언브레이커블〉은 풋볼 스타디움의 경비원으로 일하는 평범한 남자 데이빗 던의 이야기를 그렸다. 대학시절 촉망받는 풋볼 선수였던 그는 어느 날 교통사고를 겪고 난 후 그 충격으로 풋볼을 그만두고 경비원으로서의 삶을 살아가는 평범한 가장이다. 영화는 그런 그가 갑자기 겪게 된 열차 사고에서 유일한 생존자가 되면서 시작한다. 어쩌면 천운이 따랐다는 표현이 적절하겠지만 이 사고의 결과에 의문을 품은 이가 있었다. 세 번째 시리즈의 주인공인 미스터 글래스(엘리야 프라이스)는 이렇게 일찌감치 첫 번째 영화에서부터 그 모습을 드러낸다. 그는 선천적으로 골밀도가 낮아 사소한 충격에도 뼈가 쉽게 부러지는 병을 가지고 태어난 불운아였다. 그 탓에 살아오면서 수십 번도 더 뼈가 부러지는 사고를 당했는데, 그렇게 우울한 유년기를 보냈던 그가 히어로를 다룬 코믹스를 자주 접하면서 생각해낸 하나의 공식은, '자신처럼 약한 사람이 있다면, 누구보다 강한 사람도 존재할 것이다'라는 가정이었다. 여기서 아까의 열차 사고로 돌아가 그는 유일한 생존자인 데이빗 던이 그 공식에 들어맞는 사람이 아닐까 생각하고 데이빗 던을 찾아가 이 공식을 제시하며 그가 자신의 능력을 돌아보게 만드는 계기를 제공한다.

여기까지의 스토리를 봤을 때, 〈언브레이커블〉의 뒷이야기는 주인공이 자신의 엄청난 힘을 자각하게 되면서 수많은 악당들을 무찌르는 히어로가 된다는, 뭐 그런 MCU(마블 시네마틱 유니버스)나 DCEU(DC 확장 유니버스)의 히어로 스토리를 기대할 수도 있겠다. 하지만 M. 나이트 샤말란 감독은 이 영화가 그런 뻔한 스토리로 흘러가도록 내버려두지 않았다. 샤말란 감독의 첫 번째 히어로 영화는 그가 가진 '힘'보다 오히려 그의 '심리적 변화'와 '정체성 찾기'에 초점을 맞추었다. 그렇기 때문에 한편으로는 영화 〈왓치맨〉(2009)의 분위기와 스타일에 좀 더 가깝다고 이해해도 좋을 것이다.

2편인 〈23아이덴티티〉는 첫 번째 영화 〈언브레이커블〉과 연결되는 점이 전혀 보이지 않는다. 주인공 케빈 웬델 크럼은 23개의 인격을 지닌 해리성 인격장애자이다. 23개의 인격들이 한 몸 안에서 서로 번갈아가며 '빛'을 가지는데, 이 '빛'을 소유한 인격만이 '케빈 웬델 크럼'의 신체를 통제할 수 있다는 특징이 있다. 영화 〈23아이덴티티〉는 23개의 인격 중 일명 '패거리'라고 불리는 '데니스'와 '패트리샤'가 어린 인격인 '헤드윅'을 이용해 '빛'의 주도권을 갖게 되면서, 24번째 인격인 '비스트'를 창조하려는 시도를 그려낸다. 영화는 그 과정에서 세 명의 여학생들이 납치되고 이들이 23개의 인격들로부터 탈출하려는 과정을 보여준다. 철저하게 스토리만을 놓고 본다면 이들 두 영화는 서로 전혀 연관성을 갖지 않는다. 영화가 마무리된 후 쿠키 영상을 통해 데이빗 던의 모습이 비춰지지 않았다면 말이다. 반전과 허무로 관객들을 마구 농락했던 M. 나이트 샤말란 감독의 재치와 위트가 번득이는 장면이기도 하다.

세 번째 영화인 〈글래스〉는 앞의 두 작품을 서로 연결시켜주는 역할

〈글래스〉는 주인공인 엘리야 프라이스의 등장과 역할보다는 그가 오랫동안 기획하고 설계해온 '히 어로'와 '빌런'의 존재를 세상에 극적으로 노출시키는 것에 초점을 맞춘다.

을 한다. 전혀 연관성이 없어 보이는 두 편의 영화를 세 번째 영화를 통해 서로 이어주는데, 이는 스토리 자체를 넘어 두 영화의 주인공 캐릭터들을 서로 연결시켜주는 역할도 포함한다. 즉, 미스터 글래스는 히어로 '데이빗 던'과 빌런 '비스트' 간의 만남을 성사시키고 이들의 대결을 이벤트화해 그 존재를 세상에 어떤 방식으로 등장시킬 것인가를 철저하게 고민하고 기획하는 인물이다. 그런 측면에서 영화는 등장인물의 액션과 서스펜스에 치중하기보다 각각의 캐릭터를 어떻게 해석하고 이해하느냐에 좀 더 집중하게끔 만든다.

129분의 러닝 타임 동안 앞의 두 영화를 자연스럽게 연결시켜야 하기 때문에 전개는 대체로 빠른 편이다. 대부분의 영화는 스토리 전개 측면에서 쉬어가는 장면을 집어넣기도 하지만 이 영화는 앞의 목적 때문인지 그러한 쉼표가 전혀 없다. 그리고 불필요한 장면을 최소화해 엘리야 프라이스의 기획력을 최대한 표현하고자 노력했다. 특히 여러 미장센을 두어 관객을 농락하기 좋아하는 감독의 성향만큼이나 떡밥을 많이 던지는 편이다. 앞의 두 작품을 이미 관람했던 관객일지라도 이를 쉽게 알아차리지 못할 정도로 말이다.

그렇기 때문에 데이빗 던과 비스트의 첫 만남이 꽤나 빨리 다가온 건 관객들에게 제대로 된 흥미를 제공했다. 관객들이 기대하는 히어로와 빌런의 첫 대결이었다는 점에서 기대보다 괜찮았다는 생각이다. 엘리 스테이플 박사(사라 폴슨 분)의 갑작스런 등장이 조금 낯설었던 점은 제외해야겠다. 뭔가 다 알고 온 것마냥 너무 뜬금없다. 준비된 장비와 준비된 멘트처럼 각자의 능력과 약점이 어떠한지, 무엇을 지향하고 있는지 이미 다 알고 있었던 점도 마찬가지다. 다소 평범한 관객일지라도 수상한 낌새를 알아차리는 건 어렵지 않다. 그렇기 때문에 관객들은 그녀의 등장 이후부터 줄곧 그녀의 정체를 의심하고 스토리의 향방을 해석해야 하는 부담감을 제법 안고 간다.

관객의 시선을 대변하는 카메라 워크는 안정적이지만 자주 뒤집어진다. 화면이 뒤집어진다는 건 시각적 관점의 전환을 의미한다. 하지만 이 영화의 관점 전환은 조금은 다른 개념이다. 상황을 뒤집어보기보다는 캐릭터의 숨은 내면을 읽는다는 의미로 받아들이면 좀 더 쉽게 해석할 수 있다. 이는 〈언브레이커블〉에서 조셉 던(스펜서 트리트 클락 분)이 아버지 데이빗 던의 열차 사고 소식을 뉴스로 접할 때와 무거운 바벨을 드는 아버지를 바라보는 장면, 그리고 어린 엘리야 프라이스가 어머니로부터 선물 받은 코믹스의 상하를 뒤집는 장면에서 찾아볼 수 있다.

영화는 세 명의 주인공들이 가진 '힘'보다는 '내면'에 초점을 맞춘다. 엘리 스테이플 박사는 이들을 정신병원에 감금해둔 채 "당신들은 어쩌면 특별한 '힘'을 가지고 있다고 착각하고 살고 있을지 모른다."라고 얘기한다. 겉으로 표현된 그들의 '힘'은 그저 우연의 일치에 의한 해석 차이에 불과할 수 있다는 것이다. 자신을 좀 더 들여다보고 살아오면서 받았던 내면의 상처에 집중하라는 얘기인데, 결국 그들의 힘은 코믹스 속에서 발생한 망상의 산물이라는 얘기와도 같다.

이 점은 영화의 가장 중요한 메시지와 연결된다. M. 나이트 샤말란 감독이 영화를 통해 얘기하고자 하는 건 사람들 스스로 자신의 역할에 나서주기를 기대하는 것이다. 영화 속에서 엘리야 프라이스는 선과 악으로 구분되어 악의 편에 서 있는 빌런을 대변하고 있다기보다는 데이빗 던과 비스트가 스스로의 존재를 깨닫고 자신의 역할을 해내기를 바라는 것으로 이해할 수 있다. 즉, 미스터 글래스를 통해 대변되는 이들의 역할은 자신이 어떤 존재인지를 자각하고 세상에 스스로의 능력을 증명해냄으로써 사람들에게 새로운 세상의 존재를 깨닫게 해주는 역할이라고 해도 무방하다. 결론적으로 감독의 메시지는 사람들 스스로 자신의 존재 의미를 이해하고 자신의 위치에서 제대로 된 목소리를 내기를 바라는 것으로 귀결되는데, 결국 영화 속 세 주인공의 역할은 자신의 존재를 통해 사람들의 의식 속에 이러한 경종을 울리는 것이라 할 수 있다. 대결 장소로 오사카 타워를 선택한 것도 해당 목적 때문이었으며, 이러한 역할을 다했을 때 막을 내린 것 또한 감독의 의도적인 연출이라고 해석할 수 있겠다.

그럼에도 필자가 영화에 대해 의문을 품은 점이 몇 가지 있다. 우선,

세 영화의 포스터이다. 지난 2000년부터 시작된 M. 나이트 샤말란 감독의 트릴로지는 각각의 포스터를 자세히 살펴보면 분명 세 명의 캐릭터를 그리고 있음에도 불구하고 이를 바라보는 배경은 제각기 금이 나 있는 글래스를 통해 표현된다. 재미있는 사실은 그렇게 갈라진 글래스의 금은 〈언브레이커블〉에서 〈23아이덴티티〉를 거쳐 마지막 〈글래스〉에 이르기까지 점차 커지고 있다는 것이다. 단순히 〈언브레이커블〉에서 시작된 미스터 글래스의 기획이 완성 단계에 이르렀다는 걸 뜻하는 건지, 아니면 이들 세 캐릭터 모두 미스터 글래스의 손바닥 안에서 놀아나고 있음을 의미하는 것인지, 그것도 아니면 세상을 바라보는 시각과 관점을 각 캐릭터들의 존재와 역할을 통해 깨우쳐준다는 것인지 궁금증이 더해간다. 굳이 하나를 선택하자면 필자는 마지막 해석이 맞는 것 같다.

또 하나는 케이시(안야 테일러 조이 분)의 역할이다. 필자는 굳이 세 번째 영화를 위해 케이시를 다시금 등장시킬 필요가 있었을까 생각이 들었다. 여기서 데이빗 던의 아들은 왜 언급하지 않느냐고 필자에게 묻는다면 그 두 사람의 관계는 이들과는 다르다고 얘기할 수 있다. 데이빗 던과 그의 아들과의 관계는 케빈 웬델 크럼과 케이시의 관계와는 분명 다르다. 전자가 혈연으로 애틋한 정을 나눈 부자지간이라면, 후자는 철저하게 가해자와 피해자의 관계이기 때문이다. 끔찍한 감금 상황과 친구 살해 사건 등을 겪은 피해자라면 누구나 가해자인 범인을 다시는 마주치고 싶지 않을 것이다. 그럼에도 불구하고 그와 대화를 시도하고 심지어 끌어안아주기까지 한다는 건 관객들이 영화를 객관적으로 바라보기에 꽤 부담스러운 장면이 아닐 수 없다.

스토리를 쉽게 전개시키기 위해 케빈 웬델 크럼의 인격 전환 속도를 빠르게 만든 점은 아쉬운 부분이다. 〈23아이덴티티〉에서 23개의 인격 모두를 보여주지 않고 일부 인격만을 드러낸 건 패거리가 빛의 주도권을 가졌기 때문이며, 그 과정이 자연스럽게 비춰짐은 영화의 속도를 천천히 하면서 관객들로 하여금 자아의 표현을 쉽게 받아들일 수 있도록 여유 공간을 배려한 덕분이다. 그럼에도 불구하고 〈글래스〉에서 그의 인격을 너무 쉽게 변환시켜버린 건 이야기를 빠르게 마무리하기 위한 감독의 욕심이 만들어낸 실수가 아닌가 생각해본다.

사실 세 편의 영화들 중 굳이 하나를 택해 리뷰를 하라면 필자는 두 번째 영화 〈23아이덴티티〉에 대해 가장 할 말이 많다. 〈언브레이커블〉이 미스터 글래스가 만들어 놓은 상황에 의해 데이빗 던이 자신의 정체성을 자각하게 만드는, 쉽게 말해 두 사람의 관계에 핵심적인 요소가 담겨 있었다면, 〈23아이덴티티〉는 하나의 캐릭터지만 그 속에 담겨 있는 수없이 많은 인격들이 각자가 놓인 상황에서 어떻게 표현되는지, 그리고 빛의 주도권이 어떻게 옮겨지는지, 마지막으로 비스트의 존재가 과연 어떠한 방식으로 드러나는지에 이야기를 끌고 갈 수 있는 핵심 요소가 담겨 있어, 그만큼 얘기할 거리가 많기 때문이다. 하지만 앞의 두 영화가 전체 트릴로지의 관점에서 다소 독립된 이야기를 하고 있기 때문에 미완성적인 부분이 강했다면, 〈글래스〉는 불완전했던 이야기들을 마무리짓는 열쇠를 쥐고 있었다는 점에서 가장 관심이 가는 영화였다고 말할 수 있다. 따라서 전체 트릴로지와 관련하여 〈글래스〉가 가진 매력이 가장 크다고 생각할 수밖에 없다.

이 영화는 감독의 메시지가 분명한 영화이다. 캐릭터와 그들의 역할을 통해 영화를 보는 관객들에게 가만히 있지 말고 의식하고 행동하라는 메시지를 강하게 던지기 때문이다. 온오프라인을 통해 분명 이 트릴로지가 히어로물임을 명백히 드러내고 있지만, 이 작품들은 우리가 익숙한 히어로 스타일과는 다른 점이 많다. 오히려 어떤 면에서는 앞에서 잠시 언급했던 영화 〈왓치맨〉의 분위기가 두루 엿보인다고 말하고 싶은데, 히어로 자체가 가진 힘, 즉 사회적 악으로부터 사람들을 구원해내는 영웅적인 요소를 배제한 채 히어로 스스로 자신의 정체성에 대한 의구심을 가지고 자신의 역할에 대해 끝없이 고민한다는 측면에서 유사한 흐름을 담고 있어서다. 그런 측면에서 이 영화는 색다른 주제와 매력을 가지고 있어 필자에게 강한 인상을 남겼다. 다만 다양한 미장센과 반전 연출로 관객들을 쥐락펴락하는 재미를 즐기는 M. 나이트 샤말란 감독의 또 한 번의 재치에 나도 모르게 당한 건 아닌지 그저 부끄러울 뿐이다. 만약 그랬다면 그저 해프닝으로 너그러이 넘겨주시기를.

개성 강한 히어로의 탄생

콘스탄틴(2005)

배우 키아누 리브스를 생각하면 어떤 캐릭터를 가장 먼저 떠올릴까? 아마도 대다수의 관객들은 영화 〈매트릭스〉(1999)의 주인공 '네오'를 떠올리지 않을까 싶다. 감독 워쇼스키 자매(릴리 워쇼스키, 라나 워쇼스키)의 대표작이자 전 세계적으로 흥행을 기록한 영화 〈매트릭스〉 트릴로지(Trilogy)는 많은 관객들에게 신선한 화면과 색다른 재미를 선사했다. 주인공 네오 역할을 맡았던 배우 키아누 리브스는 절제된 연기와 화려한 액션으로 캐릭터의 개성을 제대로 뽐내기도 했다. 특히 날아오는 총알을 슬로우 화면으로 보여주며 네오가 이를 피하는 장면은 국내의 여러 예능 프로그램에서도 패러디 열풍을 만들어낼 정도로 인기였다.

이처럼 배우 키아누 리브스의 매력은 필자는 물론 많은 사람들이 인정하는 부분이다.

이번엔 이러한 키아누 리브스의 매력을 다른 영화에서 찾아볼까 한다. 영화 〈매트릭스〉에서의 네오는 곱게 빚어 잘생긴 외모로 순진한 서민이자 평범한 직장인이 숨겨진 현실을 깨닫고 전사로 발전하는 거친 과정을 보여줬었다. 하지만 다음 영화 속 그의 캐릭터는 다소 거칠다. 곱고 섬세하기보다 길가에 침을 뱉거나 항상 한 손에 술병을 들고 입에 담배를 물고 있어야 할 것 같다. 거칠고 냉철하지만 가슴 한 편에 따뜻한 감정이 숨어 있는 매력적인 캐릭터, 영화 〈콘스탄틴〉(2005)이다.

영화는 오랫동안 숨겨져 있던 숙명의 창을 누군가 우연히 찾게 되고, 이와 동시에 이사벨 도슨(레이첼 와이즈 분)이 자살하게 되면서 그의 쌍둥이 언니 안젤라 도슨(레이첼 와이즈 분)이 콘스탄틴(키아누 리브스 분)을 찾아와 동생의 죽음에 대한 의문을 풀어달라는 도움을 요청하면서 시작한다. 시작은 이러한데 주인공 존 콘스탄틴의 등장은 오히려 새로운 장면의 전환이다. 이제는 할리우드 고전 영화가 된 〈엑소시스트〉(1973)는 물론 〈검은 사제들〉(2015), 〈사자〉(2019), 〈변신〉(2019) 등에서도 쉽게 볼 수 있었던 퇴마 의식 장면은 항상 관객들의 흥미를 자극한다. 한 가지 재미있는 건 앞에서 언급한 영화들이 퇴마 의식을 신성하게 받아들이고 하느님의 명에 따라 악마를 퇴치하는 장면을 제법 진지한 시각에서 그려냈다면, 이 영화 〈콘스탄틴〉에서의 퇴마사 콘스탄틴은 반쯤 풀린 넥타이에 입에 담배 한 개비를 꼬아 물고 한 손에는 술병을 집어 들고 있는, 조금은 불량한 모습으로 접근하고 있다는 것이다. 술과

〈콘스탄틴〉은 스토리보다는 캐릭터의 성격과 매력을 살리는 데 주안점을 둔 영화이다.

담배에 절어 있는 상태로 퇴마 의식을 시행하는 그의 퇴마 장면은 불안하게 느껴지면서도 제대로 된 긴장감을 줘 관객들을 영화에 몰입할 수 있도록 만들어준다.

  그런 점에서 그의 첫 등장 장면은 존 콘스탄틴을 코믹스가 아닌 영화 속에서도 캐릭터화하는 데 성공했다. 사실 DC코믹스에서 그려진 그의 모습과 활약은 영화와 다른 부분이 없지 않다. 감독 프란시스 로렌스는 코믹스에서 익숙한 존 콘스탄틴의 모습을 키아누 리브스의 캐스팅을 통해 일정 부분 지워버렸다. 그만큼 기존의 가벼운 스타일의 캐릭터를 꽤 무겁고 진지한 캐릭터로 변모시켰는데 대사와 연기에서 묻어나오는 연출의 성격 또한 배우 키아누 리브스의 스타일을 잘 살려 성격과 말투 등을 적절히 변화시키는데 성공했다. 이후 제작된 〈나는 전설이다〉(2007)

와 〈헝거게임〉 시리즈(캣칭 파이어, 2013/ 모킹제이, 2014/ 더 파이널, 2015) 등의 필모그래피를 살펴본다면, '히어로' 다시 말해 '영웅'을 만들어내는 데 꽤 익숙한 연출가로서 발전한 그의 능력에 어느 정도 수긍이 가는 부분이다.

이처럼 감독은 영화의 주안점을 스토리에 맞추기보다 캐릭터 자체의 성격과 매력을 살리는 데 두었다. 사실 이 영화에서 스토리는 연출 방향에 큰 영향을 미치지 않는다. 퇴마를 주제로 삼고 있는 만큼 스토리가 생각보다 단순하기 때문이다. 천사 가브리엘이 루시퍼의 아들을 이용해 벌이는 색다른 음모가 전부라면 전부이다. 이는 키아누 리브스의 또 다른 히어로 영화인 〈존 윅〉(2014)도 마찬가지이다. 〈존 윅〉 또한 하나의 돌발 사고로 발생하는 복수 과정이 영화의 전부다. 이런 단순한 관점에서 본다면 영화 〈콘스탄틴〉 또한 의뢰받은 죽음을 파헤치는 하나의 상황에 불과하다. 요약하자면 〈콘스탄틴〉은 이처럼 단순하고 어쩌면 익숙한 스토리를 캐릭터의 특성을 통해 살리고 보다 새로운 느낌을 주려고 노력한 작품이라고 할 수 있겠다.

영화의 특징은 크게 두 가지이다. 첫째는 앞에서 언급한 '존 콘스탄틴'이라는 캐릭터이다. 영화 〈엑소시스트〉나 〈검은 사제들〉, 〈사자〉, 〈변신〉 등은 퇴마에 초점을 맞췄을 뿐 캐릭터의 특징을 부각시키지 못했다. 범주를 넓혀 오래전 흥행돌풍을 일으켰던 이우혁 작가의 소설 『퇴마록』까지 검토해본다면 현암이나 박 신부 등 특색 있는 인물들을 살펴볼 수 있지만, 이를 영화화한 박광춘 감독의 영화 〈퇴마록〉(1998)은 소설에서 보여준 이러한 특징까지 살려내진 못했었다. 그런 측면에서 보면 이 영화 〈콘스탄틴〉은 오롯이 캐릭터 하나에만 초점을 맞춘 작품이라고 해석해도 무방하다. 감독의 입장에서 퇴마에 큰 의미를 뒀다기보다 어찌되었건 키아누 리브스라는 개성 강한 배우를 통해 캐릭터의 히어로화를 실현시켜 보자는 의도가 확연히 드러난다. 늘 꼬아 무는 담배는 그의 트레이드마크이다. 거기에 감독은 그 담배를 폐암으로 연결시키는 재치 또한 놓치지 않았다.

둘째는 원작인 코믹스의 줄거리에 기반을 두면서도 영화 자체로서의 해석을 가미하고자 노력했다는 사실이다. DC코믹스에서 그는 퇴마사이면서 재치 있고 교활한 사기꾼이었다. 그가 내뱉는 말들은 대부분 거짓이 많고 냉소적인 말투까지 갖춰 전형적으로 상대방에게 기분 나쁜 캐릭터로 비춰졌다. 같은 부류인 마법사 '자타나'와는 전혀 다른 매력을 갖췄다. 잔머리가 너무 잘 돌아가서 악마를 상대로 사기를 치는 두뇌형 캐릭터이기도 했다. 프란시스 로렌스 감독은 이런 캐릭터의 특성을 스크린 속에서 완전히 바꿔버린 것이다. 어쩌면 키아누 리브스를 캐스팅한 그 순간부터 감독의 의도된 포석이었는지는 모르겠지만, 어쨌건 캐릭터의 개성이 '사기'와 '교활'에서 '멋'과 '매력' 등으로 순화됐다. 원작을 알고 있는 필자로서는 오히려 주인공의 개성이 떨어진 것 같아 아쉬운 감이 없지 않지만, 배우 키아누 리브스의 매력을 드러내기에는 충분한 연출이었다는 점에서 관객과 평단으로부터 꽤 인상적인 평가를 받을 수 있었다고 생각한다.

영화 〈콘스탄틴〉은 이처럼 '스토리'보다 '캐릭터'의 특성을 살리는데 치중한 작품이다. 퇴마를 다루면서도 2005년에 개봉한 영화치고는 CG를 많이 사용하지도 않았다. 어느 정도 익숙한 '퇴마'를 다루는 주제에도 불구하고 스토리와 화면의 화려함보다 주인공의 개성을 살리는 데 더 집중했으며 이를 통해 익숙한 사기꾼 콘스탄틴보다 매력이 강한 콘스탄틴으로 그를 변모시켰다. 하지만 개인적으로는 주인공의 강한 개성 못지않게 스토리의 다양성에도 충실했다면 더 좋지 않았을까 하는 아쉬움이 남는다.

영화가 시작되는 순간, 관객은 주인공과 한 몸이 되어 또 다른 삶을 간접적으로 체험하게 된다. 퇴마사로서의 거친 삶의 무게를 짊어지고 색다른 공포와 싸울 준비가 됐다면, 영화 〈콘스탄틴〉의 무게를 충분히 받아들일 수 있을 것이다.

영웅의 길은 멀고도 험하다

로건(2017)

히어로 영화가 성행하고 있다. 미국의 양대 코믹스 중 하나인 마블이 그 주역이다. 아이언맨, 캡틴아메리카, 토르, 헐크를 비롯해 히어로들의 집합인 어벤져스까지. 경쟁자인 DC의 마음이 조급한 건 당연하다. 그래서 오래된 슈퍼맨과 배트맨을 급히 소환하고 어설프게 그린랜턴에 수어사이드 스쿼드까지 꺼냈다가 평가와 흥행에서 낭패를 보고 말았다. 패티 젠킨스 감독의 〈원더우먼〉(2017)과 〈아쿠아맨〉(2018)의 흥행이 긍정적인 건 그 때문이다. 어쨌건 필자는 잘나가는 마블보다 DC의 오랜 팬이었다. 댄 리바가 연출을 맡은 애니메이션 〈저스티스 리그〉(Justice League, 2001)와 〈언리미티드〉(Justice League Unlimited, 2004)를 한

번이라도 본 사람이면 아마 필자와 같은 마음일 것이다. 그런 충성스런 DC 팬이 본의 아니게 마블의 영웅 이야기를 꺼내본다. 팬으로서의 의리를 떠나 한번쯤 이야기하고 싶을 정도로 기존의 마블 히어로 영화와는 다른 스타일을 선보이고 있어서다. 영화 〈로건〉(2017)이 그것이다.

20년 전 브라이언 싱어 감독의 〈엑스맨〉(2000)이 개봉한 이후 〈엑스맨 다크피닉스〉(2019)까지 그동안 총 10편의 엑스맨 영화가 관객들을 찾았다. 무려 20년이다. 그중 햇수로 17년이 되는 해에 아홉 번째 영화 〈로건〉이 개봉된 바 있다. 울버린이란 이름으로 우리에게 친숙한 로건은 돌연변이 군단 엑스맨을 대표하는 캐릭터이다. 코믹스에서 〈인크레더블 헐크〉에 처음 등장한 그는 원래 헐크를 상대하기 위해 파견된 캐나다의 요원이었다. 손등에서 날카로운 뼈가 튀어나와 의도치 않게 살인을 저지른 후 군에 입대한 그는 제2차 세계대전 참전 이후 CIA 요원 등으로 활동하다가 웨폰 X라는 기관에 납치되어 모든 골격에 아다만티움이라는 금속이 주입된 과거를 가지고 있다.

여기서 잠시 엑스맨을 다룬 영화들과 마블의 관계에 대해 먼저 이야기를 해야 할 것 같다. 마블코믹스는 1990년대에 회사의 경제적 사정이 크게 어려운 시기를 겪어야 했다. 이 위기를 극복하고자 몇몇 캐릭터의 영화 판권을 팔기에 이르렀는데 그 결과 '스파이더맨'과 관련 캐릭터들은 영화사 소니에, '엑스맨'과 '판타스틱 4' 등은 20세기폭스에 넘겨야 했다. 그 후 마블은 2008년 자신만의 영화 스튜디오를 차리게 되었고, 첫 영화인 〈아이언맨〉(2008)을 시작으로 현재의 MCU(Marvel Cinematic Universe)를 구성하게 된다. 어쨌든 이러한 연유로 지금 이야기하는 영화 〈로건〉의 제작사는 마블 스튜디오가 아닌 20세기폭스가 되겠다.

이런 점에서 봤을 때 개인적으로 이 영화에 딱히 새로운 걸 기대하지 않았다. 지난 세월 동안 보여준 작품만으로 충분했기 때문이다. 하지만 이러한 생각은 영화를 보며 조금씩 바뀌어갔다. 뭔가 새로운 게 있었냐고? 물론이다. 코믹스 원작인 그래픽 노블에 바탕을 둔 줄거리 나열과 특수효과 보여주기에 급급하던 지난 영화들과는 달리, 히어로의 고뇌와 감정을 표현하는 데 집중하는 모습이 강하게 드러났기 때문이다.

사실 가장 크게 다가온 건 대사가 던지는 임팩트였다. 로라(다프네 킨 분)가 로건(휴 잭맨 분)에게 매일 악몽을 꾼다고 나직이 얘기하는 장면은 두 뮤턴트(돌연변이) 사이의 감정이 열리는 순간이다. 꿈속에서 사람들이 자신을 해친다는 로라의 말에 로건은 "내 꿈은 달라, 내가 사람들을 해쳐."라고 답한다. 오랜 시간 그가 겪어온 모든 상황과 어깨 위에 놓인 무거운 짐이 얼마나 그의 정신과 마음을 압박하고 있었는지를 가장 잘 표현한 문장이 아닐까 싶다. 또 다른 대사를 보자. 로건과 로라 둘 만이 남아 있던 때에 로건은 로라에게 이렇게 얘기한다. "내가 아끼는 사람들은 항상 험한 꼴을 당해." 히어로의 숙명이 아닐 수 없겠지만 우리가 놓치고 있는 건 분명 히어로도 사람이라는 점이다.

이 영화를 끄집어내기 위해 앞에서 잠시 DC를 언급했다. 사실 함께 얘기하고 싶은 작품이 있었기 때문이다. 그렇다, 이 영화의 전체적 분위기는 크리스토퍼 놀란 감독의 〈배트맨〉 시리즈(배트맨 비긴즈, 2005/ 다크 나이트, 2008/ 다크 나이트 라이즈, 2012)와 매우 닮아 있다. 단지 주인공의 짐과 고뇌를 그리고 있기 때문은 아니다. 그 감정을 표현하는 대사와 연출 방식에서 유사점을 보이고 있어서이다.

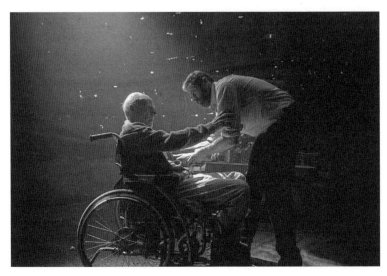

로건(휴 잭맨 분)과 자비에 교수(패트릭 스튜어트 분)는 이야기를 이끌어가는 갈등 상황을 만들어 내면서 스토리 리더 역할을 톡톡히 해낸다.

첫 번째로 두 영화는 필자가 자주 얘기하는 면대면(Face to Face) 방식의 화면이 많다. 두 사람이 마주보며 대화를 나누는 면대면 구성은 얼핏 보면 단순한 방식으로 보일지 몰라도, 배우의 얼굴을 클로즈업하면서 대화를 이끌어가는 양자의 감정 흐름을 가장 잘 나타낼 수 있는 표현 방식이다. 〈로건〉에서는 로건과 자비에 교수(패트릭 스튜어트 분), 〈배트맨〉 시리즈에서는 배트맨(크리스찬 베일 분)과 조커(히스 레저 분) 사이에서일까? 아니다, 배트맨과 함께 감정을 이끌어가는 이는 제임스 고든(게리 올드만 분) 국장이다. 크리스토퍼 놀란 감독의 〈배트맨〉 시리즈는 두 번째 작품 〈다크 나이트〉에서 히스 레저가 명연기를 펼치며 조커의 캐릭터를 새롭게 부각시켰지만, 사실 그건 배우의 연기력과 캐릭터의 인기에 국한될 뿐 영화의 갈등 구조를 직접적으로 이끌어가는 역할을 하는 건 아니었다.

이 영화의 스토리를 이끌고 가는 건 배트맨과 고든 국장이다. 히어로 영화의 특징이 선과 악의 대결을 바탕으로 하기에 공히 선을 대표하는 배트맨과 고든 국장이 스토리 리더(Leader)라는 설명이 잘 이해되지 않을 수 있다. 하지만 영화를 잘 살펴보면 조커는 상황을 만들어주는 역할을 할 뿐, 상황을 어떻게 해결할지에 대한 의견과 방법을 제시하는 쪽은 배트맨과 고든 국장이다. 다시 말해 선과 악의 단순 구도에서 양쪽의 갈등 상황이 이야기를 이끌고 가는 원동력이 되기보다는 여러 배우들에게 각각의 역할을 부여해 선과 선의 측면에서 해결책을 찾아나가는 스토리 리더의 역할을 폭넓게 만들어내고 있다는 것이다. 〈다크 나이트〉에서 빌런(Villain, 악당)으로 조커 외에 하비 덴트/ 투 페이스(아론 에크하트 분)를 투입한 것도 같은 맥락이다.

다시 〈로건〉으로 돌아가면, 이 영화 또한 로건과 자비에 교수가 그런 역할을 한다. 상황은 언제나 악당이 만들어낸다. 다만 이 상황을 어떻게 풀어나갈지를 함께 고민하고 의견이 대립하고 또 행동을 취하는 건 로건과 자비에 교수이다. 당연히 그 과정에서 둘의 의견이 오가며 스토리를 이끌어가는 갈등과 감정 전달이 이루어진다. 이처럼 영화는 두 시간을 쉬지 않고 두 배우 간의 갈등 요소를 감정의 전달을 통해 구성하고 만들어간다. 대화 장면에서 클로즈업이 많은 것도 감정 전달을 극대화하기 위한 목적 때문이다.

두 번째로 두 영화의 O.S.T.는 서로 확연히 다른 음악적 선율을 선보이지만 그 속에 깔려 있는 분위기는 다소 비슷한 기운을 내포한다. 〈배트맨〉 시리즈는 한스 짐머와 제임스 뉴튼 하워드가 O.S.T에 참여하였다. 〈다크 나이트〉에서 가장 무게감 있는 곡은 영화의 엔딩 장면에서 배트맨이 누명을 쓴 채 도망치고 고든 국장과 그의 아들이 배트맨은 잘못이 없지 않느냐는 대화를 나누는 장면에서 흘러나온다. 'A Dark Knight'라는 제목의 이 곡은 약 10분간 저음에서 고음까지 아주 천천히 오르내리며 영화의 여운을 있는 그대로 관객들에게 선사하는데, 한편으로 화려함이 느껴지지만 다른 한편으로는 누명을 쓰고 도망자가 된 히어로의 쓸쓸한 뒷모습에 보내는 마치 장송곡의 기운마저 느낄 수 있다.

영화 〈로건〉의 음악은 이와는 조금 다른 스타일이다. 주유소 편의점 장면에서 사용된 짐 크로스의 'I got a name'은 사실 쿠엔틴 타란티노 감독의 〈장고: 분노의 추적자〉에도 사용됐던 곡이다. 짐 크로스는 1973년 루이지애나 공연에서 이 곡을 부른 후 다음 공연장으로 이동 중에 비행기 추락 사고로 유명을 달리했다. 이런 관점에서 보면 영화 〈로건〉에 어울리는 곡일지도 모르겠다. 하지만 개인적으로 필자의 뇌리에 강하게 박힌 곡은 역시 엔딩을 장식하는 곡이다. 쟈니 캐쉬의 'The Man Comes Around'라는 곡인데 요한계시록의 인용구를 옮겨 적었다는 가사도 의미가 있지만, 무엇보다 가사와 달리 흥에 겨운 기타 연주가 로건의 마지막을 오묘한 느낌으로 이끌고 가기 때문이었다. 영화 곳곳에 흐르는 수많은 O.S.T. 중 굳이 이 곡을 언급한 이유는 미국의 산간과 초원 지대를 배경으로 백인들의 삶을 녹여낸 컨트리풍의 선율을 들려주고 있다는 생각에서다. 마치 히어로의 부담을 일생동안 온몸으로 받아낸 로건의 마지막 뒷모습이 쓸쓸한 카우보이의 어깨를 연상시키면서 음악과 어울린다고 할까. 이 또한 앞의 음악과 유사한 감정을 불러일으키는 건 단지 기분 탓만은 아닐 것 같다.

여기서 마블과 DC의 방향성에 약간의 차이가 있음을 살펴볼 수 있다. 마블 스튜디오의 색채가 좀 더 가볍고 통통 튀는 히어로의 성격과 밝은 가족 지향적인 분위기를 선호한다면, DC의 색채는 다분히 현실적인 사회를 그려내며 그 속에서 히어로의 정체성을 되짚어 보고 그 역할과 책임감에 무게를 두는, 어찌 보면 드라마적 요소에 좀 더 중점을 두는 성향을 보이기도 한다. 관객들의 선호도를 떠나서 개인적으로 굳이 DC가 차분한 분위기를 택했다면 그 색채를 계속해서 유지했으면 좋겠다는 게 솔직한 바람이다. 문제는 코믹스에 비해 영화에서 DC의 흥행 성적이 마블과 비교되면서 경쟁사의 분위기를 어설프게 따라하고 싶어 하는 모습을 보이고 있다는 것이다. 절대 그러지 않았으면 좋겠다. DC의 분위기는 그 나름대로 의미가 있고 각각의 캐릭터 또한 충분한 개성을 가지고 있다. 캐릭터가 가지고 있는 특성을 채 살리기도 전에 어설프게 마블을 따라하는 불상사를 만들지 않았으면 한다. 그러기엔 DC가 보유하고 있는 캐릭터들이 너무 아깝다. 주인공 로라 역을 맡은 배우 다프네 킨도 살펴보자. 13살의 소녀의 첫 연기인데도 표정의 몰입도가 굉장하다. 덕분에 주인공 로건 역을 맡은 휴 잭맨의 마지막 울버린 연기가 부담을 덜어낸 것 같다. 20세기폭스가 마블의 그래픽 노블 공식을 따른다면 차세대 울버린으로 활약할 다프네 킨의 발전이 몹시 기대되는 부분이다.

군더더기가 거의 없는 영화지만 아쉬움은 있다. 영화의 몰입도를 높이기 위해 초반에 너무 많은 시간을 할애해 점차 후반으로 가면서 스토리 전개를 서두르는 모습이 역력하다는 점이다. 앞의 긴 여정과 달리 너무나 쉽게 목적지인 노스다코타에 도착하는 게 대표적 사례이다. 후반부의 이야기를 끌고 가기 위한 의도적인 전개일 수 있지만 관객의 입장에서 부자연스러운 속도였던 건 사실인 것 같다.

우리는 영화 〈로건〉을 통해 오랫동안 이어져 온 배우 휴 잭맨의 마지막 엑스맨 연기를 볼 수 있었다. 이로써 앞으로 마블의 〈어벤져스〉 시리즈에서 우리가 알고 있는 울버린의 모습은 더 이상 없다. 소니는 마블과 손을 잡으면서 스파이더맨을 어벤져스의 라인업에 포함시켰지만, 20세기폭스는 이 작품을 통해 이를 원천봉쇄했다. 많이 아쉽지만 어쩌면 잘된 건지도 모른다. 수십 년간 이어져 온 그래픽 노블 속 어벤져스의 여정을 감안할 때 그 공식을 그대로 따르기엔 무리가 있기 때문이다. 이는 DC의 저스티스 리그 또한 마찬가지다. 스토리의 베이스가 되는 그래픽 노블 그대로 실사화하기엔 너무나 많은 장벽들이 존재한다. 그렇기 때문에 세대 교체를 알린 영화 〈로건〉이 배우 휴 잭맨뿐만 아니라 전 세계 관객들에게도 나름 최고의 예우를 다하지 않았나 싶다. 무덤의 표지를 엑스자로 바꿔놓는 마지막 장면이 필자에게 강한 인상을 남긴 것도 그 때문이다. 엔딩 크레딧의 음악 이야기를 다시 하자면, 마치 서부시대 카우보이가 연상되는 컨트리풍의 'The Man Comes Around'는 거친 황야를 헤쳐 나가는 방랑자 카우보이의 삶과, 엑스맨 로건의 마지막을 장식하는 데 가장 잘 어울리는 음악이 아닐까 한다.

색안경을 벗어던져야 할 때

스테이션 7(2017)

지금까지 우주 공간은 인류에게 무한한 도전의 대상이었다. 우주는 미지의 세계 그 자체로서 사람들에게 끊임없는 상상의 원천을 제공해주기도 한다. 상상력을 기반으로 스토리를 만들어내는 영화에 있어서 매번 신선한 소재가 되어왔음은 물론이다. 사람들은 이런 영화를 흔히 SF(Science Fiction)영화라고 부른다. SF영화의 신기원을 이룩한 대표적인 작품 하나를 꼽으라면 필자는 주저 없이 스탠리 큐브릭 감독의 대표작 〈2001 스페이스 오디세이〉(1968)를 선택할 것 같다. 유인원들이 동물의 뼈를 도구로 사용하다가 하늘을 향해 던지는 모습에서 우주선 디스커버리호로 자연스럽게 넘어가는 장면 전환은 인류의 발전을 단 1초 만에 보여주는 역사적인 명장면 중의 하나이다. 누구나 들어봤음직한 음악 '차라투스트라는 이렇게 말했다' 역시 오케스트라의 강렬한 연주 강약과 음색이 잘 버무려져 감칠맛을 자아내는 데 탁월한 역할을 하였다. 이 모든 것들은 SF영화만이 가질 수 있는 특색이자 상상력의 결집이기도 하다. 하지만 인류가 동경의 대상인 우주 공간에 실제 발을 내딛기 시작하면서 SF영화는 픽션을 넘어 논픽션에 이르기까지 그 영역을 점점 확장시켜 나갔다. 인류의 우주 도전 역사가 길어질수록 그 스토리 또한 늘어나고 있고 말이다. 특히 우주 도전의 역사는 미국과 러시아(구 소비에트연방)라는 강대국 간의 경쟁 구도를 기반으로 성장했기 때문에 도전 횟수만큼의 많은 에피소드를 보유하고 있음을 간과할 수 없다. 여기에 지금 이 영화 또한 포함된다. 실화를 배경으로 한 스토리가 주는 감동도 넘치지만 실시간으로 관객의 신경을 조여 오는 긴장감에 더욱 빠져들 수밖에 없었던 영화, 클림 시펜코 감독의 〈스테이션 7〉(2017)이다.

〈스테이션 7〉은 1985년 우주정거장 샬루트 7호에서 벌어진 실제 사건을 영화화한 것이다. 그렇기 때문에 이 사고에 대한 배경 지식을 가진 관객들에게 그 현장감을 보다 사실적으로 제공할 수 있다. 두 번째는 우주 공간에서의 배역이 단 둘밖에 없다는 점을 들 수 있다. 두 명의 우주 비행사가 사고 후 죽음의 공포를 극복하며 지구로 귀환하기까지 보여준 고군분투는 삶을 향한 처절한 갈구에 다름 아니다. 〈그래비티〉(2013)의 경우 매트(조지 클루니 분)가 스톤(산드라 블록 분)을 도와주는 조력자 역할에 머물러, 중반 이후 스톤 혼자서 외로운 싸움을 보여줬다면, 〈스테이션 7〉은 블라디미르(블라디미르 브도비첸코프 분)와 빅토르(파벨

데레비앙코 분) 두 사람이 주고받는 대화와 상황에 따른 역할이 균형을 이루면서 영화의 전개에 재미를 더해주기도 한다.

〈스테이션 7〉은 여기에 또 하나의 역할을 추가했다. 바로 관제센터가 그것이다. 우주 공간에서 두 명의 우주비행사가 살기 위한 처절한 투쟁을 벌이고 있는 동안, 이와 동시에 지구의 관제센터 또한 그들을 살리기 위해 치열한 논쟁을 벌인다. 샬루트 7호와 소유즈 T-13호의 도킹 과정을 통해 이를 지켜보는 관객들에게 손에 땀이 흐르는 긴장감을 있는 그대로 선사하는가 하면, 화재 사고를 수습하기 위한 대책을 마련하면서 과학자들 간 격렬한 논쟁을 벌이는 현실적인 모습까지도 적나라하게 비춰준다. 뿐만 아니라 산소 부족으로 두 명의 우주비행사 중 한 명만 복귀시켜야 한다는 냉정한 현실을 앞두고, 어떻게든 두 명 모두 귀환시키기 위해 최선의 방법을 찾고자 동분서주하는 관제센터 직원들의 노력은 사실적인 묘사와 더불어 관객들에게 인간적인 감동을 전달하는 좋은 요소가 된다.

필자의 뇌리에 가장 강하게 박힌 장면이 여기에 있다. 갑작스런 선체 화재는 지구 귀환을 위해 필요한 산소를 부족하게 만들고 두 사람 중 오직 한 사람만이 지구로 돌아갈 수밖에 없는 현실에 부닥치면서, 규정상 조종사 블라디미르가 샬루트 7호에 남아 홀로 죽음을 기다리게 된다. 관제센터는 그를 위해 아내와 딸을 불러 마지막 인사를 나누는 기회를 제공한다. 지금까지 많은 SF영화들이 가족 간의 이별 장면을 연출할 때 상대방에 대한 고마움과 미안함, 아쉬움 등을 전하며 관객들의 눈물샘을 자극하기에 급급했던 반면, 〈스테이션 7〉은 이 장면에서 전혀 생각지도 못한 장면을 연출한다. 남편과 마지막 인사를 나누라는 권유를 받은 니

영화 〈스테이션 7〉은 논픽션물이 가지는 단점을 최소한으로 줄이고 장점을 최대한으로 부각시켜 관객의 몰입을 자연스럽게 유도했다.

나(마리야 미로노바 분)가 블라디미르에게 딱 한마디, "돌아와"라고만 내뱉은 채 헤드셋을 벗어던지는 바로 그 장면이다. 절체절명의 위기에 빠진 남편과의 마지막 대화가 될지도 모르는 소중한 기회를 마주하고 망설임 한 번 없이 돌아오라는 말을 외치며 헤드셋을 내려놓는 아내의 비장한 표정과 그 말을 들은 블라디미르의 안타까운 표정이 화면에서 교차되면서 관객들은 탄식을 내뱉게 된다.

앞에서 언급했듯이 이 영화는 실화를 배경으로 한 작품이다. 오히려 영화가 픽션이었다면 어떠한 방법을 사용하던 간에 감동적인 스토리를 엮어 주인공을 살려낼 텐데 말이다. 그럼에도 불구하고 이 장면은 이 영화의 포인트가 될 수밖에 없다. 이때부터 분위기가 완전히 반전되며 영화가 러시아식 영웅주의로 새롭게 흘러가기 때문이다.

영화는 1985년 미국과 러시아의 냉전시대를 배경으로 양국의 우주 경쟁 과정에서 발생한 사건을 그려낸다. 1971년 러시아가 발사한 세계 최초의 우주정거장 샬루트 1호는 이후 11년 동안 7대가 발사되면서 러시아가 미국을 앞질러 우주 시대를 개척하는 계기를 제공했다. 이 영화는 유성체에 의해 고장을 일으키고 궤도를 이탈한 샬루트 7호를 수리하기 위해 두 명의 우주비행사가 소유즈호를 타고 이를 찾아가는 과정을 보여준다. 당시 두 명의 우주비행사는 극한의 추위, 제한된 산소와 물, 병마와 싸우며 우주정거장을 수리하는 데 성공했고, 불가능한 조건을 극복하고 지구로 무사히 귀환한다. 클림 시펜코 감독은 이 아름다운 스토리에 약간의 양념을 집어넣어 관객들에게 감동을 선사할 수 있는 환경을 조성했다.

촉망 받는 엔지니어였던 빅토르의 아내가 그의 우주비행 과정에서 첫 출산을 맞이하게 된다는 점과 우주비행사 블라디미르가 아내의 반대에도 불구하고 어려운 임무를 맡아 다시 우주로 날아가는 구성, 작별인사 대신 돌아오라는 아내의 냉철하고도 무게 있는 말 한마디, 그리고 화재사고로 인해 산소가 급격히 줄어드는 최악의 환경을 만드는 등의 여러 요소들은 한편으로 밋밋할 수 있는 스토리에 생기를 불어넣어주는 역할을 한다. 여기에 우주정거장과 관제센터, 우주비행사와 가족들, 미국과 러시아라는 입체적 구도가 만들어내는 긴장감은 영화를 시청하는 관객들의 몰입을 배가시키는 긍정적인 요소로서 작용한다.

개인적으로 이 영화에 높은 점수를 주는 이유는 실제 사건을 다루는 논픽션 영화가 픽션 영화보다 처음부터 많은 불리한 점을 안고 시작한다는 점 때문이다. 관객들이 결말을 이미 알고 있는 경우가 많고 그 때문에 상상력을 발휘할 수 있는 여건 또한 부족하다는 점, 현실이 영화처럼 재미있는 경우가 드물기 때문에 영화가 줄 수 있는 재미보다 감동에 치우치는 경우가 많다는 점 등은, 그만큼 관객들이 스토리에 빠져들 수 있는 환경과 기회가 제약되어 있다는 얘기이기도 하다. 그럼에도 불구하고 군이 장점을 찾자면 배우들의 연기에 진정성이 가미될 수 있다는 점과 실제 현실의 상황이 전달할 수 있는 생생함이 포인트가 될 수 있다는 점을 들 수 있겠다.

이 영화 〈스테이션 7〉은 논픽션물이 가지는 이러한 단점들을 최소한으로 줄이고 장점을 최대한으로 부각시켰다. 앞에서 잠시 언급했듯이 SF영화는 상상력이 모든 걸 좌우할 정도로 사람들의 상상력을 바탕에 깔고 가는 경우가 많다. 이 영화는 그러한 상상력을 배제한 채 실제 사건을 중심으로 2시간의 러닝 타임을 짜임새 있게 구성해 냈다는 점에서 긍정적인 측면을 가진다. 평범하고 일반적인 소재를 선택해 자칫 지루할 수 있는 위험을 두고 긴장감과 스릴 요소를 군데군데 집어넣어 관객의 몰입을 유도한 점 또한 탁월한 연출력이 아닐 수 없다. 뿐만 아니라 그동안 국내 관객들에게 상대적으로 소외되어 왔던 러시아 영화가 기대보다 훨씬 좋은 이미지로 다가갈 수 있는 여건을 형성시켰다는 점에서도 높은 점수를 줄 수 있을 것이다. 마지막으로 할리우드 영화들의 장점인 수준 높은 특수효과 기술이 어느 정도 배제된 채 러시아 바이코누르 우주기지와 관련 기관들로부터 얻은 정보, 대규모 세트장 위주의 촬영만으로 아름답고 놀라운 영상미를 구축했다는 점 또한 가히 칭찬받을 만한 성취라고 생각된다.

무엇보다도 필자가 이 영화를 선택한 가장 큰 이유는 이 작품이 국내에 흔히 소개되지 않은 러시아 영화라는 단순한 사실 때문이었다. 개인적으로 사람들에게 선입견이 미치는 영향이 매우 높다고 생각하는 편인데, 많은 이들은 자신이 가보지도 겪어보지도 못한 일을 두고 너무나 쉽게 그리고 아무렇지도 않게 얘기하는 경우가 많기 때문이다. 적어도 지친 심신을 달래줄 수 있는 영화를 만나는 시간만이라도 선입견 없이 작품을 있는 그대로 바라보고 즐길 수 있으면 어떨까 싶다. 기존의 관점에서 벗어나 이 영화를 대한다면 분명 영화의 색깔과 감정, 그날의 현장감까지 생생하게 경험할 수 있을 테니 말이다.

역사를 돌아보며 얻는 교훈

남한산성(2017)

역사는 반복된다는 말도 있지만, 사실 외세에 의한 한반도 침략 역사를 따져보면 그 사례가 너무나 많아 이루 헤아리기가 어려울 정도이다. 그중에서도 인조 14년인 병자년 음력 12월에 발생한 병자호란은 '삼전도의 굴욕'을 당할 정도로 우리나라 역사 중 치욕적인 결과를 가져온 전쟁이기도 하다. 여기서 삼전도의 굴욕이란 남한산성이 함락된 직후인 1637년, 지금의 송파 지역인 삼전도에서 인조가 청 태종에게 무릎을 꿇고 머리를 조아려 항복한 일을 말한다.

임진왜란 직후 왕위에 오른 광해군은 전쟁으로 피폐해진 민심과 질서를 빠르게 수습하면서 명과 후금 어디에도 편들지 않고 균형을 유지하는 중립 외교를 펼쳤다. 하지만 인조반정이 일어나면서 모든 외교 정책이 백지화됐고 정권을 잡은 인조는 명과의 의리를 내세워 후금을 배척하고 명을 중시하는 정책을 펼쳤다. 이게 후금, 즉 청나라의 심기를 건드려 정묘호란과 병자호란으로 이어졌다고 할 수 있겠다. 이번에 얘기하고자 하는 영화는 이러한 삼전도의 굴욕이 있기까지의 과정을 세세하게 묘사한 작품이다. 황동혁 감독이 우리나라의 아픈 역사를 생생한 현실감으로 스크린에 옮겼다. 영화 〈남한산성〉(2017)이다.

영화는 1636년 인조 14년에 발생한 병자호란을 배경으로, 청의 대군이 조선을 공격해오자 임금과 조정이 적을 피해 남한산성으로 피난을 하면서 시작된다. 백성들은 추위와 굶주림에 지쳐버렸고 병사들 또한 적의 파죽지세와 같은 공격에 지칠 대로 지친 상황이다. 이때 조정의 대신들은 백성들의 고통은 상관없이 그들만의 의견 대립에 한창이다. 치욕을 견디고 후일을 도모해 백성들과 나라를 지켜야 한다고 주장하는 이조판서 최명길(이병헌 분)과 청의 공격에 끝까지 맞서 대의를 지켜야 한다고 주장하는 예조판서 김상헌(김윤석 분)의 대립이 대표적인 예이다. 영화는 두 사람의 대립은 물론, 그 가운데에서 방향을 잡지 못하고 어찌할 줄 모르는 인조(박해일 분)의 고뇌와 백성들의 아픔을 세밀한 면까지 파고들어 묘사했다.

이 작품은 소설가 김훈의 작품 『남한산성』을 원작으로 한다. 방대한 원작을 별도로 가지는 만큼 2시간여의 러닝 타임 안에 스크린을 통해 세밀한 면까지 표현해내는 건 쉬운 일이 아니다. 그럼에도 불구하고 감독은 두 충신들의 첨예한 의견 대립과 인조의 고뇌, 그리고 백성들이 겪는 추위와 굶주림을 세세하게 묘사하고자 노력했다. 사실 이 작품은 주화파 최명길과 척화파 김상헌의 의견 대립에 초점을 맞추고 있지만, 알고 보면 인조의 속마음, 즉 견뎌 후일을 도모할 것인가 싸워 죽음을 택할 것인가에 대한 그의 현실적인 고민에 상당한 분량을 할애한다. 특히 자신의 의견을 펼치기 전에 신하들의 의견부터 물어보고 또 되묻고 그 책임을 돌리려는 자세는 당시 조선이 처한 난관을 그대로 보여주는 장면이다. 여기에는 캐스팅도 한몫한다. 대신들의 뜻에 휘둘리는 모습이 표정 속에서 고스란히 드러나는데 배우 박해일의 연기력이 상당한 역할을 하고 있기 때문이다. 마치 영화 〈살인의 추억〉(2003)에서 범인 같으면서도 아닌 것과 같았던 천의 표정을 이 작품에서도 그대로 선보여 그 자리에 적임자임을 제대로 증명했다.

배역들의 적절한 캐스팅은 이 영화의 주인공이라 할 수 있는 최명길과 김상헌의 역에서도 제대로 맞아떨어졌다. 최명길 역을 맡은 배우 이병헌은 백성들의 아픔을 헤아리고 인조의 안위를 걱정하면서도 자신의 뜻을 굽히지 않는 강건함과 부드러운 면을 함께 선보였다. 반면, 종묘사직의 중요성을 강조하면서도 나라와 백성을 위하는 충심을 표현하는데 거리낌 없었던 김상헌 역을 맡은 배우 김윤석 또한 특유의 낮은 목소리로 자신의 주장에 제대로 된 무게를 실었다. 이처럼 이 작품은 캐스팅만으로도 두 충신의 뜻과 마음을 어느 한 곳으로 기울이지 않고 관객들에게 팽팽하게 전달하는 데 성공했다. 또한 두 사람의 날카로운 논쟁과 갈등은 일방적인 비판이 아니라 서로를 존중하는 마음에서 비롯된다는 점에서 현대 사회의 정치적 대립에서도 충분히 이해될 수 있을 만큼 깊은 공감대를 제공하기도 한다.

인조(박해일 분)는 속내를 숨긴 채 신하들에게 묻고 또 되물음으로써 일을 그르쳤을 때 자신이 져야 할 책임을 모면하고자 한다.

　여기에 영화는 앞에서 언급한 백성들의 고통과 아픔을 다양한 인물 군상들을 통해 다채롭게 드러냈다. 배우 고수가 맡은 '서날쇠'는 사대부들이 명분에 사로잡혀 청과 명 사이에서 헤매고 있을 때 현실을 직시하는 백성들의 비판적인 시선을 관객들에게 그대로 전달하는 역할을 맡았다. 그가 김상헌의 부탁으로 격서 전달의 임무를 수락했을 때, "그저 봄에 씨를 뿌리고 가을에 거두어 겨울에 배를 곯지 않는 세상을 꿈꿀 뿐." 이라고 답하는 장면은 당시 백성들이 전쟁을 어떤 시각으로 바라보고 받아들이고 있는지를 잘 나타내주는 대사이기도 하다. 나루터에서 꽁꽁 언 강을 건널 수 있도록 김상헌을 도와주는 노인(문창길 분) 또한 백성들의 시각을 대변한다. 곧 청군이 들이닥칠 것이니 함께 남한산성으로

가자는 김상헌의 말에 "청군이 설마 나루터 늙은이까지 죽이겠냐."며, "청군이 지나가면 길을 알려주고 곡식이라도 받아보겠다."고 답하는 장면이 바로 그것이다. 거기에 원래 조선 사람이었으나 청나라로 귀화한 정명수(조우진 분)가 "나는 노비로 태어났고 조선의 노비는 사람이 아니었다."며 "다시는 나를 조선인으로 부르지 말라."고 김류(송영창 분)에게 윽박지르는 장면은 당시 조선의 사대부 중심의 신분질서가 백성들에게 어떻게 비춰졌는지 잘 표현한 장면이라고 할 수 있다. 결국 이러한 백성들의 시각은 그들의 고통은 아랑곳없이 허례의식과 자존심에 치우쳐 갑론을박만 하고 있던 정치권의 모습과 대비된다는 점에서 영화가 가진 독특한 주제의식이 드러난다고 볼 수 있다.

이처럼 영화는 다채로운 상황과 역할 배분을 통해 관객들에게 역사적 아픔의 교훈을 전달하고 이를 되새기고자 노력한다. 영화에서 바라봐야 할 주안점을 크게 정리해보면, 첫째 '최명길과 김상헌 간의 의견 대립', 둘째 '인조의 갈등과 무력감', 셋째 '대신 간의 갑론을박', 넷째 '백성들의 고통과 책임의식' 등을 들 수 있겠다. 다만 아쉬운 점은 영화의 전체적인 방향이 조선이 처한 상황과 그 상황에 따른 인물 간의 내적 갈등 표현에 치우칠 뿐, 거시적인 역사적 시각까지는 다루지 못하고 있다는 점이다. 만약 조선의 입장 이외에도 청과 명의 입장에서 본 역사적 상황과 의미에 좀 더 주목했더라면 관객들이 병자호란을 보다 객관적으로 받아들이는 데 도움이 되었을 거라는 생각이다.

결국 영화의 마무리는 삼전도의 굴욕이다. 인조가 청 태종에게 삼궤구고두례, 즉 세 번 무릎을 꿇고 아홉 번 머리를 조아리는 예법을 보이는데 그 모습을 바라보는 최명길의 눈에서는 하염없이 눈물이 흘러나온다. 앞서 인조가 그와 독대하여 후대에 역적으로 남아도 괜찮으냐고 물었을 때, 최명길은 자신이 감당할 몫이라 말하며 후일 궁으로 돌아가더라도 김상헌만한 충신이 없으니 그를 내치지 말라고 청하는 모습은 아무리 논쟁에 치우쳐 있다 하더라도 결국 인조와 최명길, 김상헌 세 사람의 마음이 한 방향으로 일치하고 있음을 보여준다. 이 장면에서 인조가 최명길에게 '경도 나의 충신'이라고 얘기하는 건 결국 임금과 최명길, 김상헌을 비롯해 많은 백성들이 우국충정의 길에서 각자 최선을 다했음을 표현하는 아픈 역사를 대변하는 장면이라고 할 수 있겠다.

영화는 사안에 대한 숙고와 제대로 된 대책 없이 정권의 신념과 감정에 휘둘리게 된 우리의 아픈 역사를 에둘러 표현한다. 오늘날의 국제 정세가 과거에 비해 훨씬 복잡하고 보다 많은 이해관계가 얽혀 있음을 감안할 때 현대 정치인들을 비롯한 사회가 받아들이고 생각해야 할 많은 숙제를 안겨주고 있다고 하겠다. 영화 〈남한산성〉이 아픈 우리의 역사를 통해 제기하는 관계의 중요성, 내면의 섬세함, 그리고 폭넓은 시야 등의 가치는 오늘 우리가 다시 한 번 되새겨야 할 것이다.

어느 영웅에 대한 세심한 묘사

에너미 앳 더 게이트(2001)

전쟁 영화에서 표현할 수 있는 주제와 내용은 대체로 제한적이다. 전쟁의 참상을 사실적으로 드러내거나, 그 안에서 고통 받는 사람들의 아픔을 묘사하거나, 전장 속 군인들 사이의 전우애 등을 표현하는 것 등이 바로 그것이다. 스크린 속에서 서로 총구를 겨누고 방아쇠를 당겨야 하는 군인들이 느끼는 공포와 두려움은 아마도 군대를 다녀온 대한민국 남성이라면 누구나 공감하는 것일 터이다. 그런데 똑같은 '전쟁'을 주제로 다루고 있음에도 색다른 시각과 표현으로 독특한 차이를 만들어낸 영화가 한 편 있다. 이 영화는 전쟁의 참상을 사실적으로 다루면서도 인간의 내면을 파고드는 긴장감을 연출하는 데 주력했다. 뿐만 아니라 기존의 현실 묘사를 넘어 선전저널리즘(Propaganda)의 측면까지 다루었다는 점에서 새로운 성취를 이룬 작품이기도 하다. 〈연인〉(1992)과 〈티벳에서의 7년〉(1997) 등으로 국내에도 잘 알려진 장 자크 아노 감독이 연출을 맡았다. 영화 〈에너미 앳 더 게이트〉(2001)이다.

이 영화는 제2차 세계대전이 한창이었던 1942년 스탈린그라드 전투를 배경으로 독일군 장교를 암살하는 러시아 저격수 '바실리 자이체프'의 실화를 다룬 작품이다. 베를린 영화제 개막 작품으로 소개되어 관객들의 높은 호응을 얻기도 했다. 실제 영화 제작비는 6,800만 달러였으나 전 세계에서 9,700만 달러를 벌어들이는 데 그쳐 흥행 측면에서는 다소 아쉬운 성적을 얻었다. 스탈린그라드 전투는 1942년 여름부터 이듬해 2월까지 현재의 볼고그라드 지역에서 벌어진 전투를 말한다. 전쟁 당시 주요 산업의 중심지이자 카프카스 지방의 유전과 소비에트연방의 주요 지역을 잇는 전략적 요충지였다는 점에서 독일과 소비에트연방 간의 치열한 전투가 벌어진 곳으로 유명하다. 치열했던 전투의 흔적을 묘사하기 위해 촬영할 때 약 600여 명의 엑스트라들이 동원되었다고 하니 영화의 작품성과 노력 측면에서 부족함이 없다고 가히 말할 수 있겠다.

영화는 소비에트연방의 병사로 징집된 바실리 자이체프(주드 로 분)가 다른 병사들과 함께 화물 기차에 실려 스탈린그라드 지역으로 이동하는 장면에서부터 시작된다. 곧이어 기차는 스탈린그라드의 치열한 전장의 한복판에 멈춰 서게 되고 이들은 각각 2인 1조가 되어 한 명은 소총을, 다른 한 명은 탄환만 손에 든 채 독일군의 총알이 빗발치는 전장 속으로 뛰어든다. 이 장면은 〈지상 최대의 작전〉(1962), 〈라이언 일병

1942년 전략적 요충지인 스탈린그라드를 놓고 독일과 소비에트연방 사이에 치열한 전투가 벌어졌다. 영화는 스탈린그라드 전투에서 혁혁한 공을 세운 바실리 자이체프의 실화를 그렸다.

구하기〉(1998)와 같이 총알과 포탄이 빗발치는 노르망디 상륙작전을 표현한 작품들과 더불어 전장의 실상을 사실감 있게 표현한 것으로 유명하다. 필자의 소견으로 전쟁의 고통과 아픔을 내면적으로 아름답게 표현한 작품이 〈플래툰〉(1986)이었다면, 전쟁의 참상을 거시적으로 잘 표현해낸 작품이 바로 〈에너미 앳 더 게이트〉라고 생각한다. 이는 총으로 쏘고 죽이는 현실을 단순히 사실적으로 묘사했기 때문이 아니라, 군인들이 느끼는 공포감을 배우들 스스로가 놀랄 만큼 사실감 있게 표현해내고 있기 때문이다. 크리스토퍼 놀란 감독의 〈덩케르크〉(2017)도 이와 유사한 공포감을 실감나게 표현했지만 필자의 생각에 이 작품에서의 전장의 긴장감에 미치지는 못한다.

그런 점에서 이 영화에서 눈여겨봐야 할 것들이 몇 가지가 있다.

첫째는, 앞에서도 잠시 언급했지만 영화에서 그리고 있는 선전저널리즘이다. 육군 정치장교 다닐로프(조셉 파인즈 분)는 패배감에 젖은 소비에트연방 군인들에게 승전의 희망을 주기 위한 선전 작업을 계획한다. 그것은 바로 바실리의 활약상을 아군에게 알리고 그를 영웅으로 만들어 사기를 고무시키는 것이었다. 군인들의 두려움을 사실감 있게 표현하면서도 군중 심리를 이용한 전략을 어느 영화보다 현실적으로 그려냈다는 점에서 높은 점수를 줄 수 있겠다. 후루시초프(밥 호스킨스 분)의 권위에 압도되어 어느 누구도 제대로 된 희망을 얘기하지 못할 때 다닐로프가 직접 나서 영웅을 통해 희망을 주어야 한다고 주장하는 장면은 이 영화의 백미 중 하나이다. 실제 여러 전쟁 영화 중 이러한 선전저널리즘을 제대로 다룬 작품들이 드물다는 점을 감안하면 영화에서 한번쯤 챙겨봐야 할 특이 요소라고 할 수 있다.

둘째는, 치열한 전쟁을 다룬 영화치고는 등장인물 간 대결 구도를 형성시켜 스릴러 못지않은 긴장감을 표현해내고 있다는 점이다. 영화는 소비에트연방을 대표하는 저격수 바실리와 독일을 대표하는 저격수 코니히(에드 해리스 분)의 대치를 통해, 마치 서부 영화에서나 볼 법한 짜릿한 긴장감을 관객들에게 선사한다. 여기에 정치장교 다닐로프와 어린 소년 사샤(가브리엘 마샬 톰슨 분), 바실리의 연인인 타냐(레이첼 와이즈 분) 등을 투입해 둘 사이의 이야기 구도를 매끄럽게 연결시키는 역할을 부여하기도 했다.

셋째는, 등장인물 간 만남의 연결고리가 되는 전투 장면의 위압감이다. 다닐로프와 바실리의 만남을 그린 스탈린그라드 전투는 바실리의 저격 실력을 여실히 보여준 첫 번째 장면이다. 숨을 죽인 채 시체 더미 속에서 가까스로 살아남아 다닐로프로부터 건네받은 총으로 독일군 장교를 저격하는 바실리의 모습은 관객들을 영화 속 전장에 단박에 빠져들게 만든 명장면이다. 뿐만 아니라 마네킹을 이용한 덫으로 바실리를 위험에 빠뜨리는 코니히와의 첫 대결 또한 상당한 긴장감으로 관객들의 분위기를 압도한다. 여기에 덧붙여 소비에트연방군의 정보원 역할을 하는 사샤가 바실리와 코니히 사이의 연결 고리 역할을 하고 사샤를 이용하는 그들 사이의 전략 대결 또한 인물의 대립 구도 측면에서 관객들에게 커다란 위압감을 준다.

〈에너미 앳 더 게이트〉는 흥행 측면에서는 비록 실패했다는 평가를 받았지만 전쟁 영화로서의 역할은 충실히 해냈다. 스탈린그라드 전투를 비롯한 여러 장면을 통해 전쟁의 참상을 사실적으로 표현했고 고통 받는 국민들의 아픔을 사샤와 그의 가족들을 통해 현실감 있게 묘사했으며, 다닐로프와 바실리, 바실리와 타냐 등을 통해 한 인물에 집중된 스포트라이트와 그를 둘러싼 전우애, 그리고 사랑 관계를 적절히 제시했다는 생각에서다. 감히 평가하면 이 영화는 액션과 스릴, 재미와 몰입을 함께 이끌어냈다는 점에서 전쟁 영화로서 남다른 성취를 이루었다고 생각한다. 전쟁의 참상 한복판에 선 영웅의 내면에 대한 섬세한 묘사와 그의 매력에 빠져드는 흡입력을 생생하게 느낄 수 있다는 점에서 이 영화 〈에너미 앳 더 게이트〉를 강력히 추천해본다.

새로운 빛을 찾는 숙제

노인을 위한 나라는 없다(2007)

범죄 스릴러는 장르적 특색을 살리기가 어려운 장르이다. 선과 악의 대결에서 전자의 승리는 이미 정해진 결과이고, 범죄의 잔혹함도 관객들이 충분히 맛을 본 상태인지라 이미 익숙해져 있기 때문이다. 사건을 어떻게 구성하여 재미와 긴장감을 극대화할 것인지 전략적인 부분에서 차이를 드러낼 뿐이다. 이처럼 약 2시간 동안의 러닝 타임 내에 제대로 된 차별성을 만들어내는 건 참으로 어려운 일이다. 데이빗 핀처 감독의 1995년 작 〈세븐〉이 그랬다. 치밀한 구성과 속도감 있는 빠른 전개로 관객들을 이야기 속에 푹 파묻히게 만들었다. 거기에 충격적인 마지막 장면은 관객들에게 이 작품만의 차별성 있는 그림을 안겨주기까지 했다.

어쩌면 이 작품 또한 그럴지도 모른다. 하지만 여기서 받는 충격은 메시지에 대한 여운이 제법 진한 편이다. 코엔 형제가 각본과 감독, 제작과 편집까지 맡은 영화 〈노인을 위한 나라는 없다〉(2007)이다.

영화는 코맥 매카시의 동명 소설을 원작으로 한다. 연출을 맡은 코엔 형제는 한 인터뷰에서 최대한 원작을 존중해 영화를 만들었다고 했다. 영화는 은퇴를 앞두고 있는 나이 든 보안관 에드 톰 벨(토미 리 존스 분)의 내레이션으로 시작한다. 3대째 보안관 생활을 이어온 자신의 삶에 대한 회의가 주된 내용이다. 그리고 화면은 이내 텍사스 사막 어딘가에서 사냥을 즐기는 르웰린 모스(조슈 브롤린 분)의 모습을 비춘다. 그리고 그는 우연히 마약 거래 도중 갑자기 벌어진 총격전으로 시체들만 나뒹굴게 된 장소를 발견하게 된다. 그곳에서 그는 200만 달러가 들어 있는 가방을 발견하게 되고 돈에 대한 욕심으로 가방을 집으로 가져오고 만다. 영화는 이후 살인청부업자 안톤 시거(하비에르 바르뎀 분)가 그를 쫓고, 그 뒤로 보안관 벨이 두 사람의 흔적을 역시 뒤쫓아가면서 미궁으로 빠져가는 그들의 이야기를 그려나간다.

영화의 스토리텔링은 빠른 전개를 보이지만 전체적으로 속도감이 있는 편은 아니다. 카메라는 세세한 곳을 비추면서 관객들에게 사건의 개연성을 높여주는 한편 속도를 다소 늦추면서 아주 조금씩 긴장감을 높여간다. 이 영화에 O.S.T.가 흘러나오지 않는다는 사실을 깨달은 건 영화가 중반 이상 흐른 후였다. 이처럼 이 작품은 특별한 요소 없이 스토리의 구성과 전개만으로 흥미와 재미를 유발시키는 장점이 있다. 영화의 플롯은 물론 이야기 속에 등장하는 인물들의 개성을 적절히 구성해 나름의 엄청난 몰입감을 형성시켜준다고 하겠다. 그러기 위해서는 이야기 전체에 흐르는 진득한 긴장감이 필수적이다. 영화는 누가, 언제, 어디서, 어떻게, 무엇을, 왜로 구성된 육하원칙에 맞춰 제대로 된 긴장감을 선사하고 관객들로 하여금 한시도 눈을 떼지 못하도록 궁금증을 더하게 만들고 있다.

이 영화는 살인 장면이 밥 먹듯이 등장하는 제법 치밀하고 세밀하게 묘사된 스릴러물이다. 그럼에도 불구하고 이야기 속에서 살인은 뒷전일 뿐, 관객들에게 전달하고자 하는 메시지는 따로 있다. 타이틀이 영화의 주된 이야기와 별개의 문장을 드러내고 있음이 이를 이해하게끔 만드는 대목이다. 영화 중반에 르웰린 모스가 도로에서 차를 붙잡아 얻어 타는 장면에서, 나이 든 운전자가 그에게 "그러면 안 되는 거야, 당신 같은 젊은이라도. 히치하이킹은 위험하다고."라고 말하는 장면은, 지금은 노인이 되어 다음 세대를 이어갈 젊은이에게 건네는 진실한 조언이 아닐 수 없다. 여기서 히치하이킹은 물욕에 눈이 멀어 스스로를 위험한 상황에 빠트린 그를 은유하는 적절한 사례이다.

또 다른 메시지도 있다. 보안관 에드 톰 벨과 부보안관 웬델(가렛 딜라헌트 분)의 대화 장면은 미국 사회에 대한 거시적인 비판으로 읽힌다. 이 장면에서 벨은 웬델에게 지난 주 캘리포니아에서 붙잡힌 어느 부부의 범죄 사실을 얘기한다. 노인들에게 방을 빌려주고 죽인 다음 마당에 파묻고 나서 그들의 사회보장 연금을 가로채 쓰다가 붙잡혔다는 내용이다. 한 남자가 개목걸이를 차고 도망치는 걸 보고 나서야 이웃들의 신고로 범죄 사실이 알려지게 됐다는 내용도 덧붙인다. 뒷마당에서 무덤을 파고 있어도 이웃들이 신경도 안 쓰는 사회, 그런 사회가 바로 지금의 미

코맥 매카시의 동명 소설을 원작으로 우연히 거액이 든 돈 가방을 습득한 르웰린 모스와 그의 뒤를 좇는 살인청부업자 안톤 시거의 이야기를 그렸다.

국이라는 것을 매우 사실적면서도 풍자적으로 묘사한 장면이라 하겠다.

결국 영화가 던지는 메시지는 미쳐 돌아가는 미국 사회에 대한 신랄한 비판이다. 세상은 빠르게 변화하고 현재의 영광을 위해 과거를 희생한 노인들에 대한 예의와 공경은 없다. 범죄자들이 날뛰고 있고 사회는 과거를 잊어버렸고 이처럼 세상이 어떻게 돌아가도 아무도 신경조차 쓰지 않는 사회와 이웃들을 향한 강렬한 카운터펀치를 날리고 있는 것이다. 영화의 제목이 표현하는 '노인을 위한 나라는 없다.'고 말하는 건, 감독의 사회에 대한 비판적인 메시지를 은유적으로 돌려 말하고 있는 것이라 하겠다. 이와 같이 비관적이고 염세적인 메시지 전달을 위해 영화는 르웰린 모스와 안톤 시거의 대결 사이에 보안관 에드 톰 벨의 역할을 집어넣었다. 은퇴를 앞둔 늙은 보안관 벨은 나이가 들면 신의 뜻을 이해할 수 있을 것으로 믿었지만, 막상 은퇴를 앞에 두고도 그는 여전히 신의 뜻을 이해하지 못한다. 결국 노인이 되어서도 사람들과 이 사회가 어떤 방향으로 흘러가고 있는지 이해조차 못하고 있는 것이다. 노인을 위한 나라는 없으며, 노인들이 바라고 이해할 수 있는 사회 또한 없다. 영화의 후반부에 들어서 그는 머릿속을 스쳐 지나가는 어느 말을 기억해내고 사건이 벌어진 모텔을 찾는다. 아마도 그 순간, 모텔을 제대로 뒤졌더라면 그는 살인마 안톤 시거와 마주칠 수 있었을 것이다. 다만 그는 두려웠다. 과거처럼 몸을 바쳐 희생을 두려워하지 않고 뛰어들 수 없음이 두려웠던 것이다. 결국 그는 안전한 길을 선택한다. 과거에 대한 미련을 버리지 못하는 주인공의 자아비판이자 머뭇거림에 대한 반성의 표현도 포함된다.

다음 날, 그는 다리를 못 쓰게 된 엘리스(베리 코빈 분)를 찾아가 은퇴의 두려움과 고민을 눈빛으로 전달한다. 그가 아저씨를 쏜 범인이 감옥에서 죽었다고 얘기하자, 엘리스는 대수롭지 않은 듯 마음을 내려놓았다고 말한다. 그리고 "모든 걸 제 자리로 돌려놓기 위해 애쓰는 동안 더 많은 것들이 빠져나가더라."라며, 삶에 대한 미련을 어떻게 정리하는 게 옳은지를 돌려 얘기한다. 이 또한 은퇴를 앞두고 고민 중인 벨에게 전하는 노인으로서의 조언이다. 결국 세상과 사회가 내가 이해할 수 없는 방향으로 흘러가고 있고, 이를 막거나 이해할 수 있는 것도 아니므로 스스로 현실을 인정하고 받아들여야 한다는 것이다. 이는 첫 장면에서 "그게 두려운 게 아니다. 이 일을 하다가 죽을 수도 있다는 사실을 잘 알고 있다. 그러나 그냥 내 몫을 포기해버리고는 내가 용납할 수 없는 것들을 마주치긴 싫다."고 말하는 벨의 내레이션과 일치하는 내용이다.

　2008년 아카데미 작품상, 각색상, 감독상, 남우조연상까지 싹쓸이를 한 작품답게 이 영화에 대한 개인적인 아쉬움은 극히 드물다. 그저 칼슨 웰스(우디 해럴슨 분)의 등장과 퇴장이 너무 어이없게 정리된 점과 주인공 르웰린 모스와 안톤 시거의 치밀한 대결 계획이 예고되었음에도 모든 것들을 급작스럽게 마무리한 점이 아쉽다면 아쉽다고 하겠다. 그럼에도 이 또한 메시지 전달에 충실하기 위해 원작에 포함된 내용이라면 그 자체로 미련은 없다. 그저 감독의 많은 대사에 담긴 미장센들을 효과적으로 표현하기 위한 방식이라고 이해하면 될 것 같다. 영화는 그럼에도 마지막 장면을 통해 하나의 희망을 남겼다. 마지막 숙제를 처리하고 나온 안톤 시거가 운전을 하고 가던 과정에서 자동차 사고를 당하는데, 현장을 지나치던 아이들이 그에게 도움의 손길을 내미는 모습이다. 뼈가 부러진 팔의 상처를 숨기기 위해 아이들이 입고 있던 옷을 돈을 주고 사겠다고 말하는 장면이, 앞에서 나왔던 르웰린 모스가 총상을 숨기기 위해 마주친 청년들과 나눴던 대화와 일치된다. 하지만 여기서 그 결과가 대비되는데 마지막에 살아남은 살인마에게 구원의 손길을 펼친 아이들의 모습은 여전히 그 안에서 희망을 찾으려는 감독의 또 다른 메시지로 비쳐지기 때문이다. 이처럼 사회에 대한 신랄한 비판과 함께 성찰의 기회마저 제공해준다는 점에서 영화는 여전히 우리에게 새로운 빛을 찾는 숙제를 남기고 있다.

직선적인 연출, 넘쳐흐르는 긴장감

아르고(2012)

정치적인 사안을 얘기하는 건 언제나 다소 조심스럽다. 하지만 영화를 다루다보면 본의 아니게 실화와 연계해 정치와 역사, 그리고 실존 인물과의 관계를 언급하지 않을 수 없다. 이번에 얘기하고자 하는 영화 또한 그렇다. 미국과 이란 간의 관계는 재미있는 역사를 가지고 있다. 근현대 이란을 통치했던 팔레비 왕조는 외세에 무기력했던 카자르 왕조를 대신해 개방과 친미 정책을 펼쳤다. 이처럼 이란을 부흥하게 만들었던 시대를 일컬어 소위 '백색혁명'이라 부르기도 한다. 하지만 이란이 안정화되면서 한 가지 문제가 생겼는데 바로 팔레비 왕조가 부패와 사치에 빠지게 된 것이다. 이에 대항한 세력이 바로 시아파의 거물인 호메이니이다. 그는 이슬람 혁명 세력을 규합해 팔레비 왕조를 공격했고 결국 해당 왕조가 몰락하면서 팔레비의 2대 왕은 미국으로 망명을 떠나게 된다. 혁명정부의 입장에서는 팔레비 왕을 받아들인 미국이 맘에 들지 않았고 이 때문에 미 대사관을 공격하게 되는데, 이번 영화는 바로 이 시점에 일어난 사건을 그렸다. 벤 에플렉이 감독과 주연을 함께 맡아 화제가 되었던 영화, 〈아르고〉(2012)를 얘기해볼까 한다.

영화는 1979년 11월, 이란 내 반미 시위가 격해지면서 미 대사관이 시위대에게 점령당하는 장면으로 시작한다. 대사관 내부에서는 계속 버틸 수 있느냐 없느냐를 두고 갈등에 빠지게 되고 결국 직원들의 의견은 두 가지 방향으로 나뉜다. 거리로 피신하는 길을 선택한 6명의 대사관 직원들은 이웃 나라의 대사관을 찾아다니며 보호를 호소하는데, 그들은 영국과 뉴질랜드 대사관을 거쳐 결국 캐나다 대사관으로 급히 피신한다. 미 대사관을 급습한 시위대와 혁명정부는 몰래 빠져나간 6명의 존재를 미처 인지하지 못했고, 시간이 흘러 만약 이들의 존재가 발각될 경우 미국의 스파이라서 달아났다는 이유로 즉결 처형이 이루어질 수도 있는 위험한 상황이었다. 시아파를 이끄는 호메이니는 대사관 직원들을 인질로 붙잡고 유용한 방향으로 이용하자는 주장을 펼쳤지만, 이미 화가 머리끝까지 올라간 시위대는 미국인들을 모두 죽여 이란의 자긍심을 보여야 한다고 주장하였다. 미국 정부는 이들의 존재를 뒤늦게 파악하고 결국 이들을 캐나다인으로 위장시켜 탈출시키는 방안을 궁리한다. 문제는 이들을 어떻게 탈출시키느냐는 것이었다. 교사 등으로 신분을 위장해 자전거를 타고 터키 국경을 넘자는 의견도 나왔지만 500km가 넘는 거리를 자전거를 타고 탈출한다는 것도 일반인에게는 무리였고, 외국인 교사들이 이미 축출된 상황에서 영어 교사로 위장하는 것도 불가한 상황이었다. 모두가 낙담을 하고 있을 때 CIA의 구출 전문요원인 토니 멘데스(벤 에플렉 분)가 투입된 건 당연한 수순이다. 토니는 아들과의 전화통화 도중 우연히 아들이 보고 있던 영화 〈혹성탈출〉로부터 힌트를 얻어 가짜 영화인 〈아르고〉를 제작하는 아이디어를 떠올린다. 캐나다 대사관에 보호되어 있던 6명의 직원들을 영화 스태프로 위장시켜 이란을 탈출시킨다는 계획을 세운 것이다. 영화는 이처럼 조금은 황당하지만 목숨이 달린 무게감 가득한 환경에 리얼함을 가미해 관객들에게 제법 긴장감 넘치는 상황을 선사한다.

영화 초반 시위대의 미 대사관 진입 장면은 화면에서 뿜어 나오는 몰입감과 긴장감이 엄청나다. 하지만 시작부터 너무 압도적인 상승고점을 타다보니 뒤로 갈수록 전개가 느슨해지는 단점을 초래한다. 처음에 옭아매어 놓았던 긴장감을 점점 느슨하게 풀어버리는 전개가 영화를 보는 내내 아쉬웠다. 뿐만 아니라 다소 느슨해 보이는 전개는 출연진들이 만들어내는 스토리에도 영향을 미쳤다. 작전을 두고 갈등을 만들어내는 인물간의 대화와 긴장감 등이 영화의 전체 분위기에 영향을 미쳐 캐릭터의 개성 부재로 이어졌기 때문이다. 결국 캐릭터들을 이어주는 스토리의 밋밋함과 작전이 펼쳐지는 속도의 느슨함이 한데 얽혀 전체적으로 짜임새가 엉성한 연출이 되고 말았다.

그렇기 때문에 목숨을 담보로 하는 상황에 이르러서도 그 긴장감이 현격히 떨어지는 것이 당연하다. 실화를 다루고 있지만 영화라는 매체를 통해 이를 관객에게 전달하기 위해서는 개성 있는 연출 방식이 어느

CIA의 구출 전문요원인 토니 멘데스(벤 에플렉 분)는 캐나다 대사관에 숨어 있던 6명의 직원들을 영화 스태프로 위장해 이란을 탈출시키려 한다.

정도 필요하다. 하지만 이 영화가 가지는 전달력은 실화를 있는 그대로 전달하는 데 그칠 뿐 매체가 가지는 각색의 특징이 전혀 나타나지 않는다. 물론 모든 순간과 스토리를 있는 그대로 드러낸 건 아닐지라도 실화를 표현하는 데 있어 재미와 감동의 요소가 각색을 통해 효과적으로 드러나지 못한 것은 치명적인 단점으로 여겨질 수밖에 없다.

이 작품의 장점은 일반적인 스릴러물이 가지는 스토리 외적인 자잘한 요소들 없이 단순하고도 간결한 스토리 라인만으로 최대한 그 메시지를 드러내려고 한다는 데 있다. 이를테면 격투씬과 총격씬 등으로 가득 채운 각종 액션물과 스파이물의 영웅주의 등을 제외하고 단순하고 사실적인 이야기 하나만으로도 충분히 등에 땀을 적시는 긴장감을 표출하고 있다는 것이다. 이는 앞에서 잠깐 언급했듯이 이 '아르고 작전'이 빌 클린턴 정부에 와서야 공개된 비밀 첩보 작전에 기반을 둔 '실화'라는 데 있다. 관객들은 실제 있었던 사건이라는 사실과 직원들의 목숨이 달린 아슬아슬한 순간이 수없이 지나가는 과정만으로도 긴장감을 느낀다. 여기에 캐나다 대사관이라는 제한된 공간과 영화제작 스태프 역할을 위한 연습 과정에서 발생하는 갈등 상황은 단조롭고 직선적인 스토리 라인에서 나름의 감정 곡선을 연출해 긍정적인 면을 보이기도 한다. 여기에 더해 이란인 가정부 사하르가 그들에 대해 의심을 품는 장면 또한 처음의 긴장감을 어느 정도 이어주는 역할을 한다. 이러한 긴장감은 마지막 공항에서의 탈출 과정에서 혁명수비대 대장의 의심을 푸는 장면까지 이어지는데, 이 과정에서 관객들로 하여금 손에 땀을 쥐게 만드는 이 영화의 클라이맥스 장면이 연출된다.

영화는 이렇게 단순한 스토리 라인만으로도 전 세계적으로 2억 3,230만 달러의 수익과 아카데미 작품상을 수상하는 등의 성과를 얻었다. 이처럼 이 영화는 장단점이 분명한 작품이다. 초반부터 강렬한 장면을 통해 관객의 눈길을 사로잡았다가 느슨한 스토리 전개로 다소 김이 새는 연출을 보여주기도 했지만 처음의 긴장감을 마지막까지 이어가는 노력을 시도했다는 것만으로도 긍정적인 평가를 받았기 때문이다. 실화가 전해주는 긴장감의 위력을 새삼 느끼고 싶다면, 영화 〈아르고〉가 좋은 선택이 될 것으로 생각해본다.

세상이 만들어낸 슬픈 웃음

조커(2019)

히어로에 대한 관심과 환호는 언제나 높지만 빌런에 대한 이해는 늘 부족한 게 현실이다. 빌런이 없다면 히어로도 그 가치가 떨어지는 법, 2016년 개봉된 〈수어사이드 스쿼드〉가 남다른 조명을 받았던 이유이기도 하다. 시작은 나쁘지 않았다. 그만큼 관심과 기대가 높았고 작품의 질 또한 괜찮은 편이니까. 하지만 스토리를 풀어가면서 각각의 캐릭터를 살리는 데는 실패했다. 개성을 살리기보다 구성에 치중했고 특정 인물에게 과도한 관심이 쏠려 균형을 이루지 못했다. 어쨌건 이번엔 DC 역사상 최고의 빌런에 속하는 또 다른 인물에 관심을 가져볼까 한다. 다행히도 앞서 언급한 실수를 반복하지는 않았다. 충분한 개성 표현과 제대로 된 균형 맞추기, 거기에서 더 나아가 내면의 고통을 훑는 매력까지. 이 정도면 그동안 소외되었던 아픔을 충분히 감싸주지 않았나 싶다. 토드 필립스 감독의 영화 〈조커〉(2019)이다.

웃고 있는데 삶은 고달프다. 본인이 원했던 웃음이 아니라는 게 더욱 슬프다. 그런데 이 슬픈 상황에 정작 본인은 웃음을 터뜨려야 한다. 아이러니하게도 꿈꾸는 삶은 코미디언이다. 내가 웃고 즐겁기보다는 사람들을 웃게 만들어야 하는 직업이다. 본인의 아픔과 슬픔이 사람들을 웃게 만든다. 바로 광대의 삶이다. 조커는 이렇게 탄생한다. 아픔과 슬픔을 본인의 방식으로 해석해 나만의 해학으로 풀어낼 줄 안다. 그 방법을 스스로 깨달았을 때 그는 조커가 됐다.

하루 일과를 마치고 매번 올라야만 하는 계단은 부(富)와 빈(貧)을 가르는 원초적인 시선을 대변한다. 계단을 통해 계층의 구분을 묘사하는 건 영화 〈기생충〉(2019)과 닮았다. 하지만 단순히 높고 낮음의 높이로 그 벽의 두꺼운 부분을 표현하고자 한 건 아니다. 계단을 바라보는 시선은 급격한 경사를 최대한 나타냈지만 계단은 분명 오르내림의 단계를 밟을 줄 안다. 그가 계단을 오르내리는 건 계층의 변화를 추구하고 있음을 암시한다. 심지어 계단을 오른 후 걸어가는 거리도 경사로다. 비스듬한 거리를 그는 기우뚱 걸어간다. 다시 말해 변혁을 이루고픈 욕구가 내재되어 있다고 봐도 좋다. 영화는 결국 그 내재된 욕구를 어떻게 폭발시켜 내느냐에 목적을 둔다.

상상을 하는 건 현실로부터의 도피다. 하지만 머레이 쇼를 보며 하는 상상은 자신의 의지를 표현했다. 현실에서 발생하지 않을 것임을 그는 잘 알고 있다. 그래서 중간 중간 터져 나오는 그의 웃음과 미소가 더욱 두렵게 느껴진다. 사장으로부터 클라이언트의 불만 사항을 전달받을 때 올라가는 그의 입 꼬리는 너무나 자연스러우면서도 두려운 공포가 절로 느껴지는 부분이다. 힘겨운 계단을 어렵사리 올라 그의 표현대로 거지 같은 아파트의 엘리베이터에 올라탔을 때, 손가락 권총을 자신에게 쏴대는 그의 비틀어진 표정 또한 너무나 자연스럽다. 마치 스스로를 거부하는 몸짓인양 소통을 놔버리고 조금씩 어둠의 공포로 빠져 들어간다. 이 작품은 이처럼 밀당을 제법 할 줄 안다. 속도의 완급 조절을 통해 조커의 탄생기를 정말 제대로 그려냈다.

아서(호아킨 피닉스 분)는 때때로 다른 사람이 된다. 겁먹고 용기를 잃은 한낱 광대에 불과하다가도 어느새 새로운 모습의 자신을 꿈꾼다. 동료가 건네준 총을 들고 춤을 추다가 방아쇠를 당기는 순간 그는 조커로서의 면모를 다시 한 번 선보인다. 찰나의 순간이었다. 그렇게 순간을 넘긴 채 그는 다시 본연의 모습으로 돌아온다. 이처럼 조금씩 변해가는 모습을 차근차근히 그려낸 건 연출과 연기의 절묘한 조합이다.

첫 번째 살인을 저지르고 뛰어간 어느 화장실에서 그는 의미를 알 듯 모를 듯한 춤을 이어간다. 격렬하지도 않고 차분하지도 않지만 물 흐르듯 자연스러운 몸짓이다. 마치 자신이 그동안 억누르고 있던 정신지체의 고통을 있는 그대로 뿜어내듯이 말이다. 정신지체의 가장 큰 어려움이 사람들 앞에서 아닌 척 해야 하는 거라고 적었던 그의 메모가 기억나는 장면이다. 그는 우발적인 범행으로 인해 일종의 각성을 한다. 참지 못해 웃음으로 표현하곤 했었던 그의 고통이 드디어 그 정체를 드러낸 장면이 됐다. 억지웃음도 억지고통도 아닌 자연스러운 표현이 그의 우

하이드 씨가 지킬 박사의 내면을 잠식하듯 조커는 아서(호아킨 피닉스 분)의 내면을 잠식한다.

발적인 범행과 춤으로 승화됐다. 그는 그렇게 조커로서의 정체성을 오롯이 자신의 것으로 만들어간다. 이렇게 생각하면 두 가지 정체성을 가진 '지킬 박사와 하이드 씨'가 떠오르기도 한다. 하이드 씨가 점차 지킬 박사의 내면을 잠식해나가듯이 조커 또한 아서 플렉의 내면을 조금씩 잠식해버린다. 엄마 페니 플렉(프란시스 콘로이 분)의 편지로 놀라운 자신의 과거를 알게 된 그가 웨인 가를 방문해 브루스와 조우하게 된 건 관객들에게 다가가는 의미가 크다. 단순한 재미와 흥미를 불러일으키는 사건이라기보다 앞으로 전개될 DC 확장 유니버스와의 연결고리가 될 것이라는 점에서 상당한 의미를 부여해주기 때문이다. 물론 페니 플렉의 편지가 사실이건 아니건 간에 말이다.

　페니를 살해하고 그와 함께 자신을 찾아온 동료도 살해한 그는 진정

우리가 잘 알고 있는 '조커'가 되어간다. 제대로 된 분장을 하고 계단을 내려오는 그는 마침내 춤을 춘다. 그동안 그렇게 오르고 또 올랐던 계단을 스스로 내려오면서 즐겁게 춤을 추고 있는 것이다. 더 이상 오르기 위해 힘겨운 삶을 선택할 필요가 없음을 겉으로 있는 힘껏 표현하고 있음이다. 두 형사에게 쫓겨 지하철에서 어쩔 수 없이 광대 가면을 훔쳐 쓰지만 이것마저 이내 벗어던짐은 조커로서의 정체성의 승화로 해석해도 좋다. 그토록 바랐던 머레이 쇼에 출현해 자신을 '조커'로 소개해 달라는 모습은 진정으로 세상에 조커의 탄생을 알리는 대망의 이벤트가 됐다. 내 삶은 코미디 그 자체라고 얘기하는 그의 웃음을 띤 말 한마디는 오히려 관객들에게 강한 한 방의 펀치가 됐고 말이다.

세상이 그를 조커로 만들고 우리 모두가 그를 조커로 만들었다. 그는 애써 드러내진 않지만 삶을 냉철하게 해석하고 이를 제대로 풍자했다. 개인적으로 〈다크 나이트〉(2008)에서의 히스 레저가 최적의 조커 연기를 보였다고 생각했지만 항상 역사는 뒤집어지는 것이고 전설은 새롭게 만들어지는 것인가 보다. 관객들은 새로운 히어로의 탄생을 그저 즐기면 된다. 배우 호아킨 피닉스는 새로운 시각에서 '조커'라는 캐릭터의 내면을 이해하고 구성했다. 빌런으로서의 조커보다 내면에서 비춰 본 조커의 탄생기가 새롭게 다가오는 것도 그 때문이다.

아쉬운 점도 물론 있다. 토마스 웨인의 죽음을 너무 쫓기듯 할애했다. 세계관을 만들고 익숙한 유니버스에 이야기를 포함시키려면 충분한 시간이 필요했다. 억지로 우겨넣어 관객에게 이해를 해달라고 청하는 건 예의가 아니다. 그래서 더욱 아쉽다. 그럼에도 이 작품은 나름의 의미를 가진다. 무수히 조명을 받았던 히어로가 아닌 빌런의 세계관을 열었고,

그들의 내면을 관객들에게 뒤집어 소개하는 기회를 만들었다. 그들은 무엇을 위해 범죄를 저지르고 어떤 방향을 향해 달려가고 있는지를 얘기하면서 말이다. 원초적인 질문에서 이해하자면 우리 삶의 근원적인 질문에서 그들이 탄생할 수밖에 없었음에 그 안타까움이 더욱 밀려온다. 이 영화는 보는 내내 가슴 한 편을 미어터지게 만드는 재주가 있다. 그래서 더욱 그 가치가 빛을 발하는 게 아닐까.

'왜'라는 물음에 대한 대답

바람의 검심: 최종장 더 비기닝/더 파이널(2021)

역사는 누구에게나 공평하게 주어지는 숙제와 같다. 과거와 현재를 연결 짓는 하나의 고리로서 작용하고 또 미래를 여는 혜안을 끄집어내게끔 만드니까. 이처럼 눈에 보이는 현실을 영화로 묘사할 때 이와 같은 부분은 항상 좁은 사각형의 어느 구석에서 새로운 숙제를 들이민다. 다시 말해 하나의 역사를 영화적 요소를 동원해 어떤 방향으로 또 어떤 의미로 표현할지, 이에 대한 숙고가 필요하다는 얘기다. 만화인 원작에 영상미를 더한 일본 영화 중 인상 깊은 붓 터치를 가졌다고 생각하는 작품은 사토 신스케 감독의 영화 〈아이 엠 어 히어로〉(2015)이다. 정체 모를 바이러스 죠큐의 공격에 좀비화된 사회의 혼란을 그려나간 이 이야기는 분명 흔해 빠진 주제에 불과하다. 하지만 영화가 이야기하는 히데오(오오이즈미 요 분)의 내적 변화만큼은 2시간가량의 러닝타임 내에 쉽게 그려내기 어려운 부분이 아닐까 싶다. 비포(Before)와 애프터(After)가 극명하게 나뉘는 게 아닌 자연스럽고 성숙한 성장을 이뤄내는 측면을 형상화한다면 말이다. 영화는 바로 이 점에 집중해 넓게 벌어진 씬과 씬 사이의 영역을 굵고 세밀하게 이어나갈 줄 안다. 여기서 주인공의 이미지는 관객의 이해와 더불어 원작을 빗대는 것조차 어리석게 만드는 새로운 선(線)을 그려나갔다고 볼 수 있다. 바로 이 점이 영화 〈바람의 검심: 최종장〉(2021)과 맥을 함께 하는 부분이라고 말하고 싶었다. 말이 안 될 것 같은 이야기의 향연이 가장 객관적인 역사 위에서 펼쳐진 김용의 소설 〈영웅문〉도 그랬다. 세계적인 대서사시에 비견할 바는 아닐지라도, 적어도 이 작품 〈바람의 검심〉 또한 이와 유사한 지향점을 좇고 있는 듯하다.

씬마다 표출하는 배우의 눈빛을 화면에 제대로 담는 것만큼이나 어려운 건 없다. 무채색의 허공은 어떠한 인지조차 어려울 만큼 관객의 감각을 무디게 만들기 때문이다. 영화 속 히무라(사토 타케루 분)가 감당해 온 무게는 이 때문에 화면을 통해 쉽게 마주치기 어렵다. 오오토모 케이시 감독은 이러한 이유로 화려한 액션으로 포장할 수밖에 없는 화면에 뽀얀 기운의 서사를 가득 채워 넣었다. 적어도 똑같은 스타일의 흐름을 벗어나 굴곡 가득한 일본 막부의 종말과 교토에서 도쿄로 이어지는 역사의 소용돌이까지도 함께 포함하고 싶어서다. 역사를 통해 현실감은 물론 당시 누구나가 겪고 있던 사회적 부담감을 화면에 집어넣을 수 있다는 이유도 있겠다. 여기에 감독은 주인공 히무라의 개인사마저 살며시 끼워 넣었다. 영화의 모든 시리즈 내내 '역날검'으로 대표되는 자신의 방어막을 진지하게 구축한 그였다. 과거로부터 이어 온 자신을 둘러싼 좁은 공간은 끊임없이 제기되는 타인의 복수를 향한 집념으로 언제나 고통받는 모습을 껴안았다. 이 고통은 화면 속에서 독특한 방식으로 관객에게 건네지는데, 수차례 삽입되는 '플래시백'이 바로 그것이다. 영화 전편을 놓고 볼 때, 이 영화처럼 플래시백을 자주 사용하는 작품도 극히 드물다. 이야기를 이어나가기 위해 현재의 앞과 뒤를 잘 엮어야 하는 이유이기도 하다. 결국, 그가 '왜' 전설의 칼잡이 발도재가 됐는지, '왜' 계속해서 과거의 그림자로 옭아 매어진 고통을 감당해야 하는지에 대한 대답이 필요하다는 얘기다. 그래서 이 영화는 총 4편, 세부적으로 구분하면 총 5편의 이야기로 나누어지는 시간의 흐름을 두고 유독 '이유'에 집착하고 있는 거다.

관객의 입장에서 자연스레 발생하는 이러한 물음은 그의 삶을 이해하기 위한 필수 요소가 된다. 그래서 이들은 영화를 관람하는 내내 화려한 액션을 즐기는 듯하면서도 시간의 흐름을 절대 놓지 못한다. 과거의 잘못과 이에 대한 반성, 그리고 현재의 고통으로 이어지는 '복수'라는 단어를 두고, 그의 방어전은 이 때문에 탄탄한 역사를 무대로 이야기를 뒤받쳐준다. 그를 둘러싼 수많은 '이유'는 영화가 말하는 서사가 무수한 플래시백에 갇혀도 누구나 쉽게 이해될 수 있도록 돕는다. 이 작품 〈최종장〉은 이처럼 전설의 칼잡이 발도재의 어깨에 이전 시리즈보다 유난히 더 커다란 무게를 짓누른다. 이전 시리즈에 비해 구성 인물의 비중을 줄인 것도 이를 위한 배경과 이유를 좀 더 늘어놓기 위해서라는 생각이다. 여기에 이야기에 쉽게 빠져들 수 있도록 배경의 짜임새를 갖춘 건 관객을 위한 배려라고 볼 수 있다. 보다 구체적이고 보다 현실적인 역사를 배경으로 말이다. 전편이 화려한 액션에 초점을 맞췄다면 이후부터는 '히무라'라는 한 남자의 속내를 들여다보기 위해 노력한다. 구체적인 장치는 이를 위한 부가적인 부분에 불과하고, 이들의 아귀는 영화 속에서 기가 막히게 딱 들어맞는 모양을 갖춘다.

이러한 서사 풀이는 그동안 궁금하게 여겨왔던 물음에 대한 답을 내놓는다는 측면에서 분명 장점이다. 오랫동안 풀어내지 못한 답답함을 한 번에 쏟아 젖히는 강렬함도 있고, 히무라의 내면을 이해하기에 감정적인 측면에서 더욱 부드러운 속도를 느낄 수 있다는 이유도 있어서다. 그런 점에서 〈더 비기닝〉이 정서적인 그것을 택하고 있다면, 반대로 〈더 파이널〉은 어설픈 복수의 신파극을 고집한다. 다양한 인물군의 개성을 쉽게 드러내 보이지 않고 그저 히무라의 주변만 훑는 모습이 기존의 스토리를 그대로 답습하고 있는 것 같아 개인적인 아쉬움으로 남았다. 그래서 부제가 무색할 만큼 좀체 어울리지 않는 이 부분은 역시 〈더 비기닝〉의 채색 작업이 더해질 때 보다 구체화하고 또렷해진다. 토모에 (아리무라 카스미 분)의 흔적은 원작의 이미지를 잇기 위해 노력하는 듯해도 여전히 나름의 개성을 갖추고 있다. 가볍게 얹어있던 그녀의 속내를 향한 수차례의 플래시백은 대사를 통해 받아들이기 어려운 독특한 감정의 선(線)마저도 화면 속에서 더욱 세밀하게 다듬을 줄 안다. 덕분에 영화가 제시하는 역사 속 서사의 이미지는 원작 못지않게 굵은 선을 그려나갈 수 있다. 마치 히무라와 그녀, 두 사람 이외에는 아무것도 집중할 필요가 없다는 무언의 메시지가 처음부터 자리하고 있었던 것처럼.

전설의 칼잡이 '발도재' 히무라(사토 타케루 분)는 토모에(아리무라 카스미 분)와의 약속을 통해 '역날검'으로 대표되는 자신만의 인생을 걷게 된다.

영화는 이처럼 탄탄한 역사 위에 강렬한 감정 공유의 서사를 집어넣어 일본이 자랑하는 사무라이의 숙명을 정교하게 결합하고 있는 모양새다. 이는 이 작품이 단지 하나의 목표만을 바라보고 있지 않음을 방증하는 부분이다. 물론 원작을 고려하지 않을 수 없겠지만, 영상의 아름다움이 전할 수 있는 모든 부분을 여러 차례에 나눠 이를 세밀하게 담고자 한 건 분명 고무적이다. 형식이 가진 장점을 살리고 단점을 줄이고자 하는 노력이 역력하기 때문이다. 감정의 흐름은 솔직하게 드러내지 않으면서도 제법 단단하고, 액션이 보여주는 그것은 현실과 비현실의 경계를 적절히 섞은 초현실의 묘사를 좀 더 구체화할 줄 안다. 그들의 검 끝을 눈으로 좇고 있으면 부담스러운 점을 분명 감추고 있으면서도 충분한 멜로디마저도 직접 그려내고 있음을 발견하게 된다. 여기에 '복수'와 '사랑'을 주제로 강약의 조화 속에 서사의 한 축을 이어나가는 점은 전체적인 템포를 조율하는 여유까지 발견하게 되는 부분이다. 물론 앞에서 언급한 플래시백 또한 이에 동조하고 있다는 말이기도 하다. 영화를 보는 내내 묻게 되는 '왜'라는 질문에 대한 대답은 친절하게도 여러 번 제시되고 있는데, 다만 이를 통해 발도재의 마음을 떠안을 수 있다면 이는 분명 성공한 연출일 것이다. 그래서 이 작품에서 영화의 재미는 더욱 특별하지 않음이 증명되는 것 같다. 오히려 삶과 현실이 이야기하는 우리가 살아가는 흔적, 그 발자국이 나를 옭아매고 있느냐 아니면 새로운 나를 만드느냐의 기준이 이보다 더욱 조명받게 되는 게 아닐까. 이를 무거운 서사라고 치부하기보다 한 사람의 삶의 무게를 공유하는 측면에서 새롭게 정의할 수 있다면, 이 작품의 가치는 그것만으로도 충분할 것 같다. 바로 그게 발도재가 바라던 새로운 세상을 여는 숙제가 아닐는지.